Tehnoredactare și coperta: Liviu Ciocănea

ISBN 9786060921844

Viață pentru viață

Adriana Ciocănea

În memoria Claudiei

Cuprins

Cuvântul autorului

Acest volum este inspirat dintr-o adevărată și dureroasă poveste de viață. O întâmplare care începe cu o iubire frumoasă dintre doi tineri, cu un curs normal al vieții de toate zilele și care ajung într-un moment cheie al poveștii vieții lor, momentul dorinței de a avea un copil. Nimic mai frumos, nimic mai adevărat sub Soare... De la această dorință până la izbândă trece un timp relativ scurt, se întâmplă neglijențe ori incompetențe ale unui medic și filmul se rupe, pelicula se dizolvă și scufundă în neant o viață tânără, iar viața salvează un copil rămas orfan de mamă și un tată rămas cu sufletul amputat, șchiop și fără vlagă. Aceasta este esența unei povestiri ADEVĂRATE!

Te rog Cititorule:

„De poți să dăruiești,
Când tot ți-a fost luat,
Să-mparți și firimitura,
Cu cel ce n-a mâncat,
De poți să fii smerit,
Când tu ești înălțat,
Ascultă-mă ce-ți spun:
Ai sufletul curat!

De poți să te jertfești,
Când nimănui nu-i pasă,
De poți ca să slujești,
Când inima te-apasă,
De poți să-ți pleci genunchii,

Când rugăciunea-i mută,
Ascultă-mă ce-ți spun:
Isus Hristos te-ascultă!”[1]

••••

Adriana Ciocănea,

26 martie 2024, Craiova

Capitolul unu

Noiembrie 2022 - Emoții

Emoții, emoții, emoții! Este vară, este cald, Dunărea curge lin și este atât de frumoasă când intră pe pământul României, apoi își îndreaptă apele învolburate către Porțile de Fier și apoi curge și tot curge, scăldând malurile superbului oraș Drobeta Turnu Severin... Cântecele spun: *„Dunăre, tu curgi la vale și n-ai nicio supărare..."* Nu este chiar așa, Dunărea curge lin cu valuri mari, dar adună în apele ei înspumate, multe dureri, multe vise pierdute și multe, multe vise construite lângă malurile ei, pe valurile ei și în vâltoarea curgerii ei...

În luna iunie a anului 1974, la fel ca în fiecare an, Dunărea primea rugămințile tinerilor care tocmai absolviseră Liceul Traian, un renumit lăcaș de cultură și educație al tinerilor mehedințeni. Printre acești tineri ce rugau Dunărea să le dea inspirația și puterea de a se concentra spre a reuși la severele examene de admitere la facultate, se număra și Claudia, numită de cei apropiați cu diminutivul Dia. Această tânără, era parcă ieșită din spuma Dunării, atât de albă și strălucitoare îi era pielea catifelată ce-i acoperea corpul firav, dar altminteri bine proporționat de mâna meșteră a Creatorului Cerului și Pământului.

Dia era o fată modestă, atât în comportamentul ei față de familie, cât și față de colegii de școală. Provenea dintr-o familie obișnuită, ca majoritatea familiilor din acele vremuri. Tatăl era muncitor mecanic la Uzina de Apă Grea, iar mama se număra printre sutele de muncitoare care trudeau la Fabrica de Confecții din oraș. Această familie, în modestia ei, era de o moralitate și un comportament exemplar. Munceau din greu și creșteau și educau două fete, pe Dia și pe Angela, amândouă eleve la Liceul Traian. Dia era sora cea mare, iar Angela era cea mică. Amândouă își construiau vise să devină inginere chimiste. Învățau cu multă sârguință și devotament pentru a-și îndeplini visele. Părinții, fiind oameni cu venituri modeste, nu-și permiteau să le ofere fiicelor lor ore de pregătire suplimentară. Ele erau conștiente de acest fapt, drept pentru care învățau sârguincios noțiunile oferite de manualele școlare și le completau cu explicațiile oferite de dascălii care aveau multă responsabilitate pentru pregătirea elevilor la orele de curs, în școală. În acei ani, cerințele la toate disciplinele școlare erau mărginite strict la manual, iar acesta cuprindea noțiuni ample și lămuritoare pentru tinerii liceeni. Nu era nicio supărare dacă un elev avea și cunoștințe în plus față de manual, dar corectarea tezelor la examenele de admitere la facultate se realiza după manualele școlare din acel an de învățământ. Deci toți elevii erau obligați să cunoască foarte bine noțiunile din manual, iar ceea ce era scris în plus în teza unui candidat la admiterea la facultate, nu era luat în considerare la notarea tezei, putând să aducă un plus de maximum un punct, aceasta fiind la aprecierea profesorului corector.

Dia știa această regulă și de aceea învăța foarte bine noțiunile din manualele de chimie și fizică, în așa fel încât toate subiectele de teorie să le scrie în teză foarte exact, cum era în manual, iar formulele și ecuațiile chimice ori noțiunile din fizică, erau învățate cu creionul în mână, rezolvând probleme și repetând aspectele teoretice. Cu sufletul încărcat de emoții, dar și cu speranța că va face față severității examenului de admitere la facultatea de Chimie Fizică din București, Dia aștepta în gara Drobeta Turnu Severin sosirea trenului accelerat care trebuia să o ducă la București. La megafonul gării se anunța sosirea trenului așteptat.

– Trenul accelerat nr... din direcția Timișoara, care merge în direcția București Nord, sosește în gară la linia una. Vă rugăm feriți linia una!

De fapt gara Drobeta Turnu Severin avea doar două linii pentru trenurile de călători. Deci cine aștepta un tren, trebuia să se afle pe peronul principal al gării. Acolo erau grupuri de fete și băieți gălăgioși, veseli și plini de multe, multe speranțe și vise... Mare parte a elevilor ce se aflau pe peronul gării, erau candidați la admiterea la facultățile din

Timișoara, pentru că era mai aproape ca distanță de orașul lor și pentru că acest centru universitar era tot atât de apreciat ca și Bucureștiul. Alegerea Diei a fost Bucureștiul pentru că ea aflase că în acest centru universitar existau laboratoare de chimie foarte bine dotate, de înaltă tehnicitate. Apoi în București existau multe fabrici unde se prelucrau produse farmaceutice sau cosmetice. În mintea ei era o dorință nestăvilită de a învăța, de a munci și a-și atinge scopul final, să devină o bună ingineră chimistă, care să lucreze într-una din aceste fabrici. Viața nu i-a refuzat această dorință, dovadă fiind chiar curajul ei de a candida la o facultate cu profil de chimie și într-un oraș atât de mare, unde era cunoscută concurența acerbă care se înregistra în fiecare an. Nu o impresiona nici mulțimea candidaților, nici aluziile colegilor care se lăudau cu o pregătire superioară sub îndrumarea unor renumiți profesori, precum nici înfățișarea ei de fată modestă, la prima vedere putându-se considera ca fiind rătăcită printre tinerii veniți din familii de oameni importanți în viața socială și politică a vremii.

Așa cum spunea în scrierile sale Alexandru Dimitrie Xenopol: *„Întotdeauna strălucirea intelectuală a unui popor a fost ca o înflorire a bunăstării sale materiale"*, bunăstarea materiala a României în anii 1970 era calea dezvoltării ei. Se înfiripau ideile și planurile de țară în curs de dezvoltare, se aplicau cunoștințele oamenilor de cultură și știință care trăiau în această țară și care erau animați de înalte sentimente de patriotism. Lor li se alăturau oameni de știință care învățaseră în țările Europei occidentale dezvoltate și care reveniseră în țara lor mamă, pentru a-și aduce darul minții și creativității lor. Un astfel de om a fost Henri Coandă. Chiar în orașul Craiova se înființase Fabrica de Avioane și Liceul cu același profil tehnic, numit Liceul Henri Coandă, care pregătea elevii pentru meseriile necesare în acest domeniu, iar construcția de avioane impunea și o pregătire universitară pe măsură. Henri Coandă a venit să ofere toate cunoștințele sale, poporului căruia îi aparținea, cu dorința ca ultimii ani de viață să-i trăiască în România și pentru România. Cât a fost în viață, acest om deosebit de inteligent și patriot, România a progresat și a devenit un brand de țară dezvoltată în domeniul aeronauticii. Astfel de exemple sunt puține, este adevărat, dar dovedesc spiritul creator al inteligentei seminției românești. *„Scopul școlii nu este doar acela de a oferi o educație completă, cât și de a pregăti individul să și-o poată obține singur în viață”*[2]. Experiența obținută de generațiile care au absolvit Liceul Henri Coandă din Craiova, a fost materializată prin dezvoltarea Centrului de Cercetare care s-a înfiripat în cadrul Universității din Craiova. Mulți, foarte mulți din acești absolvenți ai Facultăților tehnice din acest oraș important pentru industria construcțiilor aerospațiale cât și a celei electronice și electrotehnice, au muncit pentru industria românească. Asemenea tinerilor care au fost instruiți sub inițiativa acestui mare om de știință, au urmat tinerii care la rândul lor au instruit generațiile viitoare, generații care oriunde ar fi pe cuprinsul globului pământesc sunt apreciați, stimați și căutați de marile companii.

Dia, cu o informare corectă asupra posibilităților centrelor universitare românești, asemenea multor tineri români studioși, a ales Bucureștiul, unde voia să devină o chimistă foarte bună și să lucreze în combinatele chimice de renume mondial dacă se putea. În mintea ei de copil, țintea foarte sus, sperând și crezând că învățătura de calitate este apreciată. Și așa era atunci, mai mult ca acum... Dar să nu întunecăm speranțele unor tineri abia ieșiți de pe băncile liceului!

Gara forfotea de tineret și de părinți, care-i conduceau doar până la tren. Unii aveau încredere în copiii lor care se vor descurca într-un oraș atât de mare ca Bucureștiul, unde acum pășeau pentru prima dată în viața lor. Alți părinți avuseseră prilejul să meargă la București pentru diferite treburi și luaseră și copiii cu ei, așa că aceștia erau familiarizați cu forfota gării Bucureștiului. Iar ultima categorie de părinți, erau precum cei ai Diei, adică nici ei nu văzuseră în toată viața lor Bucureștiul, iar acum își conduceau copilul la gară, cu speranța ca măcar el să vadă ce nu au avut ei posibilitatea. Mama Diei era ceva mai ambițioasă în visul ce-l clădise pentru fiica ei cea mare, voind din tot sufletul să reușească Dia la examenele din București. Motivul era că-și dorea o viață mult mai bună pentru Dia, decât o avusese ea. Fiind muncitoare la Fabrica de Confecții, lucra în ture de zi și de după-amiază. Se trezea la ora 4 dimineața, să fie prezentă la fabrică la ora 6, când începea programul de lucru în tura întâia, sau venea noaptea târziu acasă, obosită și transpirată, când lucra în tura a doua. Și asta se întâmpla șase zile pe săptămână și uneori lucrau și duminica, dacă era o comandă urgentă pentru export. Era o viață de sclav! Doar muncă și iar muncă iar salariul era modest, undeva la 1200-1500 lei, uneori un pic mai mult, căci lucra în acord, adică era plătită la manopere executate. Și ea muncea din greu să câștige cât se putea de mult! Era obligată de viața de familie și nu de lăcomie. Avea două fete pe care le visa să fie cu diplomă universitară, să nu muncească precum ea și colegele ei de suferință. Astfel, mama Diei avea pe buze nu de puține ori amenințarea către fiicele ei:

– Dacă nu învățați să ajungeți inginere, vă angajez muncitoare la Fabrica de Confecții!

Această amenințare fusese spusă de atâtea ori, încât fetele învățau să scape de Fabrica de Confecții. Acolo multe tinere se calificau și aveau o meserie pe care o practicau cu onestitate și care le confereau un statut de oameni ai muncii. Dar biata femeie, Anica, mama Diei avea sufletul înăcrit de greutățile vieții, încât pentru fiicele ei nu accepta soluția angajării la fabrica unde muncea ea. Tatăl fetelor și soțul Anicăi era mecanic la Uzina de Apă Grea. El era mai liniștit în privința ambițiilor Anicăi. El era muncitor disciplinat, obținea o leafă de 1500 de lei lunar, plus sporul pentru orele de noapte, efectuate în tura a treia, adică de la ora zece seara, până dimineața la ora șase. Gheorghe, sau cum era numit în familie Ghiță, era împăcat cu viața lui, iar cât privea fetele, zicea simplu:

– Tată, dacă nu vă place cartea, nu e cu supărare! Nici eu, nici mama voastră nu avem decât 8 clase primare. Și nu murim de foame, vă creștem și pe voi și viața merge înainte. Dacă vreți să învățați, este spre binele vostru și doar spre fala noastră. Deci alegeți voi ce credeți că vă convine. Iar dacă nu reușiți să răzbateți în lumea oamenilor cu carte, nu este o catastrofă. Veniți acasă, că aveți părinți să vă ajute să vă găsiți locul în lume. Anica vă amenință cu angajarea la Fabrică. Eu zic că nu este rău nici acolo, dacă o fi și o fi să căutăm un loc de muncă. Voi sunteți fete cu liceul, apoi aveți carte multă. Și găsim și în Fabrică un loc, ba la pontaj, ba la calculat salarii... Ne punem petecul după cum este sacul.

După ce le vorbea așa, Ghiță își aprindea o țigară, fără de care nu se putea și pleca liniștit la treburile lui. Țigara era singurul viciu al lui. Fuma și noaptea. Se trezea din somn și mai fuma o țigară Mărășești, că astea erau pentru muncitorul român.

Trenul alerga în viteză pe șinele de cale ferată, străbătând Câmpia Română. În aproape 5 ore, ajungea la destinație, adică în Gara București Nord. Locomotiva electrică șuiera anunțând intrarea la linia a patra. Gara era ca un viespar. Oameni care mergeau unii înspre fața trenului, alții în direcția opusă. Dacă nu te încadrai într-o direcție, riscai să te lovești de toată lumea. Dia a coborât timidă din tren și a simțit o amețeală ușoară. Ajunsă în iureșul peroanelor Gării, se așeză pe o bancă, chiar lângă peron. Se simțea ca rătăcită. Megafonul anunța mereu trenuri care veneau, trenuri care plecau. Iar călătorii se revărsau în puhoaie de oameni. Dia, un pui de om mărunțel, îmbrăcată într-o rochiță de vară de stambă, lucrată de Anica, cu o sacoșă din pânză tare, ca o foaie de cort, privea și încerca să se dumirească pe unde trebuie să iese din gară și să găsească stația de autobuz, troleu sau tramvai. Așa aflase ea că trebuie să facă odată ce ajunge în Gara Bucureștiului. Primul gând de orientare care o străbate, este să ajungă la Biroul de Informații. De acolo spera să afle cum se iese din Gară. Lumea se lovea de ea, ba unii o mai și apostrofau că stă în drum. Rochița ei albă cu floricele albastre, era șifonată și arăta ca o cârpă. Ajunsă în fața Biroului de Informații și ascultând despre ce întreabă lumea, a înțeles că ea nu are ce să întrebe acolo. Cu un pic de orientare, a înțeles că era chiar pe partea de ieșire din Gară. Aici, altă nebunie! Taxiuri câte nu văzuse în orășelul ei niciodată. Deodată a văzut autobuzele și tramvaiele. Aflase ce autobuz trebuie să ia pentru a ajunge la Universitate. Toate aceste noțiuni le aflase în tren, de la un călător sau altul, care se întreceau să-i spună cât mai multe amănunte. Mintea ei era ca un burete. Înregistra tot. În sfârșit, a ajuns la Universitate. Au lăsat-o picioarele.

– Doamne, cât este de mare!

Numai în filme văzuse așa clădiri. Cum, necum, a nimerit și Secretariatul, unde s-a înscris la Facultatea de Chimie Fizică. A primit și cazare la Căminele Studențești din Grozăvești. Disperată că nu avea habar cum să ajungă acolo, mai întrebă, mai ascultă ce vorbeau unii și alții. A aflat că trebuie să ia un tramvai, ori troleu. În sfârșit, a ajuns și s-a cazat într-o camera cu 4 paturi. Ceva mai trist nu văzuse. Erau paturi de fier, folosite din timpuri străvechi și cu saltele rupte. Într-un așa decor trist, cu cazarmamentul în mână (aflase că așa se numesc cearceafurile și pătura primite de la magazia căminului) se așeză pe primul pat, lângă ușă. Camera s-a umplut în curând. Au mai venit încă 3 fete. Fiecare din câte un colț de țară. S-au împrietenit repede, iar Dia a aflat că toate erau înscrise la Facultatea de Chimie Fizică, deci erau concurente pe aceleași locuri.

A doua zi era prima probă scrisă, la fizică. Subiectul de teorie era greu, dar cea mai complicată era problema. Tinerii se gândeau, își ștergeau transpirația frunții și iar scriau, pagini și pagini. Alții se uitau speriați, parcă nu-și aminteau nimic despre ce și cum să scrie. Treceau să rezolve problema. Altă pacoste! Și uite așa au trecut cele trei ore de teză. Fiecare candidat, cum ieșea din sala de examen, era întâmpinat de părinți ori profesorii celor care erau încă în examen.

– Cum a fost? Cât ți-a dat rezultatul la problemă?

Și tot așa, fiecare candidat ce ieșea pe ușa principală era interogat. Acum, aceste întrebări nu erau puse numai din simplă curiozitate. Erau persoane care se ocupau cu statistica celor care ziceau că au scris tot, au rezolvat problema și sunt fericiți, dar mai erau și cei care ziceau că au scris *„ce și ce”* dar sperau să fie bine. Și de aici începeau pronosticurile, câți vor fi admiși, ori câți vor pica examenul. Dia nu era așteptată de nimeni. Dar a fost întrebată de mulți cât a scris, cum a rezolvat problema etc. Ea răspundea sincer că a scris toată teoria, care a fost ușoară, iar problema a rezolvat-o imediat. Toți se uitau la ea cu mare neîncredere și ziceau că plusează, dar sigur nu a scris chiar așa. Ba unii mai răutăcioși ziceau:

– Nu o vedeți ce țărăncuță este? Ce să știe ea despre fizică și cu ce se mănâncă?

Dia și-a văzut de drum. Ajunsă la Cămin, au început colegele ei de cameră să discute, cum au fost subiectele, ce au scris fiecare. Și aveau caiete studențești cu lecțiile de la orele de meditație, cu probleme model. Dia avea manualul și caietul cu notițele din clasă și atât. Ea le-a spus cât a scris la teorie, adică tot ce era în manual, iar problema le-a rezolvat-o în fața lor. Fetele au rămas cam pe gânduri.

A doua zi a urmat teza la chimie. Altă durere! Tot așa, tinerii transpirau, scriau pagini și pagini. Dia a înțeles că această teză chiar este complicată, dar s-a concentrat și și-a amintit și pagina din carte unde era tratat subiectul. Apoi problema însemna cunoașterea și stăpânirea formulelor de bază ale chimiei organice și anorganice.

Timpul a trecut, tezele s-au depus pe catedră, iar tinerii au părăsit sala de examen. Din nou, afară, furcile caudine ale părinților și ale tuturor curioșilor. Unul din mulțimea aceea, care punea întrebări la cei ce ieșeau din examen, a zărit-o și a recunoscut-o pe tânăra fată.

– Uite-o pe deșteapta aia de ieri care zicea că a fost ușor! Hai să o întrebăm cum a fost azi.

Dia, păstrându-și calmul, a răspuns:

– A fost mai complicat ca ieri, dar nu foarte greu sau imposibil de rezolvat.

– Păi zi-ne și nouă ce ai scris și ce rezultat ai obținut la problemă.

– Am scris tot ce trebuia și problema cerea un pic de concentrare. În rest a fost acceptabil subiectul.

Dia s-a strecurat printre brațele și trupurile celor ce puneau întrebări, a iuțit pasul și s-a dus direct la Cămin. Colegele de cameră o așteptau. Curioase i-au pus multe întrebări. Dia a scos manualul și le-a arătat ce trebuia să scrie și ele. Una mai îndrăzneață a zis:

– Păi numai atât ai scris? Insuficient!

Dia a închis cartea și le-a răspuns scurt:

– Atât scrie în manual, atât trebuia să scrieți și voi. Ce ați scris în plus este în afara subiectului.

– Măi, da deșteaptă ești tu! De unde ești? Păi ai auzit tu de chimie ca pisica de calendar! Hai s-o lăsăm că este fudulă, ca să nu zic altfel!

Dia a tăcut. Și-a scos cartea de chimie și a citit pentru examenul oral. Dar mai întâi au trecut două zile până au sosit rezultatele la scris. Urmarea acestor rezultate: toate colegele de cameră ale Diei își făceau bagajul. Dia a rămas să susțină și proba orală.

În curtea facultății rămăseseră un sfert din câți au fost la primele probe. Se părea că fuseseră dificile subiectele ori slab pregătiți candidații. Nici una, nici alta! Erau subiecte care cereau gândire și nu învățătură pe de rost, fără a înțelege subiectul. Toți care au picat, învățaseră sute de pagini ca pe poezie, caci așa erau îndrumați să facă. Cine a sesizat că gândirea este toată cheia reușitei, se număra printre fericiții candidați admiși pentru proba orală. Proba orală era scurtă și la obiect. Dia, emoționată, a pășit în sala de examinare, unde a tras biletul cu subiectul ce urma să-l expună comisiei. Emoțiile erau mari și o amețeală ușoară îi cuprinsese întregul corp. Abia stăpânindu-și starea emotivă, s-a concentrat asupra foii de hârtie pe care urma să scrie ideile principale. Văzând subiectul, a prins curaj, pentru că era ceva ce știa foarte bine. A scris câteva idei principale și apoi a fost invitată de profesorii din comisie să-și expună subiectul. Știa atâtea noțiuni și parcă vedea înaintea ochilor chiar și paginile din carte! Comisia era surprinsă de exactitatea cu care prezenta subiectul. Unul dinte profesorii examinatori ai comisiei se arată curios să afle din ce localitate vine această candidată.

– Domnișoară, de unde vii, la ce Liceu ai învățat?

– Locuiesc în orașul Drobeta Turnu Severin și am fost elevă la Liceul Traian.

– Măi, dar ce faceți voi acolo, că aveți buni profesori la chimie. Parcă la voi în oraș se învață numai la chimie.

Dia a privit emoționată către comisia de examinare, a ridicat din umăr parcă încercând să spună că poate este și așa, adică se învață chimia și fizica foarte, foarte bine. Un amănunt poate le scăpa profesorilor examinatori: în Severin se afla Uzina de Apă Grea, foarte importantă pentru toată Europa, nu numai pentru severineni, pentru locurile lor de muncă. Acolo lucrau ingineri chimiști și fizicieni cu o pregătire de cea mai înaltă calitate. Era un club select al oamenilor de știință.

Dia și-a luat carnetul în care era scrisă nota. Emoțiile păreau a fi și mai mari și curios lucru, parcă vederea i se împăienjenise și o ceață i se așezase pe ochi. Ajunsă în holul facultății, a fost întâmpinată de grupurile de tineri ce urmau să intre în sala de examinare. Fiecare era curios.

– Ei, cum a fost? Cât ai luat?

Dia, încă amețită, și-a deschis carnetul și a văzut în fugă nota. Era nota zece. Carnetul i-a zburat din mână și parcă plutea, așa era citit de tinerii prezenți. Rezultatul final s-a afișat după câteva zile, într-un miez de noapte de vară.

A reușit cu media 9,60! Ce ar fi zis gurile rele? Guri care erau chiar lângă ea, înghesuindu-se să citească avizierul.

– Ia auzi, țărăncuța asta cu rochița de stambă pe ea, a luat așa o notă! Halal să-i fie!

Noaptea de vară era caldă... dar răcoarea miezului de noapte plutea ușor peste oraș. Dia, cu pași mărunți, singură, s-a îndreptat spre Căminul studențesc. Și-a strâns micul său bagaj și a pornit spre Gară. Ar fi vrut să spună la toată lumea de pe stradă:

– Sunt studentă! Sunt fericită!

Ar fi vrut să fie alături de ea părinții și sora ei și toată lumea din Severin, acum, numai acum. Dar ei erau departe și ea va călători toată noaptea până va ajunge în orașul ei, cu Dunărea la hotare. Primul tren spre Timișoara era abia la ora patru dimineața. După ce și-a luat biletul de tren, Dia s-a așezat pe o bancă la peron, așteptând ca acele ceasornicului gării să arate ora patru. Gara era plină de călători care veneau din direcții diferite, schimbau trenul în București și apoi mergeau spre casele lor. Oamenii erau gălăgioși, veseli, ori preocupați cu gândurile lor. Dia era ca o umbră, undeva pe o bancă. Nimeni nu știa bucuria ei. Iar ea era fericită că va ajunge acasă să dea vestea cea mare:

– Am reușit la facultate! Sunt studentă la București!

Capitolul doi

Auziși vestea?

Ziua răsărea la orizont, noaptea era alungată... Trenurile veneau și plecau din Gară. Dia se afla deja în trenul accelerat spre orașul ei, Drobeta Turnu Severin. Călătoria era lungă, trenul avea opriri în diferite stații din traseu, iar Dia număra orele și abia aștepta să sosească acasă. Se gândea la familia ei care se va bucura peste câteva ore aflând vestea de la ea. Nu avusese cum să-i anunțe. Ei erau oameni foarte modești, locuiau în blocurile muncitorești, într-un cartier mărginaș al orașului. Nu aveau telefon cu orașul, dar aveau o cabină telefonică de unde puteau suna ei pe cine doreau. Ei nu puteau fi sunați și astfel, ea a hotărât că va fi surpriza și mai mare. Orele se scurgeau încet, dar sigur. Trenul de la București spre Timișoara intra în Gara Severinului. Ora dimineții era afișată pe cadranul mare al ceasornicului gării. Ora nouă dimineața. Dia, obosită dar fericită, a coborât din tren și a pășit spre ieșirea din gară. Un CFR-ist, nenea Fane, vecin de apartament cu părinții Diei, a zărit-o și i-a tăiat calea:

– Bună dimineața, domnișoară! Ei, cum a fost la examen? Hai, du-te repede acasă că te așteaptă ai tăi. Da ia stai nițeluș, mie nu-mi spui ce făcuși pe acolo, la examenele tale?

– Făcui bine, nene Fănică! Luai aproape nota zece. Mai exact, luai nota nouă și șaizeci.

– Bun, bun! Bravo!

Și o mână mare, grea, apăsă umărul firav al Diei. Nenea Fane a plecat la treburile lui prin gară, iar Dia a pornit spre casă. Fiind ora la care locuitorii orașului erau la serviciu, străzile erau puțin populate. Dia a ales drumul cel mai scurt spre blocul unde locuia cu familia ei. Ajunsă la ușa blocului, prima persoană care a întâmpinat-o a fost Tanti Mia, femeia de serviciu, care la ora dimineții mătura scările blocului.

Tanti Mia, cu mătura sprijinită de corp și cu basmaua de pe cap legată ca turcoaicele, a zărit-o de departe pe Dia, întâmpinând-o cu glas mieros:

– Die, maică, veniși? Da ce făcuși fetițo pe acolo? Că ăștia ai lui madam Nae, cică nu luară examenul acela, la facultate, de! Cică fu greu la Timișoara... Da, maică, tu ce făcuși, că sunt făcuți praf ai tăi?!

Dia o cunoștea pe tanti Mia cum ducea vorba, de aceea îi răspunse scurt și trecu mai departe grăbită.

– Păi la București fu mai bine. Eu luai examenul. Sărut mâna, mă duc acasă că sunt grăbită.

Tanti Mia rămase cu mătura sprijinită de șold și cu privirea o petrecu pe Dia. Apoi adăugă ca pentru ea:

– Că înțepată mai ești. Ei, dacă e deșteaptă, e deșteaptă...

Dia urcă în fugă cele două etaje și apoi, emoționată apăsă butonul soneriei. Zbârnâitul ei răgușit, parcă o înveseli. În ușă apăru Angela, sora ei.

– Dia! Ai venit! Dia cum a fost examenul? A fost greu, nu-i așa?

Angela nu avea curaj s-o întrebe, dar îi juca pe buze întrebarea:

– Ai luat examenul?

Dia, după ce a îmbrățișat-o i-a spus plină de bucurie:

– Am luat examenul cu nota 9,60. Îți dai seama, Angela că am scăpat să mă ducă mama la Fabrica de Confecții?!

– Hai măi Dia, că a zis și ea așa, dar acum vei fi ingineră. Să vezi ce or să se bucure și mama și tata. Acum sunt la serviciu amândoi, dar le facem o surpriză când or veni și le vom spune.

Surorile au intrat în camera lor și acolo și-au povestit toate câte erau de povestit. Orele au trecut repede, că doar treaba lor este să treacă grabnic pe ecranul ceasornicelor. Iată că a sosit ora două după amiază și cei din tura întâia de la Fabrica de Confecții, au plecat spre case, lăsând continuarea treburilor pentru tura a doua. Anica, doar a ajuns în fața blocului, că vecinele și-au deschis ferestrele ca la o comandă, și au întâmpinat-o.

– Vecină, hai că-ți veni acasă fata, Dia! Cică luă examenul cu notă mare. Zisă Fane, ceferistul, ăsta care stă la etajul doi, că veni fata azi dimineață cu trenul de la București și că era bucuroasă. Du-te de află mai multe și spune-ne și nouă, să ne bucurăm, doar este fata noastră de aici, din bloc!

Anica mai să se împiedice și să cadă la primele trepte ale intrării în bloc. O emoție mare a cuprins-o și a simțit că amețește. Cât își dorise ea această veste. Acum a venit, dar tot nu-i venea să creadă, până n-o vorbi ea cu Dia. Intră în bloc, scările fiind spălate proaspăt, ea fiind emoționată îi alunecă piciorul și gata, gata să cadă. Nu a avut timp să se echilibreze bine, că la primul etaj o întâmpină Mia, femeia de serviciu.

– Madam Anica, veni Dia de la București. Mare bucurie îți făcu. Luă examenul cu notă mare, spuse Fane ceferistul. Iote, eu spălai scara acuși, că zisei să-ți dau și eu vestea bună.

Și uite așa, Anica ajunse la etajul doi, intră în casă și se uită să vadă fetele. Nu erau nici în hol, nici în bucătărie. Anica simțea că era ceva ciudat, o surpriză frumoasă, dar unde sunt fetele? În casă mirosea a friptură și a prăjitură. Fetele pregătiseră o masă festivă aranjată pe masa din sufragerie, unde în mijloc trona un buchețel de floricele cules de ele din gradina blocului, gradină pe care ele o îngrijeau. Anica a deschis cu timiditate ușa sufrageriei, iar din interior au sărit două căprioare, fetele ei, au îmbrățișat-o și i-au spus vestea:

– Avem o studentă! Dia a reușit la examen, la facultate!

În câteva minute a sosit și Ghiță, tatăl lor. Ghiță a fost informat de centralistul blocurilor din cartier, care aflase de la coana Mia, care aflase la rândul ei de la Fane ceferistul. Și tot așa, unii de la alții, vestea a cuprins tot cartierul. Oamenii simpli știu să se bucure de frumusețile vieții cu sinceritate, cu respect și cu acea distanță care o pun când au în fața lor un seamăn mai învățat, ajuns om cu carte, după cum spun ei. Bucuria acestor oameni a fost atât de mare, încât au povestit-o rudelor, prietenilor și nu mai vorbim de vecinii care au participat trup și suflet la serbarea momentului. Serbare care a însemnat o masă scoasă în fața blocului, de Fane ceferistul și pe care au umplut-o gospodinele blocului cu ce au avut ele mai bun și mai bun în casă, în după-amiaza acelei zile de neuitat. Și dacă timpul nu ar fi cernut mulți ani de atunci și până acum, poate că ar fi fost și alții invitați la bucuria lor...

Capitolul trei

Emoții, pregătiri de drum lung

Vara se pregătea să-și ia zborul, iar toamna bătea la ușa anotimpurilor. Luna august număra ultimele zile încărcate cu roada grădinilor, a viilor și cu pregătirea păsărilor cerului pentru lungul drum spre țările calde. În luna septembrie, toți elevii se pregătesc pentru începutul noului an școlar. În casa soților Anica și Ghiță, se făceau pregătiri pentru începutul școlii, pentru fiica cea mică, elevă în clasa a douăsprezecea, la Liceul Traian. Dar fierberea nu era pentru ea, căci Angela era elevă în orașul lor, Drobeta Turnu Severin și avea cele necesare școlii. Marele zor era pentru Dia, care urma să plece la întâi octombrie, la București, unde era studentă. Și câte îi trebuiau. Anica lucra la mașina de cusut Ileana, pe care o primise zestre de la părinții ei, când se măritase cu Ghiță. Lucra pentru Dia un pardesiu și un taior pentru toamnă, să-l îmbrace când va pleca la București. Anica avea ambiție ca Dia să fie frumos îmbrăcată, după posibilitățile ei, dar să nu râdă lumea că nu a fost în stare să-și îmbrace fata. Ce eforturi a făcut, numai ea și bunul Dumnezeu a știut. A luat un împrumut de la CAR-ul fabricii și s-a dus la magazin cu Ghiță și cu Dia și au ales două stofe frumoase și pe măsura banilor lor, pe care le-a croit ea cu priceperea ei și a reușit să realizeze un pardesiu și un taior elegant, după modelele văzute de ea la fabrică și care se lucrau numai pentru export. Deci era ceva deosebit. Anica i-a pregătit bagajul Diei cu toate hainele necesare, toate noi, toate frumoase. Dia era copleșită de atâta atenție ce i se arăta. Dar Anica era și mai mult fericită. Era mulțumită că fata ei învățase carte și scăpase de munca grea din Fabrică.

Zilele zburau, Anica muncea din greu la Fabrică și acasă când venea intra în mașina de cusut și lucra până seara târziu. Pe aripile vântului a sosit ziua plecării Diei la București. Cu mica ei valiză maro, de mușama și îmbrăcată cu taiorul cel nou, de o eleganță discretă, de culoare gri deschis, Dia părea o altă fată. Era zveltă, cu părul negru ca abanosul, alunecând pe umerii albi ca laptele și cu o poșetă pe care o purta pe umăr, părea o zână din povești. Așa o vedea Anica și toți ai casei. Emoționați, cu toții au pornit s-o conducă la gară. Vecinii au amuțit. Erau toți, nu lipsea nici unul, la banca din fața blocului. Când au văzut-o pe Dia, s-au ridicat automat toți în picioare, iar bărbații și-au unit glasurile într-un *„sărut mâna”*, în timp ce femeile lăcrimau discret, au îmbrățișat-o și i-au șoptit *„să nu ne uiți”*.

Ajunși la gară, trenul a sosit repede, iar momentul despărțirii de familie a fost scurt. Dia a urcat în trenul plin de călători. Ghiță, pe fereastra vagonului, i-a dat valiza și o plăsuță în care-i pusese Anica merinde pentru drum, iar urările de drum bun și fluturatul batistei l-au făcut când deja trenul pornise ușor pe șine. Despărțirea nu a fost nici lacrimogenă, nici patetică, ci un fel de *„urcă repede că pleacă trenul”*. Așa a pornit în viața de studentă, tânăra Dia.

„Dacă pleci la drum lung,
Nu smulge copacul din rădăcină
Și nu găsi adevărului vină,
...
Dacă pleci la drum lung,
Desbracă-ți timpul ca o rufă
Desbracă-te de pasărea ce zboară
Fă piatra ca să fie o tufă
Fă ora să fi fost odinioară,
Dacă pleci la drum lung,
Fă-te cuvânt și numai cuvânt și numai cuvânt,
Dacă pleci la drum lung.”[3]

Trenul alerga pe întinsul Câmpiei Române, parcă știa ce grabă au călătorii să ajungă la destinație. Într-un fel era și el părtaș la lunga călătorie în care porniseră tinerii spre centrele universitare unde deveniseră studenți. Această călătorie, cu toate că era asemenea multor altor călătorii cu trenul, avea o semnificație anume: tinerii porniseră de fapt, în adevărata lor călătorie prin viață. Acum erau niște adolescenți veseli, gălăgioși chiar, dar mâine vor fi tinerii studioși ai țării, care vor prelua steagul luptei pentru viața culturală, științifică, sportivă, a lumii ce se născuse deja. Era o lume frumoasă, care știa să râdă, să se înveselească atunci când îi era timpul, dar știa tot atât de bine să muncească pentru a-și atinge telul propus în viață.

„Ce frumos e omul care
Încă știe să zâmbească
Și deși sunt vremuri grele
Încă poate să iubească!”[4]

După un drum lung de aproape cinci ore, Dia a ajuns în Gara de Nord a Bucureștiului. Acum privea liniștită călătorii care se îmbulzeau spre vagoanele trenurilor în staționare. Simțea că ceva din acest mare oraș, începea să-i aparțină. Avea o chemarea lăuntrică pentru acest oraș. La difuzoarele gării se auzea o melodie de muzică ușoară cântată de eternul Gică Petrescu.

„București, București faima țării ești” urmată de altă melodie adresata tot Bucureștiului: *„Fetițe dulci, ca-n București în toată lumea nu găsești! Privește drept în ochii lor și vei afla povești de dor”*.

Pentru Dia, aceste melodii păreau a fi o invitație prietenoasă a orașului București, adresată ei, venită dintr-un orășel de pe malul Dunării, unde gara era așa de mică, încât nici nu suporta comparație cu gara Bucureștiului. Aici totul, gara, călătorii, personalul gării îi păreau Diei ca fiind un alt fel de ființe, schimbate atât la înfățișare cât și în comportament. Bucureștenii erau grăbiți tot timpul, îmbrăcați cu haine comode și moderne, față de oamenii din orășelul ei, unde se născuse și trăise alături de familia ei și unde oamenii încă mai purtau costumele naționale când veneau *„la oraș”* după cumpărături. La un moment dat,

Dia şi-a scuturat pletele brune şi a hotărât să se trezească din visare. A înţeles că visul de a ajunge studentă la Bucureşti şi-l împlinise. Acum venise vremea să-şi dovedească ei în primul rând, că este în stare să-şi împlinească visul până la capăt. Adică să fie o studentă sârguincioasă şi să se împlinească dorinţa de a fi o ingineră apreciată de semenii ei. Cu aceste năzuinţe, după ce s-a cazat la cămin, Dia a păşit cu piciorul drept în Aula Universităţii din Bucureşti, unde toată suflarea studenţească era adunată în atmosfera de sărbătoare a zilei de întâi octombrie 1974, iar corul studenţilor intona:

„Gaudeamus Igitur,
Juvenes dum sumus;
Post jucundam juventutem
Post molestam senectutem,
Nos habebit humus!
Vita nostra brevis est
Brevi finietur...”

După o scurtă cuvântare a Rectorului Universităţii Bucureşti, cuvântare prin care li se adresau cuvinte de bun venit şi reuşită în studiile ce urmau a le aprofunda, studenţii au fost invitaţi să meargă la sălile lor de curs.

Dia era aşa de emoţionată, încât tremura de parcă era electrocutată. Pentru ea, începutul de an universitar era o mare emoţie. Ea încă nu se desprinsese de urbea ei cea mică, cu Dunărea curgând la vale şi cu vapoarele şuierând la intrarea în dana portului. Cu toate că realiza unde se găsea, totuşi îi părea ireal ce trăiri interioare avea. O apăsa şi o singurătate imensă. În toată mulţimea aceea de tineri, nu-şi regăsise nici o colegă din oraşul ei. Era un fel de singurătate în plină Aulă Universitară, unde sute de studenţi râdeau, cântau, se revedeau după vacanţa de vară. Numai pe ea nu o revedea nimeni. Şi totuşi cineva, undeva veghează...

„De poți zidi, când zidul tău se surpă,
De poți lupta, când ți-e armura ruptă,
De poți să duci poveri,
Când ție-ți este greu,
Ascultă-mă ce-ți spun:
Ești mult iubit de Dumnezeu!”[5]

În drumul spre sala de curs, unde erau conduși de un student care făcea parte din grupul de organizare al facultății, Dia mergea curioasă să cunoască viitorii colegi precum și profesorii cu care va studia tainele chimiei. Dia a fost profund impresionantă, când ajunsă în incinta unei săli de curs, a văzut așezarea băncilor în amfiteatru. Așa ceva nu mai văzuse. I se părea că trăiește un vis. Tinerii ocupau băncile după prietenii, cunoștințe, simpatii. După ce și-a rotit privirea prin toată sala de curs, Dia s-a așezat în prima bancă, acolo unde era un loc liber. Ultimul loc liber... și foarte emoționată s-a așezat cu sfială. Alături era locul ocupat de un băiat. Acesta era la fel de timid, dar dorea să-și ascundă această slăbiciune. Nu găsea modul potrivit decât să frământe un pix între degete. Dia era foarte emoționată și încă plutea, încă trăia un vis. Tânărul și Dia erau tăcuți. Se priveau pe ascuns, voiau să pară indiferenți, când de fapt erau la fel de stângaci amândoi. Primul care s-a hotărât să rupă tăcerea, a fost așa cum era și firesc, băiatul.

– Bună! Eu sunt Ovidiu. Tu cum te numești?

– Dia, de fapt mă numesc Claudia, dar toți îmi spun Dia.

– Și mie îmi spun Ovi, de la numele Ovidiu. Aș vrea...

Și tocmai a intrat primul profesor la curs. Studenții s-au ridicat în picioare și au salutat ca la școală. Cursul, primul curs în noua viață a tinerilor, viața de student, a început atât de firesc, încât profesorul, un bărbat cu un fizic atletic dar cu un glas cald, prietenos, a făcut o minune în sufletele acestor tineri care erau vădit emoționați. După câteva fraze de introducere, bunul profesor și-a început disertația în tainele cursului său. Și în două ore, a comunicat atâtea noțiuni, încât tinerii pierdeau și prindeau din zbor fraze întregi. La finalul cursului, când se gândeau unde vor găsi părțile pierdute din noțiunile predate, au răsuflat ușurați. Profesorul, cu glasul său fermecător, le-a făcut o precizare:

– Cursurile acestea le puteți găsi la Biblioteca Facultății, litografiate. Deci completați unde nu ați prins ideea.

În acei ani, nu existau aparatele xerox, telefoanele inteligente și multe alte cuceriri ale tehnicii.

Așa și-au început studenția tinerii anilor 1974 și a multor alți ani viitori. Nu era deloc ușor, dar era o provocare fiecare zi, fiecare semestru, fiecare sesiune de examene...

În pauza dintre cursuri, care era de numai zece minute, Ovidiu a reluat firul discuției cu Dia. Nici el nu mai știa ce spusese sau ce-i spusese lui, Dia. Hotărât, și-a luat inima în dinți și a zis ceva ca să nu tacă.

– Ești cazată la cămine?

– Da, la cămine în Grozăvești.

– Avem un drum comun. Și eu tot acolo sunt cazat. Păi când ieșim de la cursuri mergem spre Cămin împreună? Dacă îmi permiți...

– Nu am nimic împotrivă. Sigur, sigur!

Și a început al doilea curs.

Capitolul patru

Trenul vieții

Zilele curg precum nisipul din clepsidră. Se plimbă săptămânile prin calendar, iar orele și zilele au prins aripi. Timpul trece, trece și vine altul și iar altul...

Ritmul vieții de student a început din prima zi, cu primele cursuri, iar a doua zi era precum ceva început de mult, tare de mult. Orele de curs începeau la ora opt dimineața și continuau uneori până seara, la ore înaintate. Studenții, la orele amiezii fugeau să prindă masa de prânz la cantina studențească, apoi reveneau, la laboratoare, seminare, în funcție de orarul stabilit... Visul vieții de student nu era cel cu distracții și plimbări în parcuri. Nu! Era multă muncă, puțin timp pentru relaxare și apoi iar muncă. Programul nu era impus de Facultate, dar fiecare student știa ce are de făcut dacă vrea să studieze în acea Facultate. Astfel, tinerii Dia și Ovi se vedeau dimineața devreme, la ora șapte in drum spre facultate, se întâlneau în fața chioșcului de ziare din Campusul studențesc și mergeau alături, ca doi străini, spre cantină, pentru micul dejun și apoi la școală. Nici unul nu avea îndrăzneala de a sparge gheața care părea că le paralizează simțămintele. Doar ochii lor se întâlneau accidental și imediat roșeau, schimbau direcția privirii și continuau să meargă în pas vioi. Ajunși la facultate, își ocupau locurile lor din prima bancă. Cursurile se derulau precum pelicula unui film. Apoi venea prânzul și fugeau la cantină, unde se așezau la aceeași masă. Și azi așa, mâine tot așa, până când Ovidiu și-a propus să facă o glumă. A sosit la întâlnirea de dimineață mai devreme cu cinci minute, timp în care s-a ascuns după chioșcul de ziare. Acolo, bine mascat după suportul pe care erau așezate revistele și ziarele, a așteptat clipa când va veni Dia. Ovidiu ținea ascunsă în mână o floare, un trandafir roșu pe care îl culesese din rondul cu flori din fața căminului de băieți. Era un act care contravenea regulamentului, ruptul florilor fiind interzis. Dar pentru altarul iubirii, mai treceau cu vederea și îngrijitoarele căminului. Ovidiu aștepta să vină Dia. Începuse să-i transpire mâinile. Se gândea dacă vine și se supără că nu-l găsește, ori văzând că nu a sosit, își zice: *„bine că am scăpat de pisălogul ăsta"*. Când ceasul arăta ora șapte fix, a apărut Dia. Fiind o dimineață mai răcoroasă de toamnă, își pusese pardesiul ei cel nou. Când a zărit-o, lui Ovidiu i se părea că parcă ar fi alta. Avea alura unei studente elegante. Ca să fie sigur că este Dia și nu altă fată, s-a aplecat un pic peste rastelul cu ziare. Dar Dia, puțin descumpănită la început, când nu l-a găsit la locul întâlnirii, a zărit rastelul cu ziare și o mână care îl ținea să nu cadă. A fugit în pas iute, de căprioară și l-a surprins pe Ovidiu cu o atingere pe umăr.

Acesta, descumpănit, a scos repede trandafirul și l-a oferit Diei, ca preț pentru farsa ce el voia să o facă, dar în final Dia i-a făcut-o lui. Amândoi au pornit un hohot de râs, încununat cu o îmbrățișare atât de adevărată, încât nu era să se mai despartă trupurile lor firave, tinere și sincere. Din chioșc, vânzătoarea care fusese martoră la toată scena, a scos capul pe ghișeul ei și cu o față plină de lumină și zâmbet, a strigat:

– Hai copii, fugiți la școală. Gata cu pupa, pupa!

Cei doi tineri, furați de exuberanța tinereții, păreau că sunt ca niște fulgi de zăpadă care se joacă cu ninsoarea, cu nămeții și cu troienele iernilor.

„Să ningă peste noi cu miei doar astăzi
Să ningă inima din noi
Noi niciodată nu am fost noroi
O spun și mieii care ning pe noi
O, dulce, mult prea dulce tu, fecioară,
Care mi l-ai făcut pe Iezus chiar din flori
Ce zici că ninge mieii peste noi
Ce zici că ninge mieii peste seară
Și pe zăpadă ca noi ningem amândoi."[6]

Drumul spre facultate părea în acea dimineață foarte, foarte scurt. Ca doi copii, se jucau cu iubirea lor, cu tinerețea lor dar nu și cu viața lor. Amândoi erau conștienți de motivul pentru care veniseră să studieze în București. Dia își dorea cu ardoare să ajungă o bună ingineră, să scape de sărăcie, să trăiască o viață frumoasă. Ovidiu, la rândul său avea aceleași dorințe, de a fi un bun inginer chimist. El era fiul unei familii vechi ce se trăgeau din înaintași înstăriți, care trăiseră de multe generații pe meleagurile satului Vlădeni.

Maria, mama lui, era învățătoarea satului, iar Constantin, tatăl, era de profesie șofer la Stația de Salvare care aparținea de Ministerul Sănătății. Împreună formau o familie de oameni așezați la casa lor, cu mult respect pentru comunitatea în care trăiau, cât și pentru copiii lor, Ovidiu și Mircea. Mircea era fratele cel mare, deja absolvent al facultății de Electronică din Timișoara. Viața l-a purtat în mirajul ei, obținând la terminarea facultății o repartiție de inginer chiar în satul lui natal, la Centrul de Cercetare Agroindustrială. Acum urma ca Ovidiu să reușească și el în domeniul chimiei, sperând să fie un bun inginer chimist și de ce nu, un bun cercetător în tainele chimiei agroalimentare.

Zilele treceau repede iar iubirea lor era o floare care trecuse de stadiul de a fi un boboc, acum era un trandafir roșu, înflorit. Fiecare dimineață era o bucurie și o întâlnire cu dragostea pură și sinceră. Prietenia lor era deja trecută la index de toți colegii de facultate. În timp ce unele perechi se certau, se gelozeau, se urmăreau, se despărțeau, ei erau împreună, în fiecare zi. Doar nopțile le dormeau fiecare în căminul lui. Observaseră și profesorii prietenia lor, pentru că nu era greu de remarcat doi tineri, în prima bancă, doi tineri frumoși și în ai căror ochi se citea iubirea, pacea și liniștea sufletului lor. Unii profesori trecuți de prima tinerețe, zâmbeau cu nostalgie când îi priveau pe cei doi studenți. Trecuseră și ei prin acea tinerețe frumoasă. Timpul nu a vrut să stea în loc. Acum erau oameni maturi, părinți, bunici la rândul lor, dar viața și-o începuseră tot din banca de student, pentru că, așa cum spune poetul:

„Viața, scria un filozof,
E o întâmplare
Cu dragoste,
Cu foame,
Cu sete,
Cu somn,
Trăită direct,
Fără niciun calcul,
Prinși de intriga ei,
Care-i și intriga noastră,
O trăim febril,
Cu poftă,
Până la capăt,
Romanul cel de toate zilele,
Al fiecăruia în parte,
Un dar superb,
Extravagant."[7]

Capitolul cinci

Inelul de legământ

Se apropiau sărbătorile de iarnă, care aduceau cu ele și prima vacanță de student. Cursurile erau pe sfârșite, doar câteva laboratoare mai trebuiau efectuate, dar cine să se mai ducă la facultate, când afară ninsese cu fulgi ca din povești?! Într-o noapte s-a așternut o plăpumioară de zăpadă peste tot și toate, peste case, peste străzi și chiar peste oamenii care alergau grăbiți în magazine să cumpere ultimele articole necesare serii de Crăciun. Umerii lor erau acoperiți cu fulgii de nea care pluteau, pluteau și nu se mai opreau din zborul lor. Era o atmosferă de bucurie ce cuprinsese toți oamenii. Bătrânii își plimbau nepoții cu săniile, în timp ce erau eliberați de cei mai tineri de corvoada cumpărăturilor și a pregătirilor culinare.

Tinerii studenți se jucau cu bulgării de zăpadă, frecau pe obrăjori fetele, iar colindătorii își cântau vechile și tradiționalele cântece cu urări de an nou cu sănătate.

În fața Universității, parcă își dăduseră întâlnire toți studenții care încă nu plecaseră acasă, dar aveau în buzunar biletele de tren, urmând să plece în câteva ore spre casele părintești. În grupul celor care râdeau, chiuiau de bucuria zăpezii, erau și Dia cu Ovidiu. Peste câteva ore, urmau să meargă împreună la Gară și să călătorească cu același tren care-i ducea la Drobeta Turnu Severin. Acești doi tineri au descoperit nu numai tinerețea lor, iubirea lor dar și faptul că locuiau în localități foarte apropiate. De la Severin până la Vlădeni era o aruncătură de băț, cum zice românul. Dar viața alege ce trebuie să se împlinească și nu noi, oamenii muritori și plini de ambiții. Dia, cu bagajul gata pregătit, îl aștepta pe Ovi să vină și el cu valiza lui, ca împreună să meargă la Gară. Timp era berechet. Mai erau câteva ore până la ora plecării trenului. Tinerii au depus bagajele la ghișeul *„Bagaje de mână"* din Gara de Nord și au pornit hai-hui, prin magazinele din apropierea

Gării. Vitrinele erau decorate pentru sărbătorile de iarnă. Aveau tot felul de stofe, mătăsuri, ori încălțăminte și poșete, doar să intre clienții să cumpere. Dia și Ovi priveau și se jucau de-a *„ce ți-ar place ție din frumusețile vitrinelor"*. Nu se punea problema să cumpere ceva, pentru că luaseră biletele de tren cu ultimii bănuți. Așa că jocul era fermecător. Toate vitrinele au fost privite și toate mărfurile comentate cu ce i-ar fi plăcut Diei, ori lui Ovi. Mergând și distrându-se, sigur se loveau de toată lumea care trecea cu treburi importante. Ei se ascundeau după stâlpi și se jucau un fel de v-ați ascunselea. Erau cu totul transportați în lumea copilăriei lor. La o vitrină, a apărut în lumina neoanelor, un raft cu bijuterii. Aurul sclipea provocator, iar argintul îmbia spre o liniște și un calm ce conferea misterul bijuteriilor. Dia și-a turtit nasul de vitrină. Sorbea cu ochii larg deschiși fiecare exponat. Atâta frumusețe nu mai văzuse niciodată. Ovi a înțeles că este o crimă, s-o îndepărtezi pe Dia de la această vitrină. El s-a retras într-o margine a vitrinei, parcă să nu-i strice atmosfera de basm în care plutea ea. Atunci și-a promis în gândul lui, că din prima bursă va cumpăra un inel Diei. Din câtă dragoste îi purta, ar fi vrut s-o poleiască în aur, dacă ar fi putut. Cum banii în buzunarele studenților sunt atât de mărunți... Doar visele sunt poleite cu bijuterii din aur. Privind mai atent în vitrină, Ovi a observat un inel mic, firav, de argint, care costa doar șaizeci de lei. Și-a făcut în minte un mic calcul și și-a adus aminte că undeva, în compartimentul de rezervă al portmoneului său, mai sunt niște bani. S-a gândit bine și a fost sigur că are suficienți bani să cumpere acel inel. Ușor, să nu o trezească pe Dia din visarea ei, o invită să intre în magazin să se mai încălzească. Bună idee. Au subscris amândoi la ea. Ajunși în interiorul magazinului, și-au îndreptat pașii către prima vitrină care era cu bijuterii din argint. Aici părea că se unea Cerul cu Pământul! Așa cum se unește poezia cu viața...

„și-mi întinde un inel,
Un inel cum n-am văzut,
Un inel bătut în stele,

Un inel de legământ.”[8]

Dia privea inelul fascinată. Ea credea că se joacă de-a probatul unui inel. Râdea și-l punea când pe degetul inelar, când pe cel mijlociu. Se potrivea așa de bine pe mâna ei mică și firavă! Ovi îi spuse vânzătoarei că dorește să îl cumpere. Dia a rămas mirată. Inelul îl ținuse pe deget doar un moment, dar cum nu credea că rămâne al ei, l-a scos de pe deget și l-a restituit vânzătoarei. Ea credea că joaca continuă. Vânzătoarea a bătut bonul în casă l-a oferit galantului tânăr, împreună cu inelul. Ea a rămas ca un copil prost, privind inelul și parcă voia să spună: *„Nu ți-l mai dau! Îmi place!”* Privea bijuteria cu atâta sfială dar și cu o bucurie care-i juca în adâncul ochilor. Era ca și hipnotizată. Privea și parcă nu mai înțelegea nimic. Ovi o sprijini de brațul lui și-i spuse cu căldură în glas:

– Este inelul tău!

– Dar este prea mult pentru mine!

– Este inelul nostru de legământ!

Au ieșit din magazin cu inimile unite printr-un inel, iar trupurile lor tinere erau înlănțuite într-o lungă îmbrățișare, o lungă sărutare...

Capitolul șase

Vacanța de iarnă

Trenul alerga pe șinele lui cu mare grabă, cu mare sârguință, să străbată troienele ce se așterneau din abundență, iar fulgii de zăpadă după ce făceau un dans amețitor prin văzduh, cădeau obosiți pe pământul abia înghețat, pe sinele de cale ferată reci și strălucitoare. Vagoanele trenului erau înțesate de călători. Cei mai mulți erau studenți care veneau să petreacă vacanța de iarnă acasă, cu părinții. Într-un compartiment plin peste poate cu călători, cu bagaje, sau cu coșuri pline cu bunătăți cumpărate de la București, stăteau înghesuiți pe un singur loc, doi tineri studenți. Ei oferiseră un loc unei doamne firave care nu reușise să mai găsească un bilet, decât fără loc, adică în picioare. Și drumul era lung și... Ovi, cavaler din fire, o invitase pe doamnă să ocupe locul lui. Cum drumul până la Severin dura cinci ore în condiții normale de circulație, iar acum se profila o întârziere de mai multe zeci de minute, Ovi și Dia au împărțit un fotoliu amândoi, bucuroși, bucuroși. Nu a fost decât un prilej în plus să mai stea îmbrățișați. Și trenul alerga pe sinele bine lustruite, zăpada cădea din abundență, iar gările prin care trecea trenul erau ca niște oameni de zăpadă. Călătorii însă, care alergau spre vagoanele unde aveau locuri, arătau ca Moș Crăciun, încărcați de zăpadă... Dar cărau sacose grele cu daruri pentru cei de acasă. Toată lumea era veselă, se cântau colinde și se povesteau întâmplări distractive. Trenul își vedea de drum, așa că spre seară, când doar lumina becurilor mai sclipea prin gări, s-a zărit printre fulgii de zăpadă, o plăcuță care anunța că trenul a ajuns la Severin. Gara era înțesată de călătorii care urcau în vagoane cu destinația spre Timișoara, dar era o adevărată mulțime de oameni, părinți care așteptau să coboare din tren tinerii studenți, copiii lor plecați la studii. În fața Gării erau parcate mașini, sănii trase de câte un părinte voinic. Toți așteptau să vină copiii pentru a petrece sărbătorile de iarnă împreună cu familia.

De la ferestrele vagoanelor se făceau semne, se atenționau părinții la care vagon să aștepte coborârea tinerilor. Vuia gara!

– Tati, sunt aici!

Se auzea un glas de fată sau de băiat. Și părinții alergau la ușa acelui vagon. Erau ca un roi de albine!

Între atâția părinți care așteptau să apară în ușa vagonului feciorul sau fiica lor, se afla și Constantin, un bărbat înalt și bine legat, tatăl lui Ovi. Fiind un brad de om, cam un metru nouăzeci, privea deasupra tuturor celor ce așteptau cu nerăbdare să le coboare din tren copiii. El l-a ochit pe Ovi dintr-o privire. S-a apropiat de ușa vagonului și i-a făcut semn că este acolo și-l așteaptă. Dar surpriză! Ovi a coborât și a ajutat o domnișoară să coboare și ea. Apoi a trecut cu ea de mână printre toți cei ce formau o mulțime în gară. Pe Dia o aștepta Ghiță, tatăl ei. Timizi, tinerii s-au îndreptat spre tatăl fetei, salutându-l cu respect, iar Ovi a fost răsplătit de acesta cu o strângere prietenoasă de mână. În acest timp, Constantin privea de la o depărtare de câțiva metri. În mintea lui a înțeles că băiatul lui nu mai este un tinerel, ci este un bărbat tânăr și chiar frumos. A avut răbdare să aștepte ca băiatul lui să-l vadă și să vină către el.

– Sărut mâna, tată! Bine te-am găsit!

– Bine ai venit, băiatul tatii! Ei, cum a fost drumul? Ninge și pe la București?

– Ninge, tată!

– Ei, hai să mergem la mașină că o am parcată în spatele gării.

Constantin aștepta ca fiul lui să-i povestească despre domnișoara pe care se părea că o cunoștea. Și avea răbdarea omului ajuns la cincizeci de ani și înțelepciunea celui trecut un pic prin viață. În acest timp, Ovi tăcea, dar avea o sclipire în privire, pe care tatăl său nu o mai văzuse la el. În sinea lui, Constantin își zicea: *„E clar! Este îndrăgostit. Să vedem ce o zice maică-sa!”*

De la gara Severinului până la Vlădeni, este cale de o oră și câteva minute, pe timp de vară, dar iarna se călătorește mai greu. Deci drumul este mai mult de oră și jumătate. Și timpul trecea iar ei vorbeau de toate dar nimic despre fata care-l însoțise.

„Mergeam tăcuți alături, străini, odinioară
Și presimțeam că astăzi voi fi îndrăgostit
De fața ta curată ca zorile de vară,
De părul tău de aur împletit,
...,
Nepotolită sete în pragul tinereții
Îți mistuie adâncul cu jaru-i amărui,
Dorința de-a pătrunde problemele vieții
Mi-am adăpat-o la izvorul Lui."[9]

Drumul spre casă era presărat cu fulgi de zăpadă care dansau în văzduh, apoi cădeau obosiți pe pământul dornic să-i găzduiască până la primăvară, când Soarele îi va goni în cetatea lor, scurgându-se în apa râurilor și înmulțind-o. Constantin conducea mașina, era atent la drum iar Ovi privea cu nesaț câmpia acoperită de zăpadă. Ajunși în Valea Almăjului, unde pe mâna dreaptă se așternea o pădurice deasă de foioase, acum îmbrăcată toată în mantia albă a zăpezii, Ovi se trezi vorbind:

– Tati, oprește aici! Câtă frumusețe! Doamne, ce dor mi-a fost de locurile acestea! Este frumos și Bucureștiul, dar ca aici, în locurile astea ale noastre, nu este, oriunde m-aș duce.

Ovi a coborât din mașină și-a întins brațele într-o mare îmbrățișare a câmpiei, a pădurii și a Cerului ce le acoperea pe toate. În acest timp, rămas în mașină, privind cu zâmbetul fluturând pe buze și cu inima zvâcnind zglobie, Constantin îl privea nedumerit. Adică fiul lui chiar iubea aceste locuri? Acest fapt pentru el era o mare bucurie, pentru că însemna că speranța lui că se va întoarce acasă la sfârșitul studiilor din București, avea sorți de izbândă. Ochii i se umeziră, dar ascunzându-și slăbiciunea, spuse:

– Hai, urcă în mașină! Dacă ți-e așa dor de zăpadă, avem și noi acasă curtea plină. Mâine te așteaptă să faci pârtie!

Timpul a trecut și au ajuns cu bine acasă, unde îi aștepta Maria, o ființă măruntică și firavă, dar cu un suflet mereu tânăr și dispus să ofere din priceperea ei totul, elevilor ei și familiei.

Ovi a sărit din mașină în brațele mamei lui. Și-au schimbat energiile corpurilor lor și așa și-au vorbit fără cuvinte. Maria a înțeles că Ovi este îndrăgostit. Cu mâinile ei muncite i-a mângâiat fruntea și l-a întrebat atât:

– O iubești?

Ovi, a pus capul în pământ și a răspuns sincer:

– Da, mamă!

Constantin privea și mulțumea lui Dumnezeu că are băieți frumoși, iubiți de fete. Mai rămânea să vadă cât de serioasă este iubirea lor. Oricum, viața are în cursul ei și momentul iubirii. Moment care nu este deloc de neglijat nici de părinți, dar nici de tineri. Iubirea este motorul vieții, este cea care dă sens vieții, cu toate responsabilitățile ei. Este momentul de care nu scapă nimeni, dar este important să fie tratat cu seriozitate și responsabilitate.

Casa lui Constantin și a Mariei a fost împodobită în sărbătoarea Crăciunului și a Anului nou, cu un brad superb încărcat cu multe globulețe și beteală, cu dulciuri din cele mai fine și cu multă veselie. Casa lor a fost plină cu prietenii lor, cu rudele lor, cu toți cei dragi și apropiați casei lor. Numai Ovi privea, zâmbea dar era retras. Musafirii credeau că așa este firea lui, să fie mai retras, mai închis în el. Numai Maria îi citea gândurile și știa motivul resemnării lui. Când petrecerea era în toi și toți cei ce peteceau jucau o perinița cântată pe un disc de vinil la aparatul de radio Darclée, dotat cu picup, Maria a profitat de moment și discret, l-a invitat pe Ovi în camera dedicată bibliotecii, o cămăruță îngustă, mai de grabă un hol, în care erau două corpuri de bibliotecă, încărcate cu cărți din seria *„Biblioteca pentru toți"* și nu numai, iar acolo a avut o discuție cu el.

– Ovi, este frumos să iubești și să fii iubit! Tu acum ai descoperit secretul vieții. Spune-mi cine este fata aceasta care te-a vrăjit!

– Este o colegă de facultate. Am cunoscut-o chiar în prima zi, când am început cursurile. Este din Severin și familia ei este modestă. Nu știu multe despre ei, dar ea este frumoasă și serioasă. Învățăm împreună la sala de studiu din Biblioteca Facultății. Este isteață, știe carte și învață bine!

– Bine! Eu am să mă interesez discret despre familia ei și până la vacanta de primăvară, de Pasti, o inviți la noi s-o cunoaștem și noi. Apoi mai vorbim. Până atunci, să învățați bine și să aveți grijă cu examenele, că vine acum sesiunea de iarnă!

Ei, după această discuție, Ovi a mai prins chef de viață. Zilele de vacanță nu i s-au mai părut plictisitoare. Ziua plecării la facultate a venit repede. Maria a pregătit prăjiturile care îi plăceau lui Ovi cel mai mult, le-a ambalat în cutii de carton și a avut grijă să pună o cantitate mai măricică, ca pentru două persoane. În acest timp, Constantin se arăta ocupat cu treburile casei și ale serviciului, dar gândul lui zbura și se întreba: *„cine o fi fata aceea, că tare îndrăgostit este băiatul meu? Și este frumușică, atât cât am putut eu să văd la Gară. Dar a cui o fi? Ce fel de oameni or fi?"*

Ei, și a sosit ziua când Constantin a pus bagajul lui Ovi în mașină și au plecat la gara din Severin, de unde să continue drumul la București. Gara era înțesată cu părinți, cu tineri gălăgioși și cu ceferiști cu treburile lor pe lângă vagoane. Ovi scruta cu ochii Gara în toate direcțiile. O căuta din priviri pe Dia. I se păruseră o veșnicie, cele două săptămâni de vacanță. Era atât de multă suflare de oameni că nu o zărea. În sfârșit, a sosit trenul de la Timișoara în direcția București. Multă lume a năvălit spre vagonul zece, unde se vânduseră biletele din Severin. Constantin îl ia repede, chiar prin surprindere, pe sus pe Ovi și-l ajută să urce primul pe scara vagonului. Acum, deja începuse o adevărată îmbrânceală pentru a ajunge la scările vagonului, dar și mai aprigă era lupta pentru a reuși să urce pe scări și a intra în vagon. Constantin, mulțumit că a reușit să-și urce băiatul în tren, a vrut să se retragă din acea mulțime, când s-a uitat în dreapta lui și a zărit o fătuță care nu reușea să ajungă nici la scara vagonului, ce să mai reușească să urce în acel vagon. O îmbrânceau o mulțime de călători, ba din spate, ba din laterală. Atunci, Constantin și-a făcut un pic de loc forțând puțin cu coatele, a luat-o în brațe ca pe o păpușă și a pus-o cu picioarele pe scara vagonului. Alături de ea era un domn, tatăl ei posibil, care se chinuia să-i strecoare și o valijoară. Constantin apucă valijoara din mâna bărbatului și peste capetele tuturor îi dă fetei bagajul ei. În următoarele minute, trenul s-a pus în mișcare. Pe peron au rămas mulți. Unii erau dintre tinerii ce trebuiau să plece la facultate dar nu reușiseră nici să cumpere bilete, nici să urce în tren cotizând la Nașul. Restul erau părinții care însoțiseră tinerii. S-au închis ușile vagonului și s-au deschis ferestrele. Se făceau semne de rămas bun. Ovi era la o fereastră cu o fată alături și făceau semne de mulțumire taților. Constantin a trimis o fluturare de mâini și un zâmbet larg de mulțumire. Făcuse o faptă bună fără să știe că era pentru ființa iubită de fiul său!

„Dar nu știam că nimeni n-are să poată șterge
Văpăile din inimi, acest pojar nestins,
Că pe cărări de sticlă alături ne vor merge
Ideile, îmbrățișate strâns."[10]

Așa îmbrățișați, privind de la fereastra vagonului, văpăile dragostei au ars ca un pojar nestins. Constantin s-a întors către domnul care însoțise fata, dar nu l-a mai găsit cu privirea. Plecase modest, așa cum trăise și trăia: într-o modestie fără margini și cu demnitate.

Constantin s-a întors acasă și i-a povestit Mariei cum i-a urcat în tren pe copii.

– Mărie, este frumoasă ca o păpușă! Nu putea Ovi al nostru să piardă așa fată. Dar cum o fi găsit-o la București? Tu îl știi că el este rușinos, moale. Cum a dat peste el așa noroc?!

– Nu te mai mira atâta, Constantine! E și el băiat frumos și deștept. Acum hai, să fim drepți. Înțeleg eu că fata e frumoasă, dar nici el nu-i de lepădat.

– Bine, bine! Broasca zice *„oac"*! E fiul tău de inimă, știu eu asta.

Părinții au rămas cu poveștile iar tinerii au plecat fericiți la București. Constantin cunoștea lume multă, că fiind șofer pe Salvare, multă lume transporta la Spital și multă lume întâlnea. Pentru el a rămas un subiect deschis să afle cine sunt părinții fetei frumoase. Maria în schimb nu-și făcea griji din astea. Ea știa că ce i-o place băiatului, îi place și ei. Despre părinți nu-și făcea griji zicând simplu:

– Sunt oameni ca toată lumea!

Soțul ei nu era așa de îngăduitor. El voia să știe cu cine discută despre viața copiilor lui. El era de modă veche, Maria era la curent cu lumea nouă. Dar, unul alături de celălalt, aveau o căsnicie fericită și voie bună în casă.

„Taci, inimă, oprește-ți glasul frânt,
Îngândurarea-ți tristă și amară
Ți-o umple cu arome de secară
Și cu sclipirea ochilor din jur."[11]

Și ca un semn al împăcării și bunei dispoziții în casă, Maria a pus la foc ibricul pentru cafea.

– Hai, Constantine să bem o cafea.

– Că bine zici, Mărie.

Stand ei la taifas cu o cafeluță aburind, îmbiați de parfumul ei, Constantin se așeză mai bine în scaun și scărpinându-se după ureche, un tic mai vechi, trage adânc aer în piept și o întreabă pe soția sa, dar mai mult se întreabă pe sine:

– Măi Mărie, ce o fi fost cu băiatul asta al nostru de i-a căzut cu tronc fata aceea? Parcă să zic că eu nu eram așa când eram tânăr.

– Auzi Constantine, tu erai în altă lume, alte timpuri, iar copiii noștri sunt ca lumea de acum. Nu oi fi vrând să-i găsești tu o fată și să-l însori când oi fi vrând tu?

– Ei, nici chiar așa. Dar Mărie, noi îl trimiserăm la București să învețe carte, că uite acuși, acuși se înființează Institutul pentru Selectarea semințelor și aici la noi o sa fie o reprezentanță. Îți dai seama că este nevoie și de un inginer chimist, sau mai mulți. Și uite așa îl aranjăm pe lângă noi și pe băiatul cel mic! Zi tu, nu ar fi bine?

Dar el dădu cu dragostea înainte și cine știe ce-i mai trece prin cap? Că fătuța aia e crescută la oraș. Ce crezi tu că vine aici la noi?

– Constantine, lasă tu socotelile astea. Nu sunt pentru noi. Copilul își alege ce-i place lui și se așază unde o vrea el.

– Adică tu ai vrea să nu vie acasă, aici la noi, că avem de toate?

– Costică, hai la treburile noastre că pierdem timpul fără rost. Copiii au viața lor așa cum și noi am avut-o pe a noastră.

– Bine, bine că au viața lor înțeleg eu, dar noi am rămas cu bătrânii și am dus gospodăria mai departe. Dar copiii ăștia de acum nu au gândul decât cum să se ducă în lume, cât mai departe de părinți.

– Costică, nu mă mai necăji. Avem copii buni, ca toată lumea. Și noi trebuie să ne vedem de treburile noastre, iar copiii să învețe carte și să facă cum vor ei. Gata, că m-ai supărat.

Constantin și-a luat căciula și a ieșit în curte, unde-l așteptau treburile gospodărești. A priceput că întinsese coarda discuției cam mult. Maria i-a zis Costică și numai când se supăra pe el îi zicea așa. Era clar: nu-i plăceau gândurile lui, iar el le frământa în cap numai pe acelea.

Capitolul șapte

Tati, vine Dia

Cu o săptămână mai devreme de vacanța de iarnă, Dia a scris o mică scrisoare către familia ei, anunțând-o că vine acasă la sfârșitul săptămânii pentru că sosește vacanța. Având în vedere că este iarnă și ziua își trage oblonul mai devreme ferecându-se în negura nopții, Dia l-a rugat pe *„tati”* să o aștepte la Gară. Scrisoarea a sosit în timp util, iar Angela a găsit-o în cutia poștală. Bucurie mare în toată casa. Părinții celor două fete au început imediat pregătirile: la bucătărie se pregăteau sarmalele și prăjiturile preferate ale Diei. Vestea s-a răspândit repede prin bloc, așa că toată suflarea omenească se pregătea ca de o sărbătoare cu mult mai mare decât Crăciunul, care bătea la ușă. Este adevărat că sărbătorile de iarnă includeau și Crăciunul și Anul nou, dar acum era încă post. Cum să facă dragele de gospodine, să nu-l supere nici pe Dumnezeu, dar să primească și ele pe *„fata noastră”* cu bunătăți? Și mai pe lângă post, mai și cu post, au fost pregătite prăjituri ca la cofetărie și sarmale și de post și de dulce. Toată lumea număra zilele până la sosirea Diei. Ghiță căzuse de serviciu chiar în seara aceea. La Uzina de Apă Grea era regula ca pe perioada de iarnă, mecanicii să supravegheze centrala termică, pentru că asigura căldura întregului oraș. Ce să facă, cum să facă, s-a tot frământat Ghiță, până i-a venit ideea să-l roage pe colegul său să-i lucreze el tura din ziua aceea, angajându-se să-l servească și el când va fi nevoie. Când a auzit că este vorba de venirea Diei acasă, colegul a acceptat cu bucurie.

Acasă la Ghiță era zarvă multă. Anica făcea pregătiri la bucătărie iar Angela făcea curățenie în toată casa, apoi a decorat-o și cu o crenguță de brad pe care o găsise pe stradă, căzută de la un pom de iarnă. În piață veniseră niște brazi superbi, dar cam scumpi pentru buzunarele multora. Ar fi vrut și Ghiță să cumpere un pom de iarnă mai modest, doar să miroase a brad în casă de sărbători. Imediat i-a venit în minte socotelile făcute de soția sa. Parcă o și auzea:

– Ghiță, să ții de bani, să nu cheltuim mai mult decât am socotit. Știi că nu i-am cumpărat Diei palton. Și mai avem de pus deoparte până să adunam cei 800 lei, cât costă paltonul.

Ghiță nu a uitat... Cam întristat, s-a îndepărtat de locul unde se vindeau brazii, zicându-și în gând: *„lasă că trece și anul acesta și o fi mai bine la anul viitor!”*

Seara se apropia și ora când ajungea trenul în Gară se grăbea cu pași mari. Mai privind ceasul de la mână, mai ajutând pe Anica la treburile gospodărești, a sosit momentul când trebuia să plece la Gară. Soția și fata cea mică au rămas acasă să aranjeze masa în sufragerie. Doar venea Dia, un musafir atât de iubit și așteptat cu nerăbdare. Vecinul, Ceferistul, îi ținuse calea lui Ghiță să-i comunice ceva important:

– Vecine, vezi că m-am interesat la Gară și am aflat că acceleratul de București vine regulat, nu are întârziere.

– Mulțumesc vecine.

Ghiță a plecat din timp de acasă, să nu întârzie, că mai bine așteaptă el trenul, decât să vina fata și el să lipsească. Era noapte și ea singură pe stradă, poate îi este urât. Ajuns la gară a așteptat pe peron, chiar dacă mai erau câteva zeci de minute până la sosirea trenului. Gara se umplea încet, încet. Erau câțiva călători care așteptau trenul să meargă la Timișoara, dar restul erau persoane cu același scop ca al lui Ghiță: așteptau copiii să vină în vacanța de iarnă. De la megafon este anunțat trenul că intră în Gară. Toți s-au aliniat la peronul unu. Aveau emoții, își frecau mâinile, se roșiseră obrajii nu din cauza gerului, ci din cauza pulsului care luase viteză. În sfârșit, trenul a sosit, ușile vagoanelor s-au deschis și coboară tineretul studios și voios, gălăgios, plin de exuberanță. Ghiță și-a concentrat privirea la toate vagoanele, doar, doar s-o vadă pe Dia. Mai aruncă o privire pe peron gândind că o fi coborât și nu a văzut-o el. Stând în cumpănă mare, deodată pe la spate îl bate pe umăr cineva. Se întoarce și o recunoaște pe Dia, fetița lui dragă.

– Tati, sărut mâna!

– Să trăiești, draga tati!

Privind-o cum arată după trei luni de zile, se minunează zicând:

– Măi fetițo, să nu te recunosc! Ce te-a schimbat Bucureștiul.

– Sunt eu, tati! Nu m-am schimbat. Dar să-ți prezint pe prietenul meu, Ovidiu.

Alături de Dia, ședea cu un pas în urmă, un tinerel, frumușel, înăltuț, tras prin inel și cu o față plină de zâmbet și bunătate. Ghiță îi întinse mâna lui aspră și muncită, iar tinerelul îi răspunse cu o mână rece dar fină, de tânăr studios.

– Cu respect, vă salut! Mă numesc Ovidiu, dar mi se spune Ovi.

– Păi tot așa îi spunem și noi Dia de la Claudia, fetei noastre, adăugă Ghiță.

La câțiva metri mai lateral de locul unde erau cei trei, Constantin privea toată scena. Privea și aștepta. Nu era politicos să intre în vorbă neîntrebat, gândea el. Ovi și-a luat rămas bun de la cei doi, Dia și Ghiță și a pornit spre tatăl său. Un pas, doi pași și era în fața lui Constantin, care-l aștepta zâmbind cu înțeles. S-au îmbrățișat scurt, bărbătește și au pornit la mașina care era parcată în spatele Gării.

Ghiță și Dia au pornit și ei spre casă mergând pe jos, să-și mai dezmorțească picioarele. După o lungă tăcere, Ghiță a început să vorbească:

– Băiatul acesta, zise Ghiță, e simpatic. De unde este el de loc?

– Dintr-un sat pe aproape de Severin, îi zice Vlădeni.

– Aha, deci tot de-al nostru de pe aici. Ei, e timpul să cunoști și tu băieți, dar ai grijă, să fie serioși. Nu zic de băiatul ăsta, că-mi place cum arată și se poartă frumos, dar ai grijă și tu că prin lumea aia de acolo, la Bucureștiul ăla, sunt fel și fel de șmecherași. Unii sunt studenți chiar, dar ce contează, pot fi și răi.

Se lăsă o tăcere apăsătoare. Ghiță a socotit în minte cum să-i vorbească Diei de așa fel încât să-l înțeleagă că nu are nimic de spus despre acest băiat, dar să fie atentă că lumea este și rea și parșivă și poate să fie păcălită. Apoi, tot Ghiță a rupt tăcerea:

– Eu zic să nu-i spui mamei de băiatul acesta cum ajungem acasă, că ea știi cum este, intră la griji. Sau faci cum crezi tu, că acum ești mare și ai carte multă și Dumnezeu este mare și are grijă de noi toți.

Dia tăcea, mergea cu capul în pământ și gândea. *„Poate are și tati dreptate. Mami este mai sperioasă. Precis își face griji din care nu mai poate ieși. Nu știu, cred că am să le spun despre Ovi, dar am să-i asigur că eu sunt sigură că acest băiat este serios, apoi este și din partea locului nostru și nu se face el de râsul lumii, purtându-se cu mine necuviincios!"*

Cum drumul spre casă nu era așa de lung, cei doi au ajuns curând în fața blocului. Fiind deja noapte, erau luminate toate ferestrele. Cei doi au urcat în liniște scările până la ușa apartamentului lor. Ajunși în fața ușii, Dia se pregătea să apese butonul soneriei, dar ușa s-a deschis larg. Angela și mama ei, au îmbrățișat-o pe Dia cu atâta dragoste, încât mai, mai s-o sufoce. Ele auziseră pașii pe scările blocului și au fost sigure că sunt cei doi, Ghiță și Dia. Anica, cu o privire ce scruta și dincolo de făptură Diei, a făcut prima constatare:

– Die, mamă, acum este iarnă și este ger, tu ești în pardesiu. Știu, draga mamei că ți-o fi frig, dar nu am putut încă să cumpărăm un palton.

– Dar nu mi-e frig, mamă.

– Ei, ești tânără și ai sângele sănătos, dar iarna este ger. Eu m-am gândit să fac o mesadă pe care s-o atașez la dosul pardesiului. Am și cumpărat niște blăniță artificială în culoarea lui. Doar s-o punem mâine dimineață. Ce să facem, mamă? Știu că-ți trebuie un palton. Am strâns câteva sute de lei să-l cumpărăm de la magazinul nostru, al fabricii. Costă 800 de lei și încă nu-i avem pe toți.

– Mami, dar nu mi-e frig!

– Ei, lasă că știu eu cum îți este! Tu ești un copil bun și modest. Știm noi asta, dar eu și tati facem cum putem noi să nu te facem de râs.

Până la urmă Anica a biruit și Dia a acceptat mesada care era deja pregătită.

În mirosurile îmbietoare care veneau de la bucătărie, li s-a făcut foame tuturor. În sufragerie era așezată masa, iar pe ea erau aranjate platourile cu toate bunătățile. Dia era flămândă, dar nici nu-și mai dădea seama. Atâtea se întâmplaseră în această zi. Ar fi vrut să le povestească totul, totul dintr-o singură suflare. Gândindu-se, își zicea: *„Dar tati a zis să nu spun nimic de Ovi. Poate are dreptate... Dar nu pot nici să mint. Acum sunt obosită, las pe mâine totul. Poate la noapte îmi vine o idee mai bună. Nu degeaba se zice că noaptea este cel mai bun sfetnic."*

După ce s-au înfruptat din toate bunătățile puse pe masă, fetele s-au retras în cămăruța lor, iar Ghiță și Anica au pregătit patul, un recamier ce se plia ziua și se transforma în pat dublu noaptea. În liniștea nopții, cei doi soți voiau să doarmă, sau să pară că dorm, căci mințile lor ronțăiau fel de fel de griji. O mare grijă era să socotească bine banii. Salariile lor erau modeste, dar dorința era să se ajungă pentru toate ale casei și chiar să și rămână și pentru fiica cea mare, atât cât să-i trimită cei 200 de lei în fiecare lună, pentru nevoile ei. Apoi erau norocoși pentru că fata intrase la facultate cu bursă, din care plătea căminul unde locuia și cantina studențească unde mânca. Bănuiau ei că era foarte puțin și atât cât trimiteau ei, dar mai mult nu se putea. Cum văzuseră că se așterne zăpada, s-au privit cu îngrijorare amândoi și s-au gândit la același lucru: fata nu are palton. Pardesiul era și așa dintr-o stofă subțirică... Și inima Anicăi s-a strâns ca un purice. Cum au venit salariile din luna decembrie, Anica a hotărât să rupă 400 lei, pe care să-i pună deoparte pentru paltonul Diei. Văzuse ea la magazinul Fabricii de Confecții niște paltoane de stofă frumoasă, dar costau 800 lei. Și erau dintr-un lot refuzat la export, pentru motive minore, iar muncitoarele știau și se gândiseră pentru fiicele lor că ar fi foarte potrivite. Anica a gândit și ea asemenea. A vorbit cu Ghiță, care a fost de acord să-l cumpere, dar banii nu se ajungeau oricum i-ar fi socotit. Așa că au hotărât să-i facă o mesadă de blăniță artificială pentru iarna asta, iar pentru iarna viitoare să-i cumpere paltonul acela frumos. Multe gânduri o frământau pe Anica... Nu i le spunea pe toate soțului său. El era mai sensibil, avea probleme cu plămânii și cu inima. Apoi serviciul era în mediu toxic, iar oboseala era mai mult decât putea el să ducă. Nu se văita, nu mergea la doctor, muncea cât putea de mult, alergând după bani, care tot nu se ajungeau.

Ghiță avea și el gândurile lui. Vedea cât era de bolnav, dar trăgea să muncească cât de mult, făcea ture de serviciu și în plus, căci contau la bani, iar grijile casei îl copleșeau și pe el. Acum, discuția cu Dia îl pusese pe gânduri. Nu se aștepta ca după numai trei luni de zile să vină acasă îndrăgostită. Fetele astea cresc și îi iau pe părinți prin surprindere. Nu zice nimeni că nu ar fi timpul și chiar ar fi normal să se îndrăgostească, dar dacă nu alege bine și dă și de necaz? Ghiță se zvârcolea în pat, nu putea să pună geană pe geană, așa că și-a luat pachetul de țigări și s-a dus la bucătărie. Acolo, în liniștea nopții, se gândea cum s-o pregătească pe Anica pentru vestea că Dia era îndrăgostită. Și tot socotind el, a ajuns la concluzia că mai bine să-i spună fata ce și cum și să se liniștească toate gândurile. Dar dacă Anica începe să vadă totul în negru și ceartă fata? Iar fata se duce la București și se mărită și a încheiat socotelile noastre?! Și noi rămânem cu inima friptă și ea vai de capul ei?! Tot socotind, tot întorcând problema pe toate părțile, Ghiță se hotărî să vorbească întâi el cu Anica și abia după aceea să vorbească și Dia. Stinse ultima țigară și plecă să se culce, că mai erau câteva ore până la ziuă.

În micul lor dormitor, fetele se culcaseră, dar nici ele nu dormeau. Dia a simțit nevoia să-i spună surorii ei despre băiatul pe care-l cunoscuse la București.

– Angela, eram așa de singură, nu cunoșteam pe nimeni din tot anul de studiu. Și cum mergeam mai mult împinsă din spate de valul de tineri, am ajuns în sala de curs. Acolo băncile nu sunt ca la școală, ci sunt ca la teatru, în trepte. Eu până să mă dumiresc, s-au ocupat toate locurile. A mai rămas unul chiar în prima bancă. M-am așezat și eu acolo. Lângă mine era un băiat care mi-a făcut semn să iau loc. M-am așezat, dar parcă, mă apăsa locul acela. Mi se părea că toată sala aceea se prăbușește spre mine. Nu aveam ce face, alt loc nu mai era și în secunda următoare a intrat în sală profesorul. Așa că două ore de curs le-am făcut acolo, având coleg pe băiatul de lângă mine. Eu mai trăgeam cu coada ochiului spre el, să-i iau seama bine, dar el mă privea cu niște ochi mari de parcă m-ar fi înghițit. Uite așa ne-am împrietenit și venim dimineața la facultate amândoi, locuind în aceeași zonă de cămine. La prânz mergem la aceeași cantină, iar seara ne întorceam împreună de la facultate. Și așa ne-am plăcut și am rămas buni prieteni. Culmea este că am aflat că suntem amândoi din partea Severinului. Părinții lui locuiesc la sat, la Vlădeni, dar au gospodărie mare și muncesc mult. Am înțeles că au o situație materială un pic mai bună ca noi, dar nu contează. Noi învățăm să ajungem chimiști într-un oraș mare. Și să vezi, când am ajuns în Gară, la noi la Severin, tati mă aștepta și i l-am prezentat și lui. Era și tatăl lui acolo dar a stat rezervat, nu a venit la noi. Chestia este că tati mi-a spus că-l place pe Ovi, așa îl cheamă, dar să nu-i spun mamei că se îngrijorează și nu este bine. Acum, eu nu știu cum să fac. Noi amândouă nu i-am mințit pe părinți, dar nici secrete nu am ținut. Cum să fac să fie bine? Spune-mi și tu!

– Foarte simplu și firesc, azi la masa de prânz te faci că nu ne-ai spus nimic, mie și lui tati și pur și simplu spui așa:

– Dragii mei vreau să vă spun că m-am îndrăgostit de un băiat frumos, deștept și care este din partea noastră, adică din satul, cum ziseși că-i zice și vreau să știți și voi. Gata. Le place, nu le place, asta este situația. Și închei toată frământarea asta. Iar mami, îți spun eu, zice ea din gură ce zice, dar până la urmă se convinge singură că așa stă situația. Ia auzi, dar mami cum s-a măritat cu tati? Au fugit amândoi, că lucrau la Severin, iar tataie și mamaie erau la țară. Tu ești mult mai bună că măcar le spui din timp. Și parcă este scris undeva că te vei mărita cu băiatul ăsta? Bucureștiul este mare și mai cunoști tu și alți băieți frumoși, deștepți și cum mai ziseși că este. Hai să ne culcăm că mâine umblăm amețite prin casă.

Fetele își urară noapte bună și intrară în meleagurile viselor. Numai Ghiță mai stătea o jumătate de oră în pat, apoi iar se ducea la bucătărie și mai fuma o țigară. Până s-a luminat de ziuă nu a dormit nici o oră. În acest timp, Anica fiind obosită de toată munca cu serviciul și cu gospodăria, a adormit uitând socotelile banilor și încredințându-se viselor. Dimineața, Anica era odihnită iar Ghiță pregătea o cafea bună, așteptând-o cu nerăbdare. Gata, gata să dea și cafeaua în foc, Ghiță răsucea și învârtea iar o țigară. El frământa toate gândurile cum să înceapă s-o pregătească pe Anica la vestea ce avea s-o afle. Anica habar nu avea. Și uite așa, toată gândirea lui Ghiță, se duse pe apa sâmbetei, când deschise gura și ce-i ieși pe ea, se sperie și el.

– Anico, tată, Dia este îndrăgostită!

– Ei, alta! Dar ce ai vrea la 19 ani să fie?

– Păi... tu așa zici?

– Mă, Ghiță, e fată deșteaptă și găsește ea un băiat pe măsura ei. Treaba noastră este să-i cumpărăm palton și ghete, că o văzuși că era în pantofi pe zăpadă. Cu dragostea nu ne punem noi. S-o rezolve ea. Hai să bei cafeaua că se răcește.

Bietul Ghiță, era și nedormit și cu nervii întinși la maximum de atâtea gânduri, iar Anica l-a lămurit imediat. I-a dispărut și oboseala și supărarea. Mai că-i venea să scoale fetele să le spună vestea bună.

Dar Anica, îl cunoștea bine, așa că l-a domolit.

– Lasă fetele să doarmă, că avem timp până diseară să tot vorbim. Și ai răbdare să ne spună Dia de băiatul acela.

– Păi eu îl și cunosc.

– Ghiță, ce vorbă este asta?!

– Păi când am fost la Gară s-o aștept pe fată, mi l-a prezentat ea.

– Haida! Se complică chestia! Măi Ghiță și cum era? Era vreunul bătrân? Sau era tânăr ca ea? Vorbește, omule că mă omorâși cu zile.

Ghiță dăduse în bâlbâială. Prea multe nu știa nici el, ce să-i spună Anicăi, care întreba ca la Politie.

– Măi Anicuțo, fata tatii, stai ușor că nu știu decât că dădui mâna cu el, mă salută politicos băiatul și plecă, pentru că era și el așteptat de tatăl lui.

– Și cine era tatăl lui? Îl cunoști?

– Păi de unde să-l cunosc, păcatele mele, că nici nu-l văzui bine la față, că era noapte.

– Ghiță, dar ea, Dia ce spuse despre băiatul ăsta?

– Păi ce să spună, că este dintr-un un sat de pe aici, de pe lângă Severin, că uitai cum îi zice.

– Care sat de lângă Severin? Am eu multe colege la Fabrică, chiar din satele de lângă Severin. Care sat sa fie? Dar ziseși că nu știi bine satul. Măi Ghiță, măi, cum uiți tu când trebuie să ții minte?!

– Păi acuși uitai, ce vrei?! Lasă că se scoală fetele și afli tu atunci. Ce te grăbești așa, că nu dau turcii năvală.

– Bine măi, Ghiță... dar dacă tot îți spuse fata, tu uitași. Of, of...

Anica bodogăni câteva cuvinte și se potoli singură, zicând:

– Eu zic să așteptăm să se scoale fetele și să avem răbdare să vedem ce spune fata. Asta este principalul.

– Păi așa zisei și eu, Anicuțo. Dar tu, nu și nu, săriși cu gura pe mine.

– Ei, lasă Ghiță că nu te speriași tu dintr-atât.

Și uite așa se lăsă pacea și liniștea în bucătărie. Cât vorbiseră ei în șoaptă, să nu audă fetele, peretele despărțitor de dormitorul lor era atât de subțire, că Dia, care nu dormise decât iepurește, a auzit toată discuția. Frecându-se la ochi, a ieșit din cameră și s-a dus la bucătărie, fiind convinsă că acum este momentul potrivit să vorbească cu părinții săi.

– Sărut mâna.

– Bună dimineața. Au răspuns amândoi părinții.

– Beți cafea? Vreau și eu.

Anica se grăbi să găsească o ceașcă în bufetul din bucătărie, o așază pe masă, o umplu cu cafea și calmă de parcă nimic nu vorbise cu soțul ei cu câteva minute înainte, se așază pe un scaun lângă Dia, care s-a hotărât să vorbească așa, tam-nisam.

– Mami și tati, vreau să vă spun că eu am cunoscut un băiat, care este coleg cu mine de facultate, de bancă, de cantină, căminele sunt apropiate. Toată ziua suntem împreună, învățăm la sala de studiu a bibliotecii facultății. Este un băiat cuminte și crescut frumos de părinții lui. Este de loc din satul Vlădeni, aproape de Severin. Mai are un frate mai mare, care este deja inginer. Altceva nu mai știu, dar nici nu cred că este necesar. Noi avem o prietenie frumoasă, pentru care suntem apreciați și de colegi, dar și unii profesori au priviri admirative spre noi. Altceva nu știu să mai spun.

Amândoi părinții rămăseseră muți. Dia era liniștită că-și încheiase vorbele pe un ton calm și foarte natural. A întins mâna să-și ia ceașca de cafea din care a gustat un pic. Ochii Anicăi, care o priveau iscoditor dar în același timp și admirativ, i-au văzut inelul pe deget.

– Die, mamă, tu ai avut bani să-ți cumperi inelul ăsta? E de argint.

– Nu l-am cumpărat. L-am primit de la Ovidiu, așa îl cheamă pe băiat, ieri când așteptam trenul. L-a cumpărat el și mi l-a dăruit cadou de Crăciun. Este foarte frumos.

– Păi el are bani așa mulți?

– Nu, mami, are și el ca și mine, câteva sute de lei, de buzunar. E drept că nu are doar 200 lei cât am eu, dar nici prea mulți nu are. Ne potrivim, nu suntem risipitori. Noi ne ocupăm cu învățătura, nu mergem în discoteci sau alte locuri cu distracții.

– Măi copile, pe vremea mea, când un băiat îți dădea inel, era gata aranjată logodna. Păi tu despre ce îmi spui? Parcă ar fi inele de astea pe toate drumurile și uite așa a răsărit unul și pe degetul tău. Eu zic că treaba este cu tâlc. Spune adevărul.

– Păi asta este. Așa a vrut el să-mi facă acest cadou.

– Die, mamă din ce spui tu, reiese că este un băiat bun și darnic și are și ceva parale. Acum depinde de tine dacă rămâne la fel de bun până terminați școala, ori o luați unul într-o parte și altul în partea cealaltă.

– Nu cred să fie așa, dar timpul va vorbi.

– Bravo! Așa este, timpul va vorbi. Tu trebuie să-ți păstrezi demnitatea ta și te va prețui și mai mult. Noi am mai vorbit și cred că ai înțeles totul.

– Sigur, sigur.

– Ei, atunci să ai noroc în viață, să fii iubită și deșteaptă, să înveți și să ai locul tău de muncă.

– Așa va fi, mami.

Ghiță amuțise. Cât s-a zdrobit el, câte gânduri și-a făcut, cât sânge rău și femeile se înțeleseseră dintr-un cuvânt. De fapt știa el că Dia semănă în partea lui, mai sensibilă și de aceea îi era teamă să n-o certe Anica. Cât privea pe Angela, era copia fidelă a mamei ei.

Discuția părea că luase sfârșit aici, dar doar părea. Anica pusese liniște și încetase cu alte întrebări despre inel, dar în interiorul ei fierbea. Nu înțelegea cum să faci cadou un inel așa că vine Crăciunul. Și tocmai un inel. Putea să fie o ciocolată, un nimic, dar un cadou scump și mai ales inel, era cu neputință. Deci era ceva la mijloc și Dia nu spune, concluzionă Anica în gândul ei. Dar în același timp își zise: *„Aflu eu care este tărășenia! Nu mă duce ea pe mine!"* Anica nu putea să uite cum în tinerețea ei fugise cu Ghiță, se măritase cu el la Sfatul Popular din Turnu Severin în mare secret și nu spusese la părinți decât după câteva săptămâni, când, aceștia îngrijorați o căutau la poarta Fabricii. Acum venise timpul să aibă și ea două fete ajunse la vârsta tinereții când inima iubește și mintea pleacă la plimbare. Nimic în viață nu rămâne neplătit. Tocmai de acest mare adevăr îi era Anicăi frică.

Capitolul opt

Sesiunea de iarnă

Dia și Ovi erau în trenul ce-i ducea la București, unde-i aștepta sesiunea de iarnă. Prima sesiune de examene în viața lor de studenți. Aveau emoții, dar învățau cu spor. Se întâlneau în sala de studiu din cadrul bibliotecii facultății, unde parcurgeau zecile de pagini din caietele studențești, scrise în grabă la orele de curs. Din când în când și tot mai rar, făceau pauze. Ieșeau în holul bibliotecii și acolo se întâlneau și cu alți colegi de an. Schimbau păreri, clarificau anumite noțiuni și iar se întorceau la caiete, la hârtie, la pix. Zi de zi aveau aceeași ocupație: învățau. A sosit și ziua primului examen. Emoții, tremurat pe la ușă până să intre la examen, apoi a sosit și nota ca o recompensă a învățăturii cu multă sârguință depusă. Două examene și două note foarte bune împodobeau carnetul lor de note. Bucuria era mare, cu atât mai mult cu cât și eforturile fuseseră pe măsură. Acum urmau câteva zile de așa zisă vacanță după sesiune. Nu plecau acasă studenții care veneau din localități mai îndepărtate, rămâneau în București, unde puteau să se recreeze în parcurile existente, ori după bunul lor plac. Dia și Ovi au rămas în București și au hotărât să vizioneze spectacole de teatru, unde aveau intrarea cu reducere de preț, ca pentru studenți. Era un mod foarte plăcut și educativ de a recrea mintea după examene. O colegă de cameră a Diei, care era și ea dintr-un orășel îndepărtat din Ardeal, nu plecase nici ea acasă în scurta vacanță, dar în fiecare zi pleca dis de dimineață și venea seara după ora șase. Nu o întreba nimeni ce program are, dar nici ea nu dădea explicații, până într-o bună zi, când a intrat în vorbă cu Dia.

– Dia, tu nu vrei să mai câștigi un ban în plus față de bursa pe care o primești?

– Sigur că vreau, numai că nu găsesc nicio posibilitate.

– Uite, eu lucrez ca student voluntar la Institutul Anei Aslan. Tu ai auzit de el?

– Am auzit, dar nici nu am avut curaj să mă gândesc acolo. Ce să știu eu să fac într-un Institut în care lucrează numai minți luminate?

– Așa este, lucrează numai minți luminate, dar au nevoie să fie ajutați în rezolvarea treburilor mărunte. Cum ar fi, dacă știi o limbă străină și de preferat engleza, poți fi însoțitor al unei persoane străine care vine la tratament și are nevoie să afle cum și unde trebuie să meargă la tratament, sau poți fi cameristă și trebuie să îngrijești camera pe care o ai în grijă. Acolo se primesc studenți în mare parte de la limbi străine ori medicină și chimie. Unii, care sunt testați de cadre bine pregătite, lucrează în laborator, alături de chimiști de înaltă pregătire. Deci în funcție de ce ești dispus să faci și te pricepi. Voluntarii sunt din rândurile studenților. Eu anul acesta termin facultatea și mi-am luat angajamentul că voi prezenta o altă fată care să continue munca ce am depus-o eu. M-am gândit la tine, că văd ca ești o fată serioasă, iar notele cu care ai trecut sesiunea, sunt un bun calificativ. Acum gândește-te dacă vrei acest angajament. Eu lucrez în orele libere și chiar în zilele de duminică. Primesc acolo o masă de prânz și pe lângă bucuria că ești într-un loc unde poți s-o întâlnești pe Doamna Aslan, lucrezi cu oameni din toate colțurile lumii. Fiecare, la sfârșitul curei, la despărțire, îți oferă un nimic care pentru tine contează, dar și din partea Administrației Institutului primești o bursă care nu este mare dar contează pentru buzunarul unui student. Acum rămâne să te hotărăști și să-mi spui să mergem împreună să te recomand la Administrația Institutului.

– Mă voi gândi. Deocamdată sunt surprinsă...

Dia era pe gânduri. Ce să facă, să meargă la Institutul Anei Aslan, ori să-și vadă de școală și de viața ei modestă? Orele libere pe care le avea, le petrecea cu Ovi. Deci nu se plictisea, dar nici banii nu o dădeau afară din casă. Era bine să mai cunoască lume din marea societate, dar dacă nu făcea față și cu învățătura și cu obligațiile acelea în plus?

O frământau gânduri multe... Se hotărî să nu accepte, dar imediat își spuse: *„ești o proastă! Acolo nu ajunge oricine. Tu ai prilejul și dai cu piciorul?!”* Într-o luptă cu sine de câteva zile, s-a hotărât să meargă să vadă măcar dacă este posibil să fie admisă acolo. Fără să-i spună lui Ovi nimic, într-o dimineață a însoțit-o pe colega ei de cameră la Institutul Ana Aslan. Prezentarea a fost simplă: au mers la Administrație, unde un domn le-a primit și care se pare că fusese înștiințat că va veni o tânără studentă la chimie. Dialogul a fost scurt și la obiect, dar s-a purtat în limba franceză pentru început, apoi a continuat și în limba engleză.

– Sunteți studentă în anul?

– Întâi.

– Cu ce medie ați intrat la Facultatea de Fizică-Chimie?

– Cu nota 9,60.

– Câte limbi străine vorbiți?

– Am studiat la Liceu limba franceză și limba engleză.

– Ce program aveți la Facultate?

– Cursuri de la ora 8 la ora 12, apoi de la ora 14 la ora 16 laboratoare sau seminar în anumite zile. Apoi sunt liberă.

– Ce note ați obținut la sesiunea trecută?

– Zece.

– A, avem de a face cu o studentă sârguincioasă!

Domnul care punea întrebările era o figură parcă desprinsă din cărțile unei lumi deosebite, unei lumi de altă dată, despre care se mai povestea doar în cronicele de la curțile regale. Cu o statură de om înalt și uscățiv, cu o frunte înaltă și o privire vioaie, domnul din fața ei, părea coborât din tablourile cu prinți și prințese. Vârsta nu îl arăta a fi nici bătrân dar nici foarte tânăr. Părea a fi între patruzeci și cincizeci ani. Dia îl privea foarte atentă și curios lucru, cât era ea de timidă, simțea că omul acesta nu o sperie, ci prin eleganța sa o făcea să aibă curaj să vorbească, cu atât mai mult cu cât trebuia să se concentreze să răspundă în limba franceză și în limba engleză. „Domnul Prinț”, așa îl botezase ea în mintea ei, după ce a mai răsfoit câteva acte de pe biroul său somptuos, o bijuterie de mobilier, se adresă foarte direct Diei:

– Uite ce este domnișoară, noi avem mai multe posibilități să lucrăm cu dumneavoastră, dar înțeleg că sunteți o studentă cu rezultate foarte bune la învățătură, iar în acest caz trebuie să mă consult cu colegii mei, spre a hotărî și ei ce vi se potrivește dumneavoastră. Eu apreciez că sunteți o tânără bine pregătită pentru a putea întreține o conversație cu persoane care vin la Institutul nostru pentru tratament. Ce veți avea de făcut aici, cred că în mare v-a spus colega dumneavoastră. Acum rămâne să ne consultăm cu conducerea Institutului și vă vom comunica când începem activitatea.

Apoi Dia a fost condusă să traverseze o încăpere care era un Laborator, unde pe multe pupitre erau tot felul de aparate de precizie, microscoape și ustensile sofisticate, apoi a ieșit într-un hol, unde urma să aștepte rezultatul interviului avut. Pentru o tânără ca ea, care nu văzuse în viața ei mai mult decât un laborator de studiu la facultate, acest laborator i s-a părut asemenea celor de la NASA. Puternic impresionată, dar cu un curaj care izvora din ea, surprinzător și pentru ea, răspunsese la micul test la care a fost supusă de acel domn, care avea o voce aproape șoptită. Avea o eleganță în glas și purtare, care impunea respect profund, nu numai unui modest student, dar și unui om matur. Modestă, Dia s-a retras pe acest hol așteptând rezultatul interviului. Aici a găsit-o colega ei de cameră. Au rămas amândouă să aștepte rezultatul. După câteva minute de așteptare, care Diei i s-au părut o veșnicie, a ieșit în pragul unui cabinet un tânăr, îmbrăcat în halat alb, care cu multă politețe, le-a invitat pe cele două fete în cabinetul Domnului Medic Primar Geriatru și Șef de Secție la Institutul de Geriatrie Ana Aslan, care nu era altul decât „Prințul" din mintea Diei, adică Domnul Constantin Bălăceanu-Stolnici, om de știință român, medic neurolog, profesor universitar, membru al Academiei Române și al Academiei de Științe medicale din România, cu merite recunoscute în țară și în străinătate și nu în ultimul rând, ultimul aristocrat român. Dia, abia ținându-se pe picioare, agățându-se de mâna colegei ei, a pășit în cabinetul importantului om de știință. Emoțiile o sugrumau dar ceva din interiorul ei îi spunea: *„Curaj! Nu te lăsa pradă emoțiilor!”* Pășind timid pe covorul cabinetului acelui om atât de important, Dia pășea de fapt pe ușa reușitei vieții ei. Domnul înalt cu înfățișare aristocratică, a privit-o cu un ochi iscoditor dar și cu un zâmbet cald, care spunea: *„bine ai venit în lumea noastră”*. Din câteva cuvinte, i-a adus la cunoștință că se va ocupa de informarea ei studenta care o prezentase și că abia așteaptă să o vadă lucrând în acest Institut. Cele două fete s-au retras în lumea lor de studenție, urmând ca Dia să fie pusă în temă cu ce trebuie să știe pentru a putea lucra pentru Institutul Anei Aslan, ca însoțitoare de grup de pacienți. Așa a început Dia viața de învățăcel într-o lume nebănuită de ea, într-o lume în care doar câțiva privilegiați ai sorții avuseseră prilejul să pășească.

Prima sarcină care i s-a încredințat Diei a fost să meargă la Aeroportul Otopeni cu mașina Institutului, pentru a întâmpina două persoane care soseau din Franța și erau programate la tratament la Institutul Ana Aslan. Acesta se numea pentru Dia, *„botezul”*, pentru că șoferul care conducea mașina, era un maestru al acestor ceremonii, dar avea sarcina să o lase pe tânăra debutantă să se descurce singură. Adică să-i întâmpine pe cei doi soți la avion, să se prezinte cine este și pe cine reprezintă, apoi să-i conducă spre biroul unde se încheiau formalitățile oficiale și în final, la mașina care urma să-i ducă spre Institut. În acest timp, trebuia să converseze în limba franceză, să-și stăpânească emoțiile și să pară cel puțin sigură pe ea. Șoferul o seconda la fiecare pas, dar făcea pe șoferul neștiutor. Dia, aruncată în focul bătăliei, nu avea decât două șanse: una să se stăpânească și să pară sigură pe ea, sau a doua, să înceapă să tremure, să plângă ca un copil prost, iar șoferul care era instruit, să preia conducerea situației. Dia, o tânără atât de simplă și fără experiența întâlnirilor protocolare, și-a revenit repede din tremurul ce o cuprinsese, precum un boxeur care-și revine din pumnii încasați, și-a dat drumul glasului, vorbind o franceză impecabilă și impresionând pe cei doi soți francezi cu dezinvoltura ei, cu tinerețea ei și de ce nu, cu curajul ei. Parcă era de când lumea și pământul, vorbitoare de limba franceză. Tânărul șofer, care nu era altul decât unul dintre lucrătorii de la Securitatea Statului Român, o privea prin ochelarii fumurii pe care-i purta, poate, pentru a se proteja de soare, poate pentru a privi discret în jur, dar pe buze avea un zâmbet care spunea: *„este dezghețată fătuța asta! Are stofă de mult mai mult decât să aștepte doi francezi."* Poate că așa o fi fost și raportul lui către superiorii lui. Cine știe?

Dia a ajuns cu bine la destinație, adică la Institut, unde i-a condus pe cei doi pacienți ai Doamnei Ana Aslan, în cabinetul pentru consultații. Pe fereastra ce dădea spre aleea intrării în Institut, „Domnul Prinț" privea zâmbind. Aflase de la șoferul însoțitor că totul a fost perfect. Așa a plecat Dia în această viață, călcând în față cu piciorul drept.

Capitolul nouă

„Domnul Prinț"

„Domnul Prinț" din mintea și inima Diei era eminentul om de știință Constantin Bălăceanu-Stolnici. Născut în anul 1923 în București, Academicianul Constantin Bălăceanu-Stolnici a avut o poveste de viață cu parfum de epoci apuse, dar un prezent care-l ancora puternic printre noi. Istoria personală îi era certificată de realizări în premieră pentru România și era romanțată cu episoade despre care nu voia, încă, să vorbească, deși tălmăcirea i se citea clar, în privire. Constantin Bălăceanu-Stolnici era un om... ca o carte de istorie, în care realitatea lua forma penelului care o scrie! Acest nume, care impresiona nu numai prin prezența sa aristocrată cât mai ales prin inteligența sclipitoare care i se citea pe chip, era descendentul unei familii nobiliare române, cu originile în secolul al XIII-lea, căreia în secolul al XVII-lea, Aula Imperială Vieneză i-a conferit titlul de Conte al Sfântului Imperiu româno-german și i-a concesionat stema. În casa acestor bunici și-a petrecut copilăria. Bunicul din partea tatălui, adică Contele austriac posesorul Stemei Regale, fusese primit și la Academia Militară. Bunicul din partea mamei sale era neamț, care la rândul său, avusese parte de o educație teutonică, dar și cu un deosebit talent muzical, cântând la pian din fragedă copilărie.

Anii 1929-1930 aduc pe scena vieții, criza economică. Familia a fost obligată de împrejurări ca în anul 1931 să se mute din București la țară. Aici au rămas până în anul 1949, când comuniștii i-au dat afară, rechiziționându-le tot conacul.

Au venit anii când a trebuit să înceapă școala primară, apoi cea liceală, pe care le-a parcurs în particular, doar examenele le susținea cu toți elevii. În anul 1941 era student la medicină, iar în anul 1948 deja obținuse titlul de „Doctor în medicină".

Tânărul „Prinț" Constantin Bălăceanu-Stolnici, ajuns medic, a cunoscut ororile celui de al doilea Război Mondial, iar în calitatea sa de medic chirurg, a fost supus unui foarte dificil proces de conștiință, fiind obligat să aleagă pe cel cu șanse mai mari de viață. Mărturisea cu durere: *„Nu există element mai dramatic pentru un om care are conștiință, decât să decidă pe cine salvează de la moarte. Am salvat de la moarte o mie de oameni și am salvat de la suferință alte zeci de mii de oameni"*, Povestea se oprea aici cu concluzia: *„Farmecul acestei meserii, acesta este!"* Prin meritele inteligentei sclipitoare, „Prințul" este invitat începând cu anul 1972, ca profesor asociat la Universitatea Newcastle Upon Tyne din Anglia, apoi invitațiile au apărut una după alta, în diferite medii universitare și nu numai.

Un om de cultură și știință, cu o mare dorință de a se face util slujind tainele științelor medicale, a avut parte și de ani grei, abia putându-și câștiga existența un lung sir de ani... Dar speranța și voința nu mor niciodată. Omul de știință și cultură Constantin Bălăceanu-Stolnici a studiat cu meticulozitate, fiind printre pionierii în neurocibernetică. Încă din perioada anilor 1949 a avut loc o revoluție în gândirea științifică mondială, declanșată de pătrunderea în toate formele de abordare a lumii, a conceptului informației, a conceptului de automate cu feedback, a conceptelor de rețele logice. Acest nou concept avea nevoie de domeniul matematicii. Profesorul Balș, l-a cooptat în grupul său de studiu și pe profesorul Constantin Bălăceanu-Stolnici. De asemenea s-a alăturat grupului de studiu și profesorul Edmond Nicolau, care împreună, timp de 25 ani au lucrat la aplicarea principiilor, modelelor matematice și experimentale ale ciberneticii, în studiul sistemului nervos. Acesta a fost pionieratul. Mai târziu aceste noțiuni s-au dezvoltat la scară planetară, dar pionieratul românesc a adăugat la grupul inițial de cercetare și nume ca profesorul Nicolae Sisești, neurolog, profesorul C.I. Parhon, profesorul Milcu și academicianul Grigore Moisil. Aceștia au făcut cercetare cibernetică, citind, gândind, scriind, desenând, făcând tot felul de formule matematice fără să fie nevoie de un Laborator special. Prin munca lor acești oameni de știință și cultură au obținut un renume național și internațional. În anii următori, Profesorul Constantin Bălăceanu-Stolnici a devenit prețuit și în țara sa, prin acordarea dreptul de a fi medic specialist neurolog la Spitalul Colentina și Cantacuzino, precum și la Spitalul Gheorghe Marinescu. Apoi a devenit medic primar geriatru și șef de secție la Institutul de Gerontologie Ana Aslan, precum și șef al serviciului de neurologie și neurochirurgie, cu sarcina de coordonare a activității rețelei naționale medicale în aceste specialități. Aici a instruit mulți tineri, le-a arătat calea spre viitor și spre cuceririle științei medicale.

Profesorul Constantin Bălăceanu-Stolnici a intuit și a ținut să menționeze că: *„la geriatrie a fost o nouă deschidere spre un domeniu al medicinei care este încă destul de puțin dezvoltat, acela al îngrijirii bătrânilor. Deja bătrânul este o problemă foarte grea."* Peste ani, nu prea mulți, intuiția profesorului Constantin Bălăceanu-Stolnici a devenit o necesitate, o prioritate a omenirii. Ce facem cu bătrânii deveniți neputincioși din pricina bolilor, a suferințelor umane sosite la anii grei ai senectuții? Singura rezolvare a găsit-o prin a încuraja generațiile viitoare cu un mesaj: *„Le-aș spune să privească viața sub două aspecte: sub aspectul profesional, dar nici să nu neglijeze orizonturile culturii, lucru care se întâmplă la ora actuală, mai ales prin programa școlară. Să nu se lase atrași de acest model care astăzi circulă foarte mult, să facă bani, cât mai mulți bani, cât mai repede și indiferent prin ce mijloace. Asta este capcana cea mai periculoasă în care poate să lunece un tânăr!"* Cu aceste sfaturi pentru tinerele generații, a vegheat atent asupra formarii lor ca oameni ai noii societăți, precum și asupra perfecționării tinerilor medici.

Dia era fermecată de povestea vieții „Prințului" pe care-l vedea zi de zi, cu care vorbea doar câteva cuvinte, informându-l pe scurt asupra programului din fiecare zi. Apoi găsea că ar fi potrivit să se retragă la treburile ei zilnice. Mereu avea regretul că ar fi trebuit să mai zăbovească câteva minute în preajma lui, dar simțea că nu se cuvine. „Prințul" era dispus să asculte prezentarea făcută de fiecare student, privind pacienții pe care îi însoțeau. Le asculta pledoaria și-i sfătuia cum să se poarte pe mai departe, cum să vorbească, cum să se exprime, pentru că aveau nu numai de oameni obișnuiți, ci și personalități importante și chiar capete încoronate. Era un mentor care sfătuia cu glas blajin, cu multă căldură în privire și cu un ton încurajator, de om trecut prin viață, dar care mereu considera că mai are ceva de învățat.

După o zi petrecută la Institutul Ana Aslan, Dia revenea la viața ei de zi cu zi, la problemele ei cu învățătura, cu examenele. Cu toate că avea un program foarte încărcat, îi plăcea acest mod de a munci, de a comunica cu oamenii. Fiecare nouă zi era o nouă provocare, o surpriză, o realizare. Tinerețea o ajuta să nu simtă oboseala, consumul nervos, îngrijorarea, ci să se remonteze repede și să o ia de la capăt în fiecare zi.

Capitolul zece

O viață și un laborator

Fiecare dimineață era un răsărit de Soare pentru Dia și Ovi. Se întâlneau ca de obicei în fața chioșcului cu ziare, de unde porneau grăbiți spre Facultate. Se țineau de mână ca doi școlari cuminți pe care mama i-a sfătuit să fie atenți când traversează strada. Erau tineri, frumoși și toată strada era a lor, până într-o zi, când s-a organizat la Institutul de Geriatrie Ana Aslan un simpozion pe teme medicale, într-un cadru de cultură și artă arhitecturală. Dia a folosit momentul și l-a invitat pe Ovi să o însoțească. Mare i-a fost bucuria când a înțeles că Ovi a primit invitația cu bucurie, interes și chiar curiozitate. În deschiderea evenimentului, profesorul Constantin Bălăceanu-Stolnici a ținut un discurs, iar Doamna Ana Aslan a deschis seara cu un *„Bine a-ți venit în casa noastră!"*. Cu acest prilej a fost prezentat un mic istoric al Institutului de Geriatrie, atât asupra arhitecturii clădirii unde exista și funcționa, cât și a valorilor științifice rezultate în urma cercetărilor realizate în laboratoarele lui.

Institutul de Geriatrie Ana Aslan, ca arhitectură a fost construit după planurile Arhitectului I.D. Berindei, la finele secolului al nouăsprezecelea, sub patronajul Reginei Elisabeta, având ca destinație un azil de bătrâni, care în anii ce au urmat căderii monarhiei și instaurării noului guvern de *„largă concentrare democratică"*, s-a transformat într-un Institut de Cercetare de Gerontologie. În anul 1974, Institutul a primit un spațiu mult mai generos, adică fostul Sanatoriu al CC al PCR de la Otopeni. Amenajarea acestei clădiri s-a făcut cu mult bun gust, având în vedere că Ana Aslan devenise un nume cu rezonanță mondială și ca urmare, era căutată, consultată, vizitată de multe personalități ale vremii de pe tot globul pământesc. Cu prilejul acestei întruniri, Doamna Ana Aslan, a enumerat numai câteva nume dintre multe zeci, care veneau să se trateze la Institutul Domniei sale.

Astfel au fost: Salvador Dali, Charlie Chaplin, Pablo Neruda, Aristotel Onasis, Jacqueline Kennedy, Indira Gandhi, Marlene Dietrich, Charles de Gaulle, Iosif Broz Tito și chiar familia Ceaușescu. Toți veneau la acest Institut, căci toți voiau să afle cum să-și păstreze viața și sănătatea cât mai mult timp. Ana Aslan nu le promitea nemurirea, dar le oferea un tratament compus din ample proceduri fizioterapeutice și băi termale, care acționau asupra corpului uman spre binele lui și chiar refacerea lui. Astfel erau exploatate și niște izvoare termale din acea zonă a Bucureștiului, sub îndrumarea unor cadre medicale specializate în fizioterapie. Cremele și serul a căror formulă era autoare chiar Doctorița și Cercetătoarea Ana Aslan, erau căutate pe tot globul pământesc, de toate Doamnele care voiau să-și păstreze tenul proaspăt, fără riduri și fără să mai fie necesare operații estetice. Deci afluența de pacienți era discutată la scară mare. Apoi, Institutul avea condiții superioare de cazare, unde erau găzduite acele personalități, acei pacienți care discutau despre confortul vieții la altă scară de valori decât un pacient oarecare. Dar nu era deloc surprinzător ca și acei pacienți *„oarecare"*, să fie primiți și consultați de *„Doamna Ana"*, cum i se spunea de toți care o vizitau.

După această prezentare, s-a atins și punctul culminant, cu prezentarea omologării produsului Gerovital H3. Acesta era un ser ce devenise recunoscut și apreciat în toată lumea, iar numai peste câțiva ani, în 1980, se va realiza Aslavital, cunoscut și folosit în 154 de țări. O viață închinată cercetării și cunoașterii tainelor îngrijirii și tratării ființei umane.

În Aula Institutului erau invitați din toată lumea medicală românească, cât și din multe țări europene, precum și cercetători de pe toate meridianele lumii, considerându-se onorați că au fost invitați la acel simpozion.

Pe ultimele fotolii libere, în firida unei ferestre, lângă o draperie, ori rezemați de o coloană de bazalt susținătoare a plafonului încăperii, se afla câte un tânăr student ce sorbea cuvintele celor ce au luat cuvântul, după prezentarea Doamnei Ana Aslan. Ovidiu era atât de impresionat, încât simțea că trebuie să se agațe de mâna Diei, pe care o strângea parcă de teamă, să nu rămână pierdut de lumea prezentă. Era impresionat dar și redus la tăcere, de eleganța și nivelul absolut la care această adunare de oameni ai științei se aflau. Simțea că este atât de mult pentru el, un tânăr student modest și neinițiat în tainele acestei lumi. Abia acum înțelegea rostul invitației Diei, de a fi și el în acea zi memorabilă pentru toată lumea cercetării științifice de pe toate meridianele. În mintea lui, se gândea că așa o adunare a inteligenței umane internaționale, nu va mai avea prilejul să o vadă niciodată. Se regăsea atât de mic într-o lume atât de mare... Dar privirile agere ale Diei îl încurajau și parcă spuneau: *„curaj, așa începe lupta cu adevărata viață, a înălțării spiritului uman pe acele creste la care trebuie să aspire orice om înzestrat de Dumnezeu cu toate Darurile Sale!"* Ovi, încurajat de privirile Diei, a sorbit fiecare cuvânt spus în acea seară de neuitat.

La pupitrul destinat celor ce urmau să-și expună dizertația, Doamna Aslan i-a invitat pe rând, pe toți specialiștii prezenți. Nu era ușor să conduci o astfel de întrunire a atâtor personalități științifice, dar doamna Ana Aslan, secondată de Constantin Bălăceanu-Stolnici, a bifat încă o reușită a vieții lor, iar sera s-a încheiat cu bine, cu aplauze și felicitări.

Toate eforturile și toată loialitatea cu care a muncit o viață de om, Ana Aslan, cu profunde rădăcini de armeancă, a fost recunoscută pe plan mondial ca o mare și unică ființă, dăruită de Dumnezeu acestei nații române și acestui pământ românesc pe care creștem și muncim cu toții. Așa cum toată ființa umană, tot ce este viu pe pământ, este sortit să se nască, să crească, să genereze vlăstari și apoi să se scufunde în abisul pământului, tot așa și geniile au o clipă a lor, când sclipirea își pierde strălucirea și se scufundă în neantul uitării... Ana Aslan s-a înălțat la Ceruri în data de 20 mai 1988, la aproape 90 de ani... Eforturile medicilor de la Spitalul de Urgență Elias, de a o menține încă în viață, au fost zadarnice... Spiritul ei pleca din lumea vie...

„Când știi că visu-acesta cu moarte se sfârșește,
Că-n urmă-ți rămân toate astfel cum sunt de dragi,
Oricât ai drege-n lume-atunci te obosește
Eterna alergare... ș-un gând te-ademenește:
Ca vis al morții-eterne e viața lumi-ntregi"[12]

Ana Aslan a rămas un reper pentru știința medicală din România, dar a fost recunoscută și în toată lumea medicală de pe întregul mapamond. Ea există în memoria fiecărei tinere femei, fiecărei doamne ajunsă la o vârstă, fiecărui pacient al Domniei sale din România ori de oriunde din lume, prin cremele și serurile sale nemuritoare și binefăcătoare.

În acea seară de mai, cu parfum de flori de salcâm, atât de caldă la o oră atât de târzie, doi tineri, medici stagiari de gardă la Spitalul Elias în acea zi de 20 mai, emoționați, impresionați, se țineau de mână și parcă le era teamă ca nu cumva întunericul nopții să-i tulbure somnul adânc în care se cufundase neobosita Doamnă a medicinei românești. Pașii lor păreau că plutesc deasupra trotuarului, poate chiar al lumii întregi... Fiecare avea în minte gândul că toate eforturile lor de a deveni într-o zi medici specialiști, vor fi măcar pe aproape de imensitatea reușitelor celei ce a fost contemporană cu ei, cu noi toți. O speranță, o dorință și cine știe, poate o reușită...

Capitolul unsprezece

Temeri

Luna ianuarie trecea în mare viteză pentru Dia, care deprinsese esența activității ei la Institutul de Geriatrie al Anei Aslan. Fiecare minut al zilei îl avea socotit. Dimineața la ora șapte, o aștepta Ovi în fața căminului pentru fete, de unde plecau ținându-se de mână până la Facultate. Aici începeau cursurile cu micile pauze care erau de maxim zece minute, timp suficient să găsească următoarea sală pentru următorul curs. Venea ora douăsprezece, când fugeau la cantină pentru masa de prânz, apoi în funcție de orar, mergeau la seminar sau laborator la Facultate. Erau zile când Dia renunța la masa de prânz, fugind la Institut, unde trebuia să conducă un grup de pacienți cărora li se încheiase tratamentul, iar acum trebuia să fie conduși la Aeroport. Dia se întorcea la Facultate pentru laboratoare, tot în fugă și cu ochii pe ceas. După amiezile nu le mai avea libere în fiecare zi din săptămână, din același motiv, că trebuia să primească un grup, ori să conducă alt grup la Aeroport. Personalitățile care soseau în România și aveau ca scop vizita la Institutul de Geriatrie, erau capete încoronate din toată lumea, actori de mare renume, oameni de cultură și știință de pe tot globul pământesc. Din acest motiv erau solicitați tineri cunoscători de limbi străine, oameni care să poată întreține o conversație, chiar și de complezență, cu personalitățile care soseau permanent.

Activitatea la Institut a Diei era de bună calitate, era apreciată ca fiind o fire deschisă și primitoare, care vorbea frumos și politicos oaspeților, așa că devenise în scurt timp preferata întâmpinării pacienților, în mod deosebit a celor sosiți din lumea aleasă. Dar Ovi era trist. Simțea că orele petrecute cu Dia se împuținaseră. Abia o mai vedea dimineață, în drum spre Facultate, iar peste zi petrecea cu ea timpul de la cursuri. Apoi Dia zbura ca o rândunică și nu o mai întâlnea nici în sala de studiu a Facultății. Dia învăța noaptea, în sala de studiu de la căminul de fete. Ovi se așeza zilnic la masa unde studiau ei în fiecare zi la biblioteca facultății... Dar Dia nu mai venea. Și azi așa, mâine tot așa, până s-a încheiat luna ianuarie și a pășit pe fereastră luna februarie. Pe la câte un colț de stradă mai apărea câte o florăreasă cu brândușe ori ghiocei timpurii. Ovi privea și i se umplea sufletul de amar pentru că nu putea să-i ofere Diei aceste minunății ale primăverii... Dia lipsea. Dar speranța moare ultima. Ovi spera că se va întâmpla ceva și Dia va înțelege că așa nu poate să mai reziste prietenia lor. Resemnat, se așeza la masa de lucru în sala de studiu a bibliotecii. Nu vedea pe nimeni în jur și nici nu-l interesa. Dar dintr-un colt al sălii, o tânără îl privea intens, chiar cu îndrăzneală. Dacă a văzut că privirile ei nu sunt luate în seamă, atunci a confecționat o bilă de hârtie și a aruncat-o spre el. Acesta s-a uitat mirat în jur, dar nu a înțeles ce are cu el cineva. Și-a continuat lectura lui. Timpul s-a scurs și Ovi și-a strâns caietele și a plecat spre Cantină, pentru masa de seară. Tânăra s-a dus repede după el, l-a ajuns în curtea bibliotecii și cu un ton îndrăzneț l-a întrebat:

– Auzi, dar tu ce ai cu mine, de ce nu mă bagi în seama?

Ovi surprins, luat pe nepregătite, a răspuns ca un școlar prins cu fițuica la teză.

– De ce să am ceva cu tine? Nu te cunosc.

– Faci pe interesantul. Cum să nu mă cunoști, când și eu vin zi de zi la sala de studiu de aici?!

– Asta este problema ta. Eu îți spun că nu te cunosc și cu asta basta.

Ovi i-a întors spatele și și-a văzut de drum. Dar fata nu a renunțat așa, cu una, cu două. L-a ajuns din urmă și i-a tăiat calea repede, zicând:

– De ce nu mai vine colega ta la sală? V-ați certat?

– Ei, chiar depășești limita bunei cuviințe. Te rog să-mi dai pace.

– Ce vorbești mă, ia uite ce bărbat feroce ești. Nu vreau să renunț. Ai ceva împotrivă?

Ovi i-a întors spatele și a plecat cu pași vioi către cantină. Era iritat, poate și enervat de obrăznicia acelei fete, dar era furios și pe Dia, că-l punea în astfel de situații. Cu pași mari și privirea sclipind de supărare, a intrat în cantină, a scrutat cu privirea toată sala, căutând-o pe Dia, cu care voia să aibă o discuție serioasă. Dar Dia nu era în cantină. Ovi s-a așezat la masa lor, unde mâncau ei de obicei și încă nervos, a trecut lingura și furculița prin toată mâncarea, a făcut-o terci pe care l-a abandonat ridicându-se de la masă tot nervos. Unde să se ducă s-o întâlnească pe Dia? Știa unde este Institutul, dar cum să se ducă după ea, dacă era plecată să întâmpine un pacient?! După ce s-a mai liniștit, s-a gândit că a doua zi de dimineață, o așteaptă la Cămin. Va fi mai calm și va rezolva mai elegant tot ce era de neînțeles pentru el. Apoi noaptea este un bun sfetnic...

A doua zi de dimineață, Ovi s-a postat la locul de întâlnire. Acum era calm și voia să știe ce este cu Dia și cu obligațiile astea care-i consumă tot timpul. Stătea în fața căminului, așteptând, schimbând greutatea după un picior pe altul, când a apărut și Dia pe scări. Venea spre ea, când a văzut că-i zâmbește și-i face cu mâna. A uitat de toată supărarea lui și s-a dus spre ea îmbrățișând-o ca pe un pui de om, el fiind înalt, zvelt, bine legat. Dia s-a cuibărit în brațele lui și îi era așa de bine încât ar fi stat acolo în brațele lui, cât mai mult. Noroc că nu se luminase bine și sperau ei să nu-i vadă nimeni. Dar tânăra care îl abordase pe Ovi cu o seară înainte, era ca din întâmplare la intrarea căminului. Ieșise îmbrăcată cu haine de casă, să verifice dacă acești doi tineri se ceartă, sau nu se ceartă, încercând să afle dacă are ceva șanse cu Ovidiu.

Ovi ar fi vrut totuși, să poarte o discuție cu Dia, dar nu știa cum să înceapă. Până să mai cântărească el, până să găsească momentul potrivit, Dia l-a întrebat direct și fără ocolișuri:

– Ovi, tu nu ai vrea să vii să lucrezi și tu cu mine la Institutul Doamnei Ana Aslan? Hai că nu este greu.

Din vocea ei rugătoare a înțeles că și ea a simțit lipsa lui, căutând posibilitatea de a face ceva să le fie bine la amândoi. Luat așa, pe nepregătite, chiar nu se aștepta la așa ceva, zise cu gura pe jumătate:

– Eu ce sa fac acolo? De fapt, nu știu prea bine nici ce faci tu.

– Eu fac un lucru pe care și tu știi să-l faci. Clar?

– Anume ce?

– Să vorbești o limba străină, franceza și engleza, ori numai una dintre ele. Nu trebuie să știi nu știu ce fraze, construcții gramaticale... Trebuie să vorbești cursiv cu cuvinte simple și politicoase. Nu te pune nimeni să ții prelegeri, să vorbești la tribună. Dacă ai învățat în Liceu o limbă, două, este perfect. În rest afli la locul și momentul potrivit. Nimeni nu s-a născut învățat, ci a exersat și a devenit învățat.

– Și unde dau proba asta?

– La Institut, cu un domnul profesor Constantin Bălăceanu-Stolnici. „Domnul Prinț" cum îi zic eu în gând.

– Hai măi, Dia, eu sunt să vorbesc cu un „Prinț"? Habar nu am să mă comport cu o așa lume.

– Ei bine, nu e „Prinț", este un om ca toți oamenii, cu doi ochi, două urechi și două picioare. Îți este suficient?

– Tu stai acolo, nu? Nu mă lași așa cu cine nu cunosc.

– Am și vorbit cu domnul profesor despre tine și mi-a spus să vii să te cunoască. Nu te mănâncă.

– Doamne Dia, nebună mai ești. Mă bagi în chestii din astea.

– Ce mă, nu-ți place să cunoști și tu lume adevărată? În tot Vlădenii tăi nu ai văzut ce vei vedea și cunoaște acolo.

Discuția a lunecat spre glumă. Ovi a înțeles că glumă, glumă, dar fata asta îi pregătea trambulina să sară în Ocean și el se necăjea cu tânăra aceea. Mai merseră ei câțiva pași, până când Ovi nu mai putu să țină în el supărarea de a avut-o și-i spuse pe nerăsuflate:

– Tu știi ce am pățit eu ieri?

– Ce ai pățit? Întrebă Dia cu îngrijorare în glas.

– Mi-a sărit în cale o nebună de fată și m-a luat la întrebări ca la Politie. Că de ce nu o văd, că studiază și ea la bibliotecă, unde studiem și noi, că m-am certat cu tine de vreme ce tu nu mai vii acolo, chestii din astea.

– Și tu ce ai zis?

– Păi eu mai știu? Am zis și eu câteva vorbe să scap de ea, dar era obraznică foc. Și eram supărat și pe tine că nu mai vii cu mine la sala de studiu și am rămas de râsul și batjocura pipițelor. Uite așa să știi.

– Măi Ovi, tu trebuie să te bucuri că te plac fetele. Ba mai mult, te agață, te trag de mânecă și tu nu le vezi, nu le auzi. Hai nu mai fii supărat. De acum încolo vom fi împreună și la Facultate și la Institut. E bine așa? Mai ești supărat?

– Nu mai sunt. Gata mi-a trecut, dar să nu mă mai lași singur.

– Promit.

Și jocul s-a terminat cu o îmbrățișare și un sărut în văzul lumii, uite așa să moară de necaz toate fetele.

Capitolul doisprezece

O propunere, un destin

Ovi era încă sub emoția puternică ce îl cuprinsese cu ocazia participării ca invitat la Simpozionul organizat de Institutul de Gerontologie Ana Aslan. Acolo întâlnise o lume nevăzută, neștiută de el, fiind un tânăr venit de pe meleagurile Mehedințiului, să studieze tainele chimiei și apoi să se întoarcă la cele ce-i aparțineau, adică familia lui, gospodăria părintească. Sigur că această reîntoarcere era încununată de cunoștințele obținute în anii de studiu la facultate, urmând să-i folosească în viața sa viitoare de inginer chimist. Căile Domnului sunt necunoscute de noi oamenii de rând, noi muritorii, spune o înțeleaptă vorbă din popor. Și iată cum se adeverește și în viața tânărului student Ovidiu.

După ce a mai cântărit, a mai socotit ca omul înțelept, Ovi a acceptat să meargă la interviul pe care urma să-l aibă cu „Domnul Prinț", adică Profesorul și Cercetătorul Constantin Bălăceanu-Stolnici. Emoțiile îl copleșeau, dar tinerețea a învins și iată-l pe Ovi însoțit de Dia, așteptând să fie invitați în cabinetul domnului profesor. După câteva minute de așteptare, care au părut mult mai lungi sub imperiul emoțiilor, ușa de lemn masiv s-a deschis și un tânăr, care era șeful de cabinet al Profesorului, îl invită în interior, apoi s-a retras discret într-o altă încăpere care comunica cu cabinetul, dar a cărei ușă era mascată de o draperie de pluș verde. Pașii timizi ai lui Ovi erau înăbușiți de un covor persan, din lână moale, lucrat probabil la Cisnădie. De la un birou de lemn masiv, se ridică un domn înalt și uscățiv, cu o alură princiară, dar ai cărui ochi erau calzi, zâmbitori, iar întreaga lui ființă exprima bunătate și bunăvoință. Cu un gest vioi al mâinii drepte, se ridică de la birou și se apropie de Ovi, salutându-l cu bunăvoință și cu respectul cuvenit unui tânăr candidat la școala cercetării românești. Ovi și-a ținut firea bărbătește și a răspuns atitudinii Domnului Profesor

Bălăceanu-Stolnici, cu respectul cuvenit, făcând o mică înclinare a corpului și după aceea a întins și el mâna dreaptă în semn de răspuns la mâna întinsă de Profesor. De unde știa Ovi, tânăr crescut la țară, pe dealurile mehedințene, cum să răspundă la primirea făcută de Profesor și nu orice profesor, ci de însuși Constantin Bălăceanu-Stolnici? Răspunsul vine din interiorul fiecărei ființe umane, din zestrea genetică a fiecăruia, ori altfel spus, vine din ceea ce i-a dat Dumnezeu la nașterea sa, atunci când i-a dăruit viața și podoabele ce le va purta în toată existenta sa pe pământ. Dumnezeu are grijă să pună în fiecare suflet, câteva daruri pe care le va purta ființa nou născută, indiferent ce va fi el, adică un om simplu, bogat, un om cu mult bun simț sau sărac spiritual.

Ovi era clădit de Dumnezeu cu mult bun simț, adică bogat spiritual. Această bogăție l-a ajutat să știe cum să se comporte într-o situație pe care nu au prevăzut-o nici părinții lui, nici chiar el însuși. Dar Dumnezeu a cunoscut-o și a prevăzut-o în zestrea lui genetică.

Astfel stând lucrurile, privind momentul cel mai emoționant pentru Ovi, adică prima întâlnire din viața lui cu un om de o asemenea valoare, cei doi au trecut la subiectul propriu-zis, adică o discuție despre ce știe Ovi și ce vrea să înfăptuiască în acest Institut. Trebuie menționat că de la prima întrevedere, cei doi bărbați au simțit o simpatie învăluită de un puternic sentiment de respect. De aici totul a decurs de parcă ar fi fost regizat de cineva.

Domnul profesor l-a invitat pe Ovi să ia loc pe unul din fotoliile din fața biroului său, pe al doilea așezându-se chiar el. Așa s-a creat o atmosferă mai prietenoasă, fiind cumva înlăturate barierele sociale, precum și cele culturale și se începea o discuție prietenească, sau ceva pe aproape, lipsită de tracul și emoția inerentă.

– Dragă Ovidiu, de unde vii tu, din ce loc din țară?

– Eu sunt originar din Mehedinți și părinții mei locuiesc într-un sat aproape de orașul Drobeta Turnu Severin.

– Da, da... La Turnu Severin avem un corp de cercetători de elită. La Uzina de apă grea. Și liceul unde l-ai studiat?

– La Liceu Traian, din Turnu Severin.

– Bun, bun Liceu. Mulți studenți foarte inteligenți avem de acolo.

Și parcă lăsând voit o mică pauză, Profesorul a revenit cu o întrebare pusă franc, adică la obiect. De altfel amănuntele despre media cu care a reușit la Facultate, despre notele sesiunii din iarnă, le avea deja cu prilejul discuției cu Dia, tânăra care-l rugase să-l intervieveze și pe prietenul ei. Acum urma să-și facă și el o impresie asupra lui Ovi. Impresia era favorabilă ca prezență, urma să afle ce ar putea Ovi să facă în acest Institut. Profesorul avea o bănuială. Parcă ceva îi spunea că tânărul acesta poate mai mult decât să însoțească un grup de pacienți și să converseze câteva fraze cu ei într-o limbă de largă circulație, fie ea franceza ori engleza. Profesorul, frământându-și gândurile, lăsă să treacă un timp, apoi scurta dar apăsătoarea tăcere a fost întreruptă și cu o blândețe ademenitoare în glas, îl invită pe tânărul din fața sa, zicându-i:

– Hai să facem o plimbare prin laboratorul nostru. Acolo lucrează tineri cercetători dar și tineri studenți, așa ca Dumneata. Hai să-i vedem.

Ovi, ușor amețit, dar sigur pe gândurile sale, a acceptat invitația. Nu avea nici o bănuială, cu atât mai puțin siguranță, că viața lui va lua o întorsătură la o sută opt zeci de grade.

Profesorul a pornit cu pași sprinteni spre o ușă a Cabinetului său, care dădea direct în Laborator. Acolo a început să-i prezinte persoanele care lucrau, concentrate fiecare, la aparatele pe care le aveau în față și care abia au înclinat ușor din cap, apoi s-au întors la munca lor. Aici era o lume care lucra în cercetare și ale căror creiere ronțăiau permanent, zi și noapte. Când erau în Laborator, căutau noul, fascinantul necunoscut, iar când erau acasă, spre odihnă, erau doar fizic acolo, căci mintea lor era tot la problemele pe care le aveau de descifrat în cercetarea la care participau. Așa apăreau și erau brevetate serurile, cremele, procedurile pentru tratarea pielii și a întregului corp omenesc.

Ovi privea de jur împrejur și vedea trupurile celor ce ședeau pe scaune rotative, iar ochii lor erau atenți la lentilele microscoapelor, la panourile de control a aparatelor, analizoarelor, eprubetelor și alte obiecte care constituiau un laborator de cercetare modern. Acolo era o uzină vie în care creierul uman gândea și mâna cercetătorului nota pe un carnețel.

După ce a făcut un scurt tur de orizont, Profesorul l-a invitat pe Ovi să ia loc la un pupitru, unde microscopul era momentan liber. Atunci Ovi a privit lumea la scară microscopică și surprinzător, l-a fascinat. Mâna delicată a Profesorului i-a atins umărul șoptindu-i ușor o întrebare:

– Ți-ar plăcea și ție să lucrezi în acest laborator?

– O, foarte mult!

Ovi, cu o privire de copil super încântat, s-a trezit repede și cu capul în pământ, parcă rușinat, și-a cerut scuze pentru îndrăzneala sa.

– Vă rog, să mă iertați. Sunt foarte încântat și bucuros că am avut acest prilej, dar nu știu dacă sunt încă suficient de pregătit pentru această activitate...

Profesorul prin fața căruia trecuseră multe generații de tineri studenți, avea ochiul format și știa sigur dacă un tânăr este dotat, înzestrat de Dumnezeu pentru cercetare științifică, ori dacă vrea să urmeze o facultate care să-i confere titlul de inginer, ori de profesor, care să-i dea prilejul să muncească într-o uzină, școală, universitate, unde să-și câștige existența și nimic mai mult. Acest gând îl aveau mai mulți tineri, pentru că cercetarea presupunea multe renunțări, multă muncă, fără a obține un rezultat imediat, ci peste luni de zile sau chiar ani. Acest timp poate dura uneori toată viața. Nu orice tânăr era dispus să-și sacrifice tinerețea într-un laborator. Se pare că Profesorul îi citise bine gândurile lui Ovi și timpul va spune dacă a greșit ori nu. Ovi era acel gen de tânăr, cu bucuria de a munci și a căuta rezultatele cele mai bune, obținute cu transpirația frunții...

Profesorul, însoțit de Ovi, s-au reîntors în biroul său somptuos, de unde au continuat discuția, stabilind ce avea să lucreze acest tânăr în Laboratorul Institutului și pentru că era la început, trebuia să fie luat sub îndrumarea unui cercetător cu experiență.

Se lăsase seara... Ovi părăsea Institutul atât de fericit... În drum spre ieșire, undeva, o umbră se zărea că așteaptă pe cineva... Era Dia. Ea își terminase treburile ei, dar nu avea inimă să plece la Cămin până nu-l vedea pe Ovi și să afle rezultatul: a fost acceptat ori nu. Când la capătul aleii care ducea spre Institut a zărit o siluetă, a fost sigură că era Ovi și a fugit în calea lui, cu toată dragostea ei. Pe aleea luminată de câteva becuri fluorescente, două inimi tinere se îmbrățișau și se bucurau de succesele vieții. De la fereastra cabinetului său, Profesorul a ridicat un colț al draperiei și a privit frumusețea tinereții, zicând în gândul lui: *„Ce e tânăr e frumos!"*

Capitolul treisprezece

„Nu mă păcălește ea pe mine"

Cu acest gând rămăsese în minte Anica, mama Diei, când înțelesese că Dia primise un inel de la Ovi, cadou cu prilejul Crăciunului. Ea era tributară concepțiilor vechi, când inelul era dar de logodnă și nu un dar oarecare. Drept urmare, s-a arătat în fața Diei că accepta ideea, adică a primit un inel cadou, precum ar fi un banal parfum, dar în interiorul său, fierbea de nerăbdare să găsească firul adevărului și imediat ce au trecut sărbătorile de iarnă și vacanța studenților a luat sfârșit, Anica a început să meargă pe firul poveștii inelului. A căutat să găsească pe cineva care locuiește, ori are rude în satul Vlădeni. Voia să afle ce fel de oameni sunt părinții băiatului care-i făcea curte fiicei ei. Și nu a trebuit să caute mult, că satul Vlădeni fiind la câțiva kilometri de orașul Drobeta Turnu Severin, multe femei își găsiseră locul de muncă în Fabrica de Confecții, unde lucra și Anica. Așa că povestea începea să aibă un înțeles, iar Anica să se dumirească în această privință. Una din muncitoarele din Fabrică, i-a dat toate lămuririle.

– Tanti Anica, păi în sat la noi, familia asta este foarte respectată din timpuri îndepărtate. Au fost oameni bogați și buni gospodari. Au avut case și pământuri multe pe care le munceau cu uneltele lor, adică aveau batoză pentru treierat grâul, aveau un automobil cu care făceau curse la Severin, ba au avut și cazan pentru producerea țuicii, la care veneau și sătenii să-l folosească. Când au venit comuniștii, le-au confiscat totul, i-au băgat în pușcării și au rămas cu o căsuță bătrânească și o grădină pentru legume. Când timpurile s-au mai așezat, bătrânii au revenit în sat și au muncit la CAP ca mecanici, băiatul lor s-a făcut șofer pe Salvare și soția lui învățătoare în sat. Oameni respectați și buni gospodari, au fost mereu în fruntea obștii. Băiatul despre care spui Dumneata, este băiatul cel mic, care se numește Ovidiu și este student la București, iar băiatul cel mare a fost student la Timișoara și acum este inginer în sat. Tanti Anica, fata Dumitale a nimerit bine, în familie bună. Vezi ce spui să nu superi oamenii aceştia.

Anica, după ce a cules aceste informaţii, a mai întrebat şi alte femei care cunoşteau aceste persoane şi abia atunci s-a convins că situaţia nu era aşa de neagră cum o bănuia ea. Dar acum dăduse în altă extremă şi începuse să gândească cam aşa: *„sunt oameni prea buni şi de fală faţă de noi, care suntem nişte amărâţi de muncitori. Săraci din tată în fiu, nu suntem nici nişte ştiutori de carte multă, acolo câteva clase primare şi în rest avem doar ce este pe noi şi prin casă, care nu este goală troacă, dar nici vreo bogăţie nu este!"* Una caldă, una rece. Cam aşa concluziona Anica. Abia a aşteptat să se termine programul de la Fabrică, să ajungă acasă, să-i spună şi lui Ghiţă ce a aflat ea despre părinţii lui Ovi. Şi iat-o ajunsă acasă, cam îngândurată, cu un ochi ar fi râs, s-ar fi bucurat, dar cu al doilea ochi ar fi lăcrimat, căci înţelegea că este mare deosebire între familia băiatului şi familia lor.

Ghiţă era vesel că se anunţaseră nişte prime la serviciul lui şi era şi el scris pe tabel. Văzând-o pe Anica îngândurată, s-a gândit că este din pricina banilor care erau putini şi nevoile multe. Aşa că a hotărât s-o înveselească cu vestea lui.

– Anicuţo tată, hai că aduc o primă de câteva sute de lei, chiar acum la salariul acesta.

Anica prinse a zâmbi, dar nu era zâmbetul ei plin de voioşie. Ghiţă o cunoştea, aşa că începu să intre la bănuieli. Parcă ar fi întrebat-o ce are de este cam tristă, dar pe de altă parte se gândea că ceva, ceva este, de tace ea aşa mâlc. Şi tot socotind Ghiţă cum să înceapă vorba, o dădu pe direct:

– Anico, mie mi se pare că eşti supărată. Păi nu-mi spui şi mie despre ce este vorba? Hai că om scoate-o noi cumva la lumină.

Anica tăcea, îşi freca mâinile în poală şi acum ar fi spus ce clocea în cap, acum ar fi tăcut să nu-l supere şi pe Ghiţă, că şi aşa el era cam bolnăvior cu astmul lui, cu inima. Multe se adunaseră după o viaţă de muncă grea şi nevoi.

– Ghiță, aflai despre părinții băiatului cu care este în vorbă Dia noastră. Sunt oameni avuți și cu carte, nu ca noi. Mama lui e învățătoarea din sat și tatăl este șoferul de la Salvare. Cică au de toate. Au casă mare, acareturi, ca oamenii gospodari. Noi nu avem nimic...

Și lacrimile începură să-i curgă șiroi pe obrajii stacojiți de muncă și de nevoi. Ghiță se uita pe fereastră, parcă ar fi căutat ceva ce trebuia să vină de acolo. Într-un târziu se trezi și el vorbind:

– Știi ceva Anicuțo, noi să fim sănătoși că timpurile s-au schimbat, iar noi am rămas în urma lor. Adică vreau să spun că acum nu mai contează ce avere ai, ci câtă carte ai. Păi fetele noastre, de bine, de rău au liceul și Dia are facultatea începută, vine rândul la vară să plece și Angela la facultate, dacă ajută Dumnezeu. Astea sunt averile noastre. Păi cum să fim noi rușinați în fata părinților băiatului acesta cu care Dia este în vorbă, când el e student și ea la fel. Deci sunt la fel de bogați. Hai lasă gândurile rele și nici să nu spui fetelor ce ți-a trecut ție prin cap.

Ghiță aprinse o țigară și se așeză pe scaunul lui de la masa din bucătărie. Anica, dacă văzu că aceasta este opinia lui Ghiță, își zise în sinea ei: *„o avea și Ghiță dreptate"*.

Anica se mai liniști, dar tot o frământa că nu are zestre să le dea fetelor. S-a trezit că fetele au crescut, iar ea și Ghiță abia de au putut să aducă banii necesari traiului de zi cu zi. Ce să mai adune zestre. Cu ce bani? Acum, când Dia este la București studentă, abia de puteau să-i ofere niște îmbrăcăminte și aceea modestă. La toamnă o pleca și Angela studentă. Doamne ajută. Dar cu ce să o mai îmbrace și pe ea? Norocul lor este că fetele învață bine și reușesc la examene cu capul lor, altfel nu ar avea cu ce să aibă profesori preparatori.

Ghiță dacă văzu că Anica este tot îngândurată, luă ibricul de cafea și puse la fiert două cafele gulerate și parfumate, care erau bucuria soției sale.

Zilele veneau și treceau cu repeziciune, filele din calendar se împuținau și uite așa, pe nesimțite, veni un vânt de primăvară care învolbură apele Dunării, înverzi frunzele pădurilor și Soarele a mijit la răsărit, încălzind pământul. Era primăvară. Veneau studenții în vacanța de Paști. În toate gospodăriile se făcea curățenia de primăvară și pregătirile pentru serbarea Paștelui. La Vlădeni era multă zarvă, multe pregătiri, iar Maria, mama lui Ovidiu, muncea mult să rânduiască toate treburile casei, care cădeau toate în grija ei. Nu avea nici un ajutor, pentru că Dumnezeu îi dăduse doi băieți și nici o fată cu care să se mai ajute. Era adevărat că avea o noră, soția lui Mircea, dar ea avea gospodăria ei la Severin, serviciu bun și nu putea să vină foarte des la Vlădeni. Dar spera să aibă o noră după Ovidiu, care să-i ușureze bătrânețile.

Constantin era ocupat cu curățenia curții, grădinii de legume și cu cumpăratul mielului și al brânzei proaspete, care era deliciul pentru amândoi băieții. Apoi mai trebuiau cumpărate multe și din magazinele de la oraș, pentru care Maria îi făcuse o listă lungă și bogată. Toată gospodăria era în curs de curățenie, de amenajat florile, de pregătit surprizele iepurașului. Asta nu mai înțelegea Constantin. Adică băieții erau oameni mari de acum, nu mai erau copii să le faci surprize. Dar Maria nu era de acord să renunțe la acest obicei.

– Măi Maria, ce te apuci tu de surprize, când băieții sunt oameni de aproape doi metri?! Păi, zi și tu, mai sunt mucoși?

– Constantine, taci și cumpără de la oraș ce ți-am trecut eu pe listă.

– Păi de trecut ai trecut, dar parfumuri și eșarfe, sunt pentru băieți?

– Nu sunt pentru băieți, Constantine. Dar băieții au și ei câte o soție sau prietenă, cu care i-am invitat de Paști la noi. Ce este greu să înțelegi așa ceva?

– Aoleu! Păi, păcatele mele, cum să cumpăr eu așa ceva, eu un țăran, pentru niște fete de oraș?

– Hai, nu mai face pe țăranul că eu ți-am scris clar ce marcă de parfumuri să cumperi și ce eșarfe de mătase naturală. Eu nu pot să ajung la oraș că vezi câte treburi am pe cap, dar tu toată ziua ești la Severin. Și vezi să fie de mătase naturală și de culoarea care am scris-o acolo.

– Mărie, eu nu știu de unde știi tu mărcile de parfumuri și eșarfele fix de o culoare anume?!

– De la băieții noștri.

– Hai, nu mă înnebuni. Când ai vorbit tu cu ei chestiile astea?

– Când am vorbit? Într-o zi cu soare. E bine? Hai du-te la cumpărături.

Bietul Constantin, s-a scărpinat în cap a nedumerire, a dat mărunt din buze și a plecat agale către mașina care era parcată pe șosea, în fata casei. Deci Maria avea un plan de mare anvergură, iar el se gândea să cumpere ce și ce, de ale casei și să vină acasă repede, pentru că tocmai voia să semene un răzor de usturoi și unul de ceapă. Urcat în mașină, porni motorul și se mai scărpină odată în cap, concluzionând:

– Ce ți-e și cu femeile astea. Tăntălăii mei de băieți, grăbiți să se însoare! Degeaba le spui că ar fi bine să mai aștepte, ei vor însurați. Însurați-vă tată, că vedeți voi pe dracu unde este.

Apăsând pe accelerație, porni Dacia la drum, bombănind:

– Bea agheasmă, Constantine. Du-te la cumpărături. Păi ce, niște bani în plic erau răi? Da nu și nu, Maria vrea daruri să ofere nurorilor de acum, sau în devenire... Mario, te văd eu între două nurori. Acum mă duc la cumpărături, că nu mai e loc de întors cu tine.

Ajuns în centrul orașului Drobeta Turnu Severin, Constantin a parcat mașina în fața celui mai elegant și mai scump magazin din Severin, Hermes. Aici a intrat și direct spre tejgheaua vânzătoarei s-a îndreptat.

– Sărut mâinile, stimată domniță.

– Bună ziua.

Constantin făcea pe timidul, dar privea galeș către tânăra vânzătoare. Aceasta, unsă cu toate alifiile comerțului, a înțeles că este un client cu punga groasă, așa că l-a privit și ea tot galeș, întrebându-l mieros:

– Cu ce vă putem fi de folos?

Constantin, înainte să spună ce vânt îl aducea în acel magazin, se gândea în sinea lui:

„Auzi cu ce să-mi fie de folos? Păi mie? Eu sunt babacul cu portofelul! Folosul nu-i la mine, este la vlăjganii mei de băieți!" Apoi revenind în lumea prezentă a magazinului, a scos din buzunar lista scrisă de Maria. Tânăra vânzătoare și-a aruncat o privire fugară pe ea și cu un glăscior ca de ciripit de păsărele, l-a încredințat că are toate articolele scrise în bilet. Constantin, așteptând să primească pachetul cu cele comandate de Maria, se mai gândea, așa ca omul muncit de gânduri:

„Acum scoate portofelul, Constantine, că doar odată în viață intrași într-un magazin ca ăsta. De, dacă mă duceam în talciocul din Port, luam de la sârbi la fel de frumoase lucruri, dar la prețuri mai omenești. Dar ce să faci, Maria mi-a comandat să cumpăr de aici!"

Și până să-și revină din visare Constantin, frumoasa vânzătoare îi bătu în casă un bon cu o valoare atât de mare, încât făcea cât o bună parte din toată leafa lui pe o lună de zile. Tânăra vânzătoare împachetă obiectele comandate într-o foiță de hârtie elegantă, apoi le înmână cumpărătorului, plină de zâmbete și de invitația:

– Să mai poftiți pe la noi!

– Sărut mâna domniță!

Când ieși în stradă, se duse glonț cu pachetul superb ambalat direct la mașină, a dat cheie, motor, ambreiaj, viteză și direct la Vlădeni. Uită să mai cumpere și alte articole, cum ar fi fost vopsea de ouă, mirodenii pentru prăjituri și două kilograme de arpagic. Ajuns acasă, Maria îi ieși în cale zâmbitoare.

– Ei, Constantine a fost greu la cumpărături? Te-ai descurcat bine?

– Ei, cum altfel mamă, cu toată leafa pe luna viitoare, zise el cu glas pus pe glumă, dar strecură și o vorbă despre ce bănet a cheltuit, având grijă să exagereze un pic, că poate, poate, o mai îngrijorează și pe Maria. Aceasta îl cunoștea bine pe soțul ei, știa că glumește, iar despre preturi se informase ea cu mult timp înainte de a se duce el la cumpărături.

– Lasă Constantine, că se merită!

– Cine să merite, mamă?

– Ei, cine! Fetele cu care vin băieții noștri!

– Da și eu, mamă, merit așa o cheltuială?

– Meriți și mai mult, pentru că ești un tată minunat și un socru să te legi cu el la rană.

– Cum știi tu, mamă, să mă faci în foi de viță.

– Halal să-ți fie.

Apoi își continuară munca, fiecare în dreptul lui. Constantin pregăti grădina cu toate răsadurile, iar Maria termină curățenia în casă, făcând-o să sclipească mai ceva ca o oglindă. Spre seară căzură rupți de oboseală amândoi, dar fericiți că făcuseră bine toate treburile casei și curții. Înainte să-și spună *„noapte bună"*, Constantin se trezi vorbind ca pentru el:

– Muncim ca robii... Când am fost noi ginere și mireasă, parcă ai noștri nu au muncit chiar așa. Ziceau că trebuie să-i cunoaștem așa cum trăiesc ei zi de zi. Tu, nu și nu. Trebuie să fie farmacie peste tot.

– Noapte bună, Constantine. Lasă ce a fost de când cu lupii cei albi. Acum lumea este altfel.

Și somnul le-a îmbrățișat gândurile și trupurile obosite...

Capitolul paisprezece

De sărbătoarea Sfintelor Paști

Vremea sărbătorilor Paștelui se apropia. Era primăvară în plină forță, natura se dezlănțuise cu Soarele sclipind pe Cer de dimineața până-n apus, iar noaptea se lăsa târziu, după ora opt seara. Toată lumea muncea fie prin grădini, cu semănatul legumelor, fie la câmp, cu semănatul culturilor de primăvară, fie prin case primenindu-le cu curățenia prin toate încăperile, prin toate ungherele cât de ascunse ar fi fost. Maria era ocupată cu treburile casei, cu obligațiile de învățătoare la școala din sat, dar acum apropiindu-se momentul mult așteptat al sărbătoririi Paștelui, era foarte atentă cu preparatul cozonacilor, al poalelor în brâu umplute cu brânză și stafide și tot felul de fursecuri și prăjiturele mărunte care se consumau la un vin bun, cum era cel din pivnița lui Constantin. Și nu e vorbă, nu de asta se înspăimânta ea, dar era vorba că invitase pe Mircea cu soția și pe Ovidiu cu prietena lui și ele erau fete crescute la oraș, cu alte pretenții, cu maniere de lume delicată, nu de țărani de la roata căruței. Maria avea o finețe a ei, chiar dacă era fiică de țărani modești dar cu mult bun simț. Un bun simț pornit din inimă, cum zicea ea. Și totuși avea ceva emoții. Se gândea să facă o impresie frumoasă, că așa auzise ea vorbindu-se, că prima impresie contează. Deci acum, ori niciodată. Maria era o mână de om, măruntică, slăbuță dar cu o privire ageră și cu o minte la fel de ageră. Toate treburile gospodăriei le făcea singură, muncind de dimineața până în miezul nopții. Totul era curat, ordine în toate colțurile casei, mai ceva ca la armată. Constantin, când venea acasă obosit după douăsprezece ore de muncă, conducând mașina Salvării pe toate dealurile și hârtoapele Mehedințiului, cădea ca un brad tăiat cu toporul. Abia mânca ceva, să zică sufletul că este sătul, dar oboseala trupului îl dobora. Maria, când îl vedea așa rupt de oboseală, îl așeza la masă și mai rugându-l, mai îndemnându-l cu vorbe bune, îl făcea să nu se culce flămând.

– Hai Constantine, hai măi omule, mai gustă și din farfuria asta.

Și el se lăsa îmbiat și-i trecea toată oboseala. Așa trecuseră anii, mulți, vreo treizeci și mai bine de ani de la căsătorie și viața lor era la fel de calmă, caldă, liniștită. Acum timpul trecuse, băieții se făcuseră mari. Unu era student, altul terminase facultatea, era însurat, dar venea timpul să se însoare și Ovidiu. Multe emoții, multe necunoscute ale vieții urmau să le cunoască și ei ca părinți. Maria, fiind gospodina casei, știa ce trebuie făcut să fie curățenie, mâncare bună, cadouri pentru fetele ce urmau să-i viziteze, dar restul... Pentru că era și un rest: obligațiile lui Constantin, ca stâlp al casei, ca tată de băieți, ca socru mare... Doamne și câte obligații sunt. Unele scrise și în cărțile de bună cuviință, dar altele sunt nescrise. Sunt acelea care acționează prin vâltoarea momentului, prin legile nescrise ale lumii, dar sunt sfinte și de neuitat. Toate aceste momente veneau, se apropiau și cei doi soți, Maria și Constantin, simțeau cum le îngheață cămașa în spinare. În puterea nopții, Maria îngenunchea în fata icoanei Sfintei Marii, rugând-o pentru sănătate și putere de muncă și spor la învățătură pentru băieții ei. Mai avea o rugăminte care era mai fierbinte ca toate:

„Doamne, ajută băieților mei să-și împartă viața cu fete bune gospodine și cu iubire pentru ei și casele lor ce le vor întemeia!"

Apoi cădea obosită și somnul nopții o fura pe tărâmurile lui. Maria scrisese o scrisoare și lui Ovidiu și-l invitase să vină cu prietena lui la sărbătoarea Paștelui, iar Mircea fiind inginer în sat, doar l-a anunțat ce dorință ar avea ea și Constantin. Ar fi invitat și părinții Diei, dar nu se cuvenea. Trebuia să se ducă împețiți la casa ei și apoi să-i invite la o vizită de curtoazie. Acestea erau legile nescrise ale lumii noastre, legi care nu puteau fi neglijate, ci tratate așa cum se cuvenea. Fiecare părinte are bucuria copiilor lui și mulțumirea pe măsură dacă i-a educat în spirit creștinesc. Aceasta este esența fericirii în viață.

Cei ce vor să fie moderni, după legile văzute ori doar auzite ale altor popoare, sunt cei care astăzi se veselesc și sfidează pe ceilalți considerându-i demodați, dar mâine sunt cei ce regretă trecutul și ce este cel mai rău, câteodată nici nu se mai poate repara ceva. Toate aceste gânduri o măcinau pe Maria, o intelectuală a satului. Poate părea demodată, departe de lumea progresistă a orașului, dar ea nu ieșea din tiparul ei de femeie cu carte dar cu bunul simț al omului din popor.

„Arzători de nerăbdare,
Înainte tot privim,
Să ajungem mai degrabă
La vreo țintă ce-o dorim.
Ne trec zilele, trec anii,
Clipe scumpe și dureri,
Noi trăim hrăniți de visuri
Și-nsetați după plăceri!
Dar pe când privind în urmă,
Plângem timpul ce-a trecut,
Sună goarna Veșniciei: am trăit și n-am știut!"[13]

Pentru că primăvara sosise cu pași repezi și toată natura se pregătea să întâmpine Sfintele Sărbători de Paști, chiar și negrul pământului fusese acoperit de verdele crud al ierburilor iar pomii se încărcaseră de flori, parcă erau mirese, iar păsările cerului cântau suite pe crengile cele mai înalte. În toate gospodăriile se făcea curățenie, se grebla pământul, se însămânța cu grâul dătător de viață cu bobul sănătos și apoi, la moară devenea făina cea bună pentru *„pâinea noastră cea de toate zilele."*

Studenții se pregăteau să plece spre casele lor, profitând de o mică vacanță. Ovi și Dia erau într-o continuă cursă contra cronometru. Diminețile erau singurele care le ofereau prilejul să fie împreună, numai o jumătate de oră, cât dura drumul până la facultate. Restul zilei era o continuă alergare între facultate și Institutul de Gerontologie. După ora prânzului, când de multe ori nici nu mai ajungeau la cantina studențească să servească masa, fugeau la Institut. Aici Ovi mergea direct în laborator, unde îl așteptau sarcini trasate de biologul șef, sarcini de care el se achita cu multă atenție și bucurie. Ovi era un student foarte sârguincios, dar în același timp și fericit. Lui îi plăcea munca în laborator, era chiar o pasiune. Se putea spune că va fi un om fericit în viața lui de om matur.

Dia era foarte bine văzută, apreciată pentru firea ei deschisă, comunicativă în relația cu pacienții sosiți la Institut. Când erau anunțate personalități mai deosebite, Dia era trimisă să-i întâmpine. Ba chiar când soseau la tratament persoane pentru a doua oară, sau mai multe vizite, aceștia își exprimau dorința să fie însoțiți de Dia. Așa că Dia devenise un personaj nu numai apreciat de conducerea Institutului, dar și de pacienții lui. Acest fapt o bucura pe tânăra fată, căci simțea că munca ei dă roade.

Ei și iată că se apropie cu pași repezi, peste doar două zile, sărbătorile Paștelui iar cei doi tineri erau atât de prinși în activitatea lor, încât pe nesimțite s-au strecurat aceste gânduri: trebuia să meargă să-și viziteze părinții. Aveau câteva zile libere de la facultate, dar de la Institut nu prea se anunțau. Acolo se lucra permanent, adică foc continuu. Ovi se tot frământa cum să facă să-i spună Diei că sunt așteptați și de părinții lui, cu prilejul acestor Sfinte Sărbători, însă înțelegea că nu prea erau șanse să lipsească de la Institut. Și tot calculând cum să găsească el momentul potrivit dar și înțelegerea cuvenită din partea Administrației Institutului, este surprins de Domnul Profesor, care-l întreabă direct:

– Ce se întâmplă, Ovidiu, cu tine? Te văd pe gânduri. Ai o problemă? Pot să te ajut?

Ovi, luat prin surprindere, a răspuns ca un școlar scos la tablă, dar cu lecția cam nepregătită.

– Nu prea știu cum să vă spun, dar chiar am o problemă.

– Ei, s-o auzim.

– Am primit o scrisoare de la părinții mei, din Mehedinți și sunt în mare încurcătură pentru că nu știu cum să-i spun Diei că este invitată și ea alături de mine, dar nu știu nici dacă putem lipsi câteva zile de la Institut. Știți, părinții noștri știu că noi suntem prieteni, dar nu o cunosc, încă pe Dia. Nici părinții ei nu mă cunosc pe mine, iar noi ne-am cunoscut la facultate, chiar din prima zi de studenție. Suntem colegi de bancă.

– Frumos, frumos și tineresc. Păi hai să facem ceva să rezolvam problema asta, căci cea cu dragostea înțeleg că este rezolvată.

– Da, așa este... dar nu știu cum...

– Știu eu.

Și profesorul a ieșit vesel din Laborator. După ce a dat un telefon prin care s-a informat unde se afla Dia în momentul acela, a solicitat să-i fie adus graficul după care lucra fata. Cu toate datele în față, a modificat graficul acordându-i patru zile libere Diei și lui Ovi. Apoi a solicitat să fie anunțată tânăra când vine la Institut, pentru a se prezenta la Cabinetul său. Profesorul întinerise, el care nu arăta a fi un bătrânel ramolit, ci mai degrabă un senior cu sufletul veșnic tânăr. Acum sclipirea ochilor era ca o văpaie de foc iar corpul uscățiv, parcă se înălțase mai mult decât de obicei. Ce face gândul tineresc din om. Trebuie doar să cauți prilejul să te întâlnești cu tinerețea.

Cum Dia era plecată la Aeroport să conducă un grup de pacienți, a sosit în Institut peste o oră. Grăbită să-și reia activitatea, a trecut la operațiile ei curente, dar coordonatorul șef care dirija și supraveghea întreaga activitate, a anunțat-o că este așteptată la cabinetul Domnului Profesor. Dia s-a îngrijorat un pic, gândind că nu a greșit cu nimic în activitatea ei, dar poți să știi în lumea aceasta, educată, pretențioasă, când și cum faci un gest necuvenit?!

Profesorul, în acest timp, l-a chemat și pe Ovidiu în cabinetul său. Ovi, mai sfios, emoționat chiar, s-a speriat dea binelea. Până acum nu mai fusese chemat la Cabinetul Profesorului. Știa că nu greșise cu nimic. Apoi și-a amintit că profesorul avusese o discuție cu el, pe care spera el, să nu o ia în serios, gândind că nu-și pierde timpul un om atât de important, cu problema lui. Dar, iată ce a ieșit. Ovi ajuns la ușa Cabinetului s-a întâlnit cu Dia, care era și ea îngrijorată. Când l-a văzut și pe Ovi, și-a zis în sinea ei: *„Gata, am călcat amândoi pe bec! Acum ne dă afară din Institut!”*

Ușa Cabinetului s-a deschis larg, iar șeful de Cabinet, îi invită pe amândoi tinerii să intre. Profesorul cu fața sclipind de lumină și buzele fremătând un zâmbet larg, i-a primit pe cei doi tineri cu un gest larg de bunăvoință.

– Poftiți măi, copii! Luați loc aici pe fotoliile astea!

Cei doi tineri, emoționați, cu privirile cam îngrijorate, pentru că nu li se mai întâmplase până atunci să fie invitați la Cabinetul Profesorului, s-au așezat cu sfială pe marginea fotoliilor.

– Ei, măi copiii, înțeleg că sunteți din Mehedinți amândoi. Tu Ovidiu, din ce localitate?

– Din Vlădeni, un sat la câțiva kilometri de Turnu Severin.

– Și tu Dia?

– Din Turnu Severin.

– Deci avem doi mehedințeni... da, da, înțeleg. Păi, uite, aș vrea să va solicit o cercetare socială în zona aceasta... cam în patru zile zic eu că ar fi suficient să o efectuați.

Profesorul lăsă o pauză mică, timp în care i-a studiat pe amândoi. Tinerii erau ca doi miei la tăiat. Se citea emoția și teama că au făcut ei ceva ce nu se cuvenea, dar întrebarea era ce?! Iar dacă nu au făcut vreo boacănă, este bine, dar apare întrebarea ce fel de cercetare socială să facă ei? Erau amândoi în ceață cu toate gândurile.

Profesorul încheie suspansul după ce deschise sertarul imensului birou la care lucra el și scoase două plicuri pe care le-a înmânat fiecăruia din tineri.

– Ei, aici găsiți ordinul pentru cercetare. Rămâne să-mi raportați la sosirea în Institut, ce ați găsit acolo și cum a-ți rezolvat problema.

Tinerii, fiecare cu plicul său în mână, se priveau nedumeriți dar nu îndrăzneau să ridice privirile în fața Domnului Profesor. Nu au îndrăznit nici să întrebe ce conține plicul, nici despre ce este vorba în acea cercetare comandată de însuși Profesorul.

– Dragii mei, vă urez drum bun și Sărbători fericite.

Abia atunci s-a spart gheața și emoția tinerilor. Au înțeles că plicul conținea biletul pentru învoirea lor pe timp de patru zile și mai conținea o felicitare... Un fel de primă de Paște. O sumă impresionantă pentru doi tineri atât de modești. Cu lacrimi în ochi, amândoi tinerii i-au mulțumit Domnului Profesor, care se purtase ca un adevărat „Prinț". Nimeni nu cunoaște tainele vieții așa cum numai Dumnezeu le știe!

Cei doi tineri au pornit în zbor, dacă s-ar fi putut zbura, spre Cămin și apoi la gară, cu destinația precisă: acasă.

„Domnul Prinț", rămas singur și-a îndreptat corpul încă puternic și vioi, în spătarul fotoliului său. A închis ochii și i-a apărut în minte imaginea unui tânăr îndrăgostit de o fată frumoasă și deșteaptă, colegă de facultate cu el. Iubirea lor fusese atât de mare, încât inelul căsătoriei i-a unit pe viață. Un nor negru s-a așternut pe voalul fericirii lor. Ea, prințesa lui, s-a îmbolnăvit din cauza unei epidemii de tifos, care cuprinsese lumea din vremea aceea. În câteva zile a plecat într-o altă lume, în Ceruri Înalte și îndepărtate de lumea cea vie, pământească. Durerea „Prințului" rămas fără prințesă a fost mare, de nedescris în cuvinte... Privind acești doi tineri și-a amintit de tinerețea lui frumoasă, dar ruptă, sfâșiată de ițele sortii. Atunci a înțeles că este condamnat la singurătate. Și a dus această povară mult timp... Încă îi mai simțea durerea, până într-o zi, când trecuse de fiorii tinereții, era un om integru, un bun specialist în medicină, cu multe reușite cu care viața voia să-l răsfețe. El credea atunci, că nu mai putea fi nici fericit, nici iubit cum fusese de frumoasa lui soție. Dar viața i-a păstrat surpriza să întâlnească o femeie cultă, inteligentă, care nu mai era la anii zglobii ai tinereții, ca și el de altfel, dar care i-a dăruit camaraderia ei, respectul cuvenit și un bun tovarăș de drum pentru restul anilor de viață. Acesta era actuala lui soție.

„Când amintirile-n trecut

Încearcă să mă cheme,
Pe drumul lung și cunoscut
Mai trec din vreme-n vreme."[14]

Profesorul a rămas să-și depene amintirile frumoase ale tinereții lui, iar tinerii Dia și Ovi au plecat iute, iute să-și cumpere biletele de tren cu care ar fi vrut să zboare, atât de repede sa ajungă acasă. Trenul își cânta ritmul lui: te duc, te-aduc... nu-l scotea din mersul lui nimeni și nimic. Ajunși în gara Drobeta Turnu Severin, cei doi tineri au coborât din tren sprinteni, dar și-au dat seama că în bucuria lor că plecau acasă, nu au găsit nici o posibilitate să-și anunțe părinții. Seara de primăvară se lăsa peste oraș, o cuprindea în parfumul ei de flori de primăvară care îndemna toată natura și ființa umană să se simtă fericită, bucuroasă, plină de elanul tinereții. Cei doi tineri cu câte un bagaj în mână, fiind tot ce au putut să adune în grabă, stăteau sub lumina unui felinar de pe peronul gării. Ce să facă? Cum să ajungă acasă fiecare? Ovi, cavaler din fire, a hotărât să o conducă pe Dia acasă la ea, apoi mai vedea el cum ajunge acasă la el. Și uite așa de mână ca doi școlari cuminți, au străbătut străzile care duceau la blocul în care locuiau părinții Diei. Seara era caldă, parfumată de florile din rondurile de flori de pe marginea trotuarelor. Dunărea sclipea în lumina lampioanelor din Port, iar pașii lor mergeau agale. Treceau pe lângă ei tineri ținându-se de mână ca și ei, maturi cu gândurile și grijile lor și tot felul de personaje mai mult ori mai puțin importante. Din imensitatea necunoscută de trecători, iată că cineva se apropie de Dia și Ovi și i s-a adresat Diei:

– Dia, ce faci? Ai venit acasă? Ai tăi știu? Ce mă bucur că te-am întâlnit! Eu mă duc la gară pentru că intru de serviciu astă seară.

Nu a fost greu să fie recunoscut nenea Fane, ceferistul!

– Bună seara! Salutară politicoși cei doi tineri, iar Dia înțelese că trebuie să facă prezentările.

– Nenea Fane, îți prezint pe prietenul meu Ovidiu. Este student, coleg cu mine la București.

– Mă bucur copii că v-am întâlnit, dar ai tăi cred că nu știu că veniți acasă.

– Nu știu că plecarăm în grabă de la București și nu avuserăm cum să-i mai anunțăm.

– Ei, eu vă las, să nu întârzii la serviciu.

Tinerii și-au continuat drumul spre blocul unde locuiau părinții ei. În fața blocului, Ovi a vrut sa o lase pe Dia să urce singură pentru că nu știa ce impresie ar face părinților ei, sosind neinvitat. Dia însă, a insistat să urce și să-l prezinte. Ajunși la ușă, când se pregăteau să sune la sonerie, au avut surpriza ca Angela, din nou, să deschidă ușa larg și să spună plina de bucurie:

– Intrați, vă așteptam!

Dia nu a părut mirată. Știa ea cum merge telefonul cu fir ori fără fir, prin blocul acela. Bineînțeles că nenea Fane a fugit la gară și a dat vestea cea mare: a venit Dia și cu prietenul ei. Așa că blocul era după ușă privind prin ”ochiul magic” pe cei doi care urcau scările. Cei mai vitregiți fiind cei de la etajul trei și patru, pentru că tinerii s-au oprit la etajul doi.

După ce Angela i-a îmbrățișat pe amândoi tinerii, i-a luat de mână ca pe doi copii și a intrat cu ei direct în sufragerie, unde erau deja în picioare Anica și Ghiță. Cei mai emoționați erau părinții, tinerii erau sfioși pentru început, dar încurajați și mai mult de Angela, au trecut de momentul critic, adică de prima lor întâlnire cu familia Diei. Angela era cea mai vorbăreață, înțelegând că părinții sunt reduși la tăcere, fiind emoționați cum nu au fost ei niciodată în viața lor și nu aveau cum să fie altfel decât așa, pentru că acum primeau în casa lor pe un posibil viitor ginere, iar ei erau viitorii socrii mici, sau mai bine zis erau pe cărarea aceasta a vieții. Primul care a hotărât să zică ceva a fost Ghiță.

– Bine a-ți venit, copii! Pe noi ne scuzați că suntem emoționați dar nu am știut că veniți. Acum ce ne anunță unul de la gară pe care-l trimise Fane Ceferistul. Ne luarăți pe nepregătite, dar punem și noi ceva pe masă imediat. Angela, tată fă tu ce trebuie.

Anica, cât era ea de vorbăreață, parcă uitase cuvintele. Doar privea și ochii care plângeau, sigur de bucurie, o trădau, iar cu mâinile frământa un șervet de masă din damasc, făcut de ea. Rămăsese așa de când venise tânărul acela trimis de Fane să le dea vestea. Ea plecase spre sufragerie să pună o față de masă nouă din damasc și șervețele necesare să primească musafirii cum se cuvenea. Reușise să pună fața de masă dar când să pună și șervețele intraseră copiii și se blocase complet. Dia a înțeles situația emoționantă în care era mama ei, așa că a luat-o după umeri, a sărutat-o și a prezentat-o lui Ovi.

– Ea este mama mea. O cheamă Anica. Este o mamă foarte bună, dar acum au copleșit-o emoțiile.

Ovi a făcut un pas în față, s-a aplecat respectuos și i-a sărutat mâna Anicăi. Apoi a șoptit mai mult decât a vorbit cu glas tare:

– Eu mă numesc Ovidiu. Îmi pare bine să vă cunosc.

Apoi s-a îndreptat către Ghiță, care îi întinsese o mână tremurândă și cu glasul un pic sugrumat i-a spus:

– Noi ne-am mai cunoscut, dar mă bucur că vă revăd.

Momentul emoțiilor a început să se topească, iar atmosfera în casă era veselă. S-au așezat cu toții în jurul mesei, ocupând scaunele și au început a povesti cum au ajuns la gară, în ce grabă au plecat și cu câtă nerăbdare au călătorit. Au evitat să spună despre ocupația lor la Institut, lăsând ca fiecare să-și spună povestea părinților lui.

Angela a adus repede o tavă cu ceva aperitive, care nu au picat rău, pentru că foamea le dădea târcoale celor doi tineri. Ghiță și Anica ar fi vrut să vorbească cu ei, dacă s-ar fi putut, până la ziuă. Dar Ovi s-a scuzat că nu poate rămâne mai mult, pentru că trebuie să ajungă și el acasă la părinții lui.

– Bine, dar cu ce vei merge la ora asta, când nu sunt nici autobuze spre satele vecine, nici părinții tăi nu știu că ai sosit în oraș? zise Ghiță, ca o gazdă bună și ca un părinte grijuliu. Apoi completă:

– Rămâi la noi până mâine când găsești o posibilitate să pleci spre casă.

Ovi a refuzat politicos.

– Mă descurc eu. Mă duc ori la gară de unde telefonez la Oficiul Poștal din sat, care se află în casa lui Nenea Mitru și sigur răspunde și-l anunță pe tata să vină cu mașina lui să mă ducă acasă. Sau pot să mă duc direct la Stația de Salvare, unde tata lucrează și poate este chiar de serviciu, ori găsesc un coleg de al lui care are cursă cu Salvarea în zona noastră și mă duce el.

– Ei bine, dacă ai așa posibilități. Dar te rog să-mi permiți să te însoțesc și eu. Este noapte și ar fi bine să nu fi singur. În orașul acesta este o lume pestriță, sunt și oameni buni dar sunt și din cei răi. Eu așa zic, acum rămâne să hotărăști tu.

– Aveți dreptate. Vă mulțumesc că v-ați gândit un pic mai departe decât mine.

Luându-și la revedere, Ovi a plecat însoțit de Ghiță. Anica își revenise din starea de emoții, iar la plecarea lui Ovi a găsit că este frumos să zică și ea două vorbe:

– Să mai vii pe la noi. Poate chiar într-una din zilele astea de Sărbători.

Ovi a mulțumit și a promis că așa va face și însoțit de Ghiță, au pornit la drum. Prima încercare pe care voia Ovi să o facă în scopul de a-l contacta pe tatăl său, a fost să meargă la Stația de Salvare, care se afla în incinta Spitalului Județean. Ovi făcuse studiile liceale în orașul Drobeta Turnu Severin și de câte ori avea să transmită ceva familiei, venea aici și găsea pe careva dintre colegii tatălui său, care avea o urgență în zona satului lor Vlădeni ori a satelor vecine și imediat părinții lui primeau înștiințarea respectivă. Chiar și când voia să ajungă urgent acasă și tatăl său nu era de serviciu, îl ajutau colegii lui. Era posibil și apelând Oficiul Postal din sat, pentru că Nenea Mitru era prieten cu toată lumea din sat și servea cu bună credință pe toți. De data acesta Ovi a preferat să meargă la Salvare, considerând că este noapte și dificil să-l scoată din casă pe nenea Mitru, cu toate că părinții lui Ovi locuiau în centrul satului. A preferat să facă prima încercare la Salvare. Ghiță l-a însoțit cu grijă părintească normală pentru orice om care este la rândul lui părinte și înțelege că toți copiii trebuie tratați ca și copiii proprii. Apoi Ovi ar fi putut să fie viitorul ginere și cu atât mai mult trebuia să fie atent cu el. Tot drumul parcurs împreună și pe picioare, pentru că Turnu Severin nu era un oraș atât de mare încât să nu-l poți străbate cu piciorul, au vorbit multe și mărunte dar nimic din ce ar fi vrut să audă Ghiță, ori Ovi să spună. Deci banalități. Ajunși în curtea Spitalului, Ovi a fost recunoscut de unul din șoferii de pe Salvare.

– Ovidiule, ce este cu tine aici? Cauți pe tatăl tău?

– Da, nene Marcule! Tata este cumva de serviciu?

– Nu! Mâine dimineață intră în tură. Ai vreo problemă? Spune-o mie. Poate te pot ajuta.

– Am, nene Marcule... Vreau să ajung acasă, am venit cu trenul de la București și nu am avut timp să-l anunț pe tata. Acum aș vrea să ajung acasă și m-am gândit că poate este el de serviciu. Nu prea știu ce să fac.

– Hai cu mine. Am o cursă la Ștircovița și te iau și pe tine, că oricum trec prin Vlădeni. Hai urcă.

Ovidiu, fericit că a rezolvat foarte repede și foarte bine problema, și-a luat rămas bun de la Ghiță și a dat să se urce în salvare, lângă șofer. Imediat a făcut un pas înapoi și ținând mâna lui în mâna groasă și muncita a lui Ghiță, l-a privit drept în ochi și i-a spus cu toată sinceritatea:

– Ne vom vedea curând. Vă mulțumesc pentru primirea pe care mi-ați făcut-o și vă promit că foarte curând ne vom revedea. Bună seara și vă mulțumesc că m-ați însoțit până aici.

Ghiță a plecat spre casă cu sufletul liniștit. În gândul lui își zicea: *„băiatul ăsta pare a fi om bun și bine crescut de părinți. Ei, dacă ar avea Dia mea norocul ăsta să se mărite cu el... Ar fi bine și de ea și de noi. Dar cine știe ce va fi... Bucureștiul este mare și tinerii de azi nu sunt ca noi, legați de casa părintească. Și dacă mă gândesc bine, nici noi nu am fost* *prea legați de părinți. Am plecat la oraș, am avut servicii și am câștigat banii necesari vieții. Că au fost mulți ori putini, Dumnezeu ne-a ajutat să trăim. Apoi o ajuta și copiilor aceștia"*. Ghiță și-a făcut o cruce mare în cerul gurii cu limba și a pornit spre casă. Acum timpurile erau că ți-era cam teamă să te închini așa oriunde, pentru că nu se știa cine te vede și te trezeai ori la *„gazeta de perete"* a Fabricii, ori cine știe cum și cât mai rău. Și așa cu gândurile lui, Ghiță a ajuns în fața blocului. În casă fetele vorbeau, povesteau iar Anica abia acum era în elementul ei, adică prinsese grai și poftă de vorbă. Rămase singure toate trei, după plecarea băieților, au început prin a se bucura de venirea celor doi tineri, dar Anica a remarcat imediat că Dia avea pantofi noi și un pardesiu elegant de o stofă ușoară ca fulgul și călduroasă.

– Măi Dia, ce frumoși pantofi ai! Or fi costat mult?

Dia evită să spună cât au costat pantofii, părând cu un zâmbet timid. Anica nu s-a lăsat și a continuat.

– Și pardesiul este elegant. Unde ai găsit tu așa lucruri frumoase și sigur scumpe?

Dia se vedea încolțită, așa că trebuia să spună că totul este cumpărat din banii munciți de ea la Institut.

– Eu muncesc în afara orelor de studiu la facultate, la Institutul Anei Aslan. Este un fel de Clinică în care oamenii bogați dar și mai puțin bogați, vin să-și trateze corpul să nu îmbătrânească rău, ori să-și repare anumite părți ale corpului, folosind serurile și cremele făcute în Laboratorul Institutului. Eu împreună cu mai mulți studenți, lucrăm ca voluntari acolo, dar suntem recompensați de Institut cu mici sume de bani, care pentru noi înseamnă mult. Așa am strâns și eu o sumă și am început să-mi cumpăr pantofi, un pardesiu, o rochie cu care să pot să merg în lumea aceea foarte bogată, elegantă, mă rog, o lume în care eu nu am trăit până acum, iar acum am rolul să primesc grupurile de turiști străini, să-i conduc la Clinică și apoi să-i las în seama specialiștilor de acolo. Lucrează și Ovidiu acolo, dar el este practicant în Laborator, acolo unde se prepară acele alifii minunate. Și el și-a cumpărat câte ceva, ba pantofi, ba un pardesiu. În felul acesta ne-am îmbrăcat și noi cât să fim cât decât în rândul lumii de acolo.

Anica amuțise. Angela era curioasă să afle despre acea lume bogată. Dar s-a întrerupt discuția când a venit Ghiță. Anica l-a luat la întrebări încă de la ușă.

– Ce făcurăți? Pleacă băiatul la părinții lui? Cu ce pleacă? Hai, măi omule, vorbește!

– Stai Anicuțo tată, că mă amețiși cu câte întrebări îmi puseși.

– Păi dacă tu ești mut. Hai, spune.

– Păi pleacă cu o Salvare de la stația de salvări, de la Spital, unde lucrează tatăl lui. Găsi băiatul pe un șofer care era coleg de serviciu cu tată-său și tocmai se nimeri să aibă o cursă într-un un sat vecin cu al lor, așa că plecă bucuros. Asta e tot. Ce să-ți mai spun?

Anica tăcu, fetele la fel tăcuseră dar Anica fierbea și nu știa cum să continue discuția cu Dia. Ei nu-i mirosea a bine chestia asta cu un Institut, cu bani de recompensă și cu hainele scumpe, ba noi, nouțe, că dacă spunea că le-a cumpărat de la reduceri, ori de la haine vechi din Târg, mai treacă, meargă, dar așa, nu părea lucru curat. Numai Bucureștiul ăsta strică fetele, își zicea ea în interiorul ei. Ba mai mult, dacă făcea școala de Moașe din Severin, era asistentă medicală, în halat alb și cu seringa în mână, nu cu sapa. Dar ea a vrut ingineră. Și eu și mai proastă ca ea, am fost de acord.

Uite așa fierbea Anica în interiorul ei și-i era frică să și spună ce gândește, că Ghiță abia acum o certa că nu l-a ascultat pe el să se ducă la facultate la Timișoara. Acolo ar fi fost mai aproape de ei și nu era Institutul ăsta, *„al cocoanei ăleia, cum o cheamă că uitai, cu boielile ei să fie frumoase femeile."*

Anica strângea farfuriile după masă, făcea curat în sufragerie și fierbea. Fetele se retrăseseră în dormitor la ele și vorbeau, râdeau, ba chicoteau pe înfundate, iar Ghiță habar nu avea. Cum a venit acasă, le-a spus pe scurt despre plecarea băiatului, apoi și-a luat pachetul cu țigări și s-a dus în bucătărie să fumeze liniștit. El era mulțumit. Dia era studentă la București și s-a împrietenit cu un băiat foarte bun. L-a cântărit el din priviri și și-a dat seama că este băiat serios. Apoi este și de oameni ca lumea, din părțile locului lor și uite așa Dumnezeu le-a aranjat bine pe toate. El acum se gândea să vadă ce face Angela cu facultatea. Apoi și ea zice că vrea să se duca la Timișoara. *„Foarte bine, draga tatii!"* Seara și-a stins strălucirea, iar ai casei s-au cufundat în somn. Mâine era o zi grea. Fetele erau la bucătărie cu Anica și el era de serviciu până seara. Picase bine tura, pentru că de Pasti era liber, deci era acasă cu fetele și cu scumpa de Anica. Și-a făcut o cruce mare pe frunte și s-a dus la culcare.

În dormitor fetele vorbeau în șoaptă. Dia îi povestea Angelei cum este munca ei la Institut, cum a cunoscut pe „Domnul Prinț", apoi pe marea Doamnă Ana Aslan, de care auzise așa ca din filme. Acum o întâlnește în fiecare zi, o salută iar Dânsa îi răspunde zâmbind. Apoi i-a povestit cum l-a convins și pe Ovi să vină și el la Institut. Acum este laborant în acel Laborator extraordinar de modern și numai oameni de știință lucrează acolo. Angela îi sorbea fiecare cuvânt. Începuse să se gândească să vină și ea la București. Dar dacă acolo este concurența mai mare și pică la examen? Și uite așa aproape că se lumina de ziua și ele abia au încheiat discuția.

Ghiță dormea tun în recamierul din sufragerie, iar Anica, imediat ce Ghiță a adormit, a fugit în bucătărie. A pus ibricul cu cafea la fiert și s-a cuibărit într-un fotoliu vechi pe care îi păruse rău să-l arunce; era el vechi dar destul de bun să-ți odihnești picioarele în bucătărie. Acolo, ghemuită cum a putut, Anica și-a petrecut marea parte din noapte, gândindu-se ce o fi cu fata ei cea mare, că lucru curat nu pare a fi. În final, răzbită de oboseală a concluzionat: numai Dumnezeu mai descurcă povestea asta. Măcar de s-ar mărita cu băiatul acesta. Om trăi și om vedea.

Ovi s-a urcat în Salvare alături de șofer și bucuros abia aștepta să ajungă acasă. Pe drum, să mai scoată o vorbă cu nenea șoferul, Ovi a povestit cum este Bucureștiul și viața de student. Șoferul îi sorbea fiecare cuvânt pentru că avea și el băiatul cel mare care termina în primăvara asta liceul în Severin și voia să meargă la facultate la Cibernetică, la Timișoara. Ovi, când a auzit, i-a spus plin de bucurie:

– La București este și secția aceasta. Acolo sunt foarte inteligenți studenții, iar facultatea nu este deloc ușoară. Dar de ce nu merge el la facultatea din București? Acolo are și alte perspective. Da, mă rog, dacă el vrea așa, este bine.

– El vrea ce aude vorbindu-se la școală cu colegii. Eu sunt șofer și mama lui este contabilă la CAP. Ce să știm noi ce este cu facultățile astea? Așa că ar fi bine să discute și cu tine. Câte zile stai acasă, acum?

– Patru.

– Ei, nu e timp să vorbești cu el. Abia să te vezi cu ai tăi. Cum o vrea Dumnezeu. Noi l-am dat și la pregătire particulară. Profesorii spun că este bine pregătit. Poate reușește la facultatea din Timișoara. Dacă nu reușește, îl înscriu la o postliceală de asistenți medicali, se face aici la noi. E muncă ușoară, în halat alb nu ca mine să tragă de volan toată ziua și când se defectează, mă bag sub mașină s-o repar și ies de acolo negru ca coșarul. Adică știi și tu de la tatăl tău. Câștigăm o pâine amară. Măcar voi să ajungeți domni.

Și așa, din vorbă în vorbă a trecut o oră și au ajuns în sat la Vlădeni. Era ora unsprezece noaptea. La Constantin și Maria, erau becurile aprinse în toată curtea și toată casa. Ca la palat. Ovi ajuns în fața porții, a sărit sprinten din mașină și s-a dus la portița curții să-l strige pe Constantin. Acesta fiind pe aproape și cunoscând motorul salvării a venit în fugă la poarta mică. Când l-a văzut pe Ovi s-a bucurat dar repede l-a întrebat:

– Ce s-a întâmplat?

Până să spună băiatul că nu s-a întâmplat nimic grav, din salvare șoferul, colegul său, l-a salutat cu un claxon scurt și cum timpul era pe fugă, i-a făcut un semn de salut și a pornit mașina la drum. Avea o urgență în satul vecin, o gravidă cerea ajutorul medicului și Salvării. Așa era viața lor, a șoferilor și a medicilor de pe Salvare. Erau tot timpul pe fugă, în lupta pentru salvarea vieții.

Ovi, bucuros, și-a îmbrățișat tatăl și cu privirea o căuta pe Maria. Aceasta era cu treburile prin casă, dar auzind un claxon la poartă, a fugit și ea în curte să vadă cine a venit. Venise Ovi, băiatul ei cel mic și cel mai mămos și cuminte, ca o fată, după cum zicea ea. De fapt ea dorise să fie fată, pentru că primul copil fusese băiat. Cum voia nu este la om ci la Dumnezeu și acesta a fost tot băiat. Băiat, dar o ajuta pe mama lui la bucătărie, curățându-i legumele, bătea cu telul ouăle pentru prăjituri, cocea pâinea când vedea că a crescut în postavă și Maria încă nu venise de la școală, că programul este de patru ore, dar obligațiile sunt mai multe și mai ales când lucrezi cu clasele mici de școlari. Deci Ovi era și băiatul și fata mamei. Și era lipicios nevoie mare!

Amândoi părinții, din priviri, îl întrebau același lucru:

– De ce nu ne-ai anunțat când vii, să te fi așteptat și noi la gara?

Ovi i-a luat pe amândoi de braț și intrând cu ei în casă, i-a așezat pe marginea unei canapele. Le-a spus să pună mâna la ochi și sa aștepte. Așa, cu ochii închiși au așteptat să apară surpriza. Din mica sacoșă de hârtie, singurul lui bagaj, a scos un parfum și o broșă pentru Maria, iar pentru Constantin o cutie cu cosmetice pentru bărbierit. Le-a pus în brațe la fiecare, iar ei chiar ca niște copii au deschis ochii și au privit acele daruri frumoase. S-au bucurat din suflet, dar prima întrebare a fost:

– De unde ai avut tu bani să cumperi aceste lucruri scumpe?

Atunci Ovi i-a luat pe după umeri pe amândoi și le-a povestit cum a ajuns el să lucreze în cel mai modern Institut de Gerontologie din București și poate din toată lumea, la acea dată a anilor 1970. Maria îl privea cu nespusă dragoste, l-a felicitat, iar Constantin, care era el șofer la Salvare, dar nu era încuiat la minte și mai auzise și el pe la doctorii care lucrau pe salvare despre un Institut de la București și despre o doctoriță Ana Aslan, l-a privit cu mult interes, parcă atunci îl vedea pentru prima dată, apoi i-a strâns mâna bărbătește și atât a mai putut să spună:

– Felicitări, fiule!

Plânsul i-a înecat glasul. În liniștea nopții erau toți trei în casă, dar parcă erau unul. Gândurile lor erau una, bucuria era tot una și somnul nu se lipea de niciunul.

A doua zi dis de dimineață, Constantin a plecat la serviciu. Ovi ar fi vrut să-i mai spună un amănunt foarte important la care se gândise peste noapte. Dar Constantin apucase să plece. Mintea lui Ovi ronțăia ca un șoricel foarte vrednic. Problema lui era că trebuia să găsească o posibilitate să ajungă la Dia, să vorbească cu ea despre cum se întâlnesc de Pasti și mai important cum vine și ea să-i cunoască părinții. Tot socotea dar nimic nu-i părea plauzibil. Singura speranță a lui a rămas sfatul Mariei.

– Mami, nu știu cum să fac să pot s-o aduc pe Dia aici la noi în ziua de Pasti...

– Ovi, știu eu o posibilitate. M-am gândit și eu la chestia asta, așa că în noaptea de Înviere, la noi tot satul este în picioare și merge la Biserică. Tu îl rogi pe fratele tău să te ia și pe tine când pleacă el după soția lui la Severin. Acolo ajunși, stabiliți o oră la care să va întâlniți și veniți amândoi cu fetele voastre. Apoi mergi și vorbești frumos cu părinții fetei, să nu aibă grijă că se întâmplă vreo supărare.

Ovi a ascultat cu atenție dar i s-a părut cam nepotrivită metoda. A rămas să mai se gândească el până mâine.

Toată ziua, Ovi nu a iest din bucătărie, ajutând-o pe mama lui la pregătirea bunătăților pentru masa festivă.

Constantin, la serviciu, a avut o tură grea, cu multe apeluri și multe cazuri, care mai grave decât altele. Seara a ajuns acasă obosit de abia a mâncat ceva și s-a culcat. Ovi ce să mai discute cu el, fiind așa de obosit. El își mai făcuse un plan, altfel decât al Mariei, dar trebuia să se sfătuiască cu tatăl său. Deci a rămas pe mâine, zi din ajunul Paștelui. Noaptea era Învierea!

Capitolul cincisprezece

Noaptea Sfântă, luminată

Dis de dimineață, Dia împreună cu Angela și sub directa îndrumare a Anicăi, au început pregătirile de ultimă oră, adică gătitul mielului, al drobului și multe alte bunătăți. Cu prăjiturile și cu vopsitul ouălor se descurcase Angela. Ghiță era tot la muncă, îi făcea o tură unui coleg care aștepta să-i vină niște musafiri și evident trebuia să fie acasă. Bucuria lui Ghiță era că el era liber în ziua de Paște.

În bucătărie, fetele împreună cu mama lor, muncind la preparatele din miel, mai vorbeau, mai glumeau, râdeau cu poftă. Anica se remontase datorită psihicului ei solid, care o ajuta să scape din multe griji. După ce analizase ea problema cu Dia, ajunsese la concluzia că nu era nimic grav că fata găsise să muncească cinstit și cu bănuții aceia se îmbrăcase. Păi care sa fie supărarea ei? Ea nu a putut să-i cumpere o pereche de ghete toată iarna. Fata a înțeles că sunt greutăți și nu a cerut mai mult, dar a înțeles să muncească și să se îmbrace. Foarte bine. Acum că vorbește și cu băiatul acela, iar este foarte bine. De asemenea este bine că l-au cunoscut și ei, adică ea și Ghiță, asta înseamnă că băiatul are gânduri serioase și este de oameni buni, cu stare, mai înseamnă că Dia scăpa de sărăcie. Ei și tot gândind și iar socotind și-a revenit la gândurile bune, alungând pe cele rele.

Era pe la miezul zilei, când Anica cu fetele definitivau ultimele amănunte asupra preparatelor făcute cu mâinile lor harnice. Noaptea era Învierea. Sigur, se duceau la biserica din apropierea casei lor, care avea un nume foarte simpatic *„La Căpităneasa"*. Biserica era o construcție veche, din timpuri mult îndepărtate, dar era foarte bine întreținută și cochetă. Poate va fi fost construită la indemnul unei soții de căpitan de vas. Cine știe...

Ghiță terminase serviciul și venise acasă bucuros să mai vorbească și el cu fetele. Așa fiind, toți în jurul mesei din bucătărie se înfruptau din preparatele de post pregătite de Anica. Glumeau și erau fericiți că se umpluse casa din nou. Dia a folosit momentul și s-a strecurat în sufragerie, unde aranjaseră masa pentru noaptea de Înviere și a pus câte un cadou pentru fiecare, zicând că este iepurașul. S-a întors în bucătărie și a așteptat momentul când va fi descoperit iepurașul ei. Dar momentul nu a întârziat. Angela s-a dus să mai decoreze cu rămurele verzi ouă roșii și când a văzut cutiuțele lângă tacâmuri, fiecare având un bilet cu numele, a păstrat secretul și nu a spus nimic părinților. Către Dia a făcut un semn discret că a văzut, dar așteaptă să-i surprindă pe cei doi părinți. Și masa de post s-a încheiat, fetele au rămas să strângă vasele, iar Ghiță s-a retras în sufragerie să se odihnească și Anica a venit și ea să mai deretice pe acolo. Au rămas muți amândoi. Cu mâinile tremurânde, s-au apropiat de masă și au găsit fiecare bilețelul cu numele lui, pus discret lângă un pachețel. Anica a desfăcut pachețelul și a găsit un parfum și o bancnotă de o valoare mare pentru ea, iar Ghiță a găsit o mașină de ras electrică, cu alifiile aferente bărbieritului și de asemenea o bancnotă importantă. Cu ochii plini de lacrimi, au venit la bucătărie și abia îngânând au spus:

– Mulțumim, draga tatii, am ajuns să ne dai tu cadouri. Doamne, ține-ne să ne bucurăm de viață.

Au urmat îmbrățișări, lacrimi, mulțumiri. Angela avea și ea cadoul ei, pe care-l primise noaptea trecută, când vorbeau ele. Dia nu a mai păstrat secretul și pentru ea. Darul ei era o sumă de bani cu care să-și cumpere pantofi noi de Paști. Știa ea nevoile surorii ei... Fiind sora mică, purtase tot ce nu se mai potrivea Diei. Nimic nu se arunca. Se cârpeau hăinuțele, pantofii se duceau la cizmar și se reparau, paltonul se întorcea cu stofa pe dos și-l cosea Anica și tot așa nu rămânea nimic nepurtat și de Angela. Acum era prima pereche de pantofi pe care-i va purta noi.

Timpul trecuse cu pregătirile pentru seara Luminată, cu poveștile, cu bucuria cadourilor... Părinții s-au retras să se odihnească puțin, iar fetele s-au dus în camera lor. Nici nu au ajuns bine în dormitor, că soneria sună lung. Ghiță se ridică anevoie și se duse să vadă cine-l caută și a rămas mirat. În ușă era Ovi cu tatăl său, un bărbat înalt, spătos și căruia i se citea pe față bunătatea.

– Bună ziua!

– Bună ziua! Nu mai întreb cine sunteți că-l vad pe Ovidiu și-mi dau seama.

– Da, eu sunt tatăl lui. Spuneți-mi Constantin.

– Poftiți, poftiți în casă.

În timpul acesta, Anica a venit și ea să întâmpine musafirii, bucurându-se că nu se culcase încă și nu deranjase patul, iar fetele au sărit precum căprioarele când au auzit cine este la ușă. Ghiță a poftit musafirii în sufragerie, le-a oferit câte un scaun și a făcut semn la fete să aducă ceva de servit. Constantin a văzut că oamenii aveau masa pregătită pentru seara de Pasti, așa că i-a potolit energia lui Ghiță cu o vorbă bună:

– Nu vă deranjați, că suntem veniți într-o vizită scurtă, că așa este când copiii cresc și noi îmbătrânim. Pe scurt, nu servim nimic acum că avem timp toată noaptea și mâine toată ziua.

– Măcar o prăjitură și un pahar cu apă, să ne stea și nouă pețitorii când or fi, zise Anica cu glas rugător.

– Păi aveți dreptate. Dar nu vă fie frică, că noi suntem petitorii. Și stăm, că de asta am venit.

Ghiță și Anica s-au îmbujorat la față, s-au emoționat, își frecau mâinile. Tăceau, parcă își înghițiseră limba.

Constantin a preluat conducerea discuției.

– Copiii noștri sunt colegi la facultate și se plac. Ce să zici când dragostea vorbește?! Eu am fost la serviciu și când am venit acasă, nu am mai scăpat de Ovidiu și de nevastă-mea, să venim să vă rugăm, daca vă face plăcere de noi, să poftiți în astă seară de Înviere, la noi la Vlădeni. Și bineînțeles, vă invităm cu fetele. Acum socotiți și Dumneavoastră cum credeți. Noi suntem cu două mașini, una a mea și una a băiatului cel mare și mergem acum. Avem unde să vă cazăm, avem de toate nu trebuie decât voie bună și plăcerea să ne cunoaștem.

Luați ca din oală, Ghiță și Anica s-au blocat, neștiind cum să hotărască să fie bine. Așa că Ghiță a grăit primul:

– Păi ne luarăți așa de repede că nu știm cum să facem, dar cel mai bine să spună fetele dacă vor, noi zicem ca ele.

Fetele săreau ca niște căprioare și Ovi între ele le ținea de mâini și jucau pe loc de bucurie. Deci fetele abia așteptau momentul să pornească spre casa lui Constantin și a Mariei. Încurcată de atâta emoție, Anica se scuză pentru câteva minute.

– Pe mine mă scuzați cinci minute, cât să pun și eu ceva din preparatele noastre într-un coșuleț.

După ce a pregătit *„coșulețul"*, Anica a fugit în camera fetelor să-și îmbrace taiorul ei cel bun la toate sărbătorile, fie ele de Paști, fie de Crăciun. Era o femeie cochetă, se îmbrăca cu gust, chiar dacă avea haine modeste. Așa gătită, a intrat în sufragerie unde bărbații se antrenaseră într-o discuție despre îngrijitul viței de vie, căreia i se apropia timpul de a fi stropită și săpată.

– Mă scuzați că vă întrerup.

Apoi i se adresează soțului ei:

– Ghiță, du-te și tu să te îmbraci frumos, de sărbătoare.

Ghiță s-a executat imediat. Știa el că Anica îi pregătise costumul de haine cel bun, adică de ocazie. Cum sărbătoarea Paștelui era o ocazie foarte importantă, sigur trebuia să se îmbrace numai în costum.

Gata pregătiți de drum, Anica a făcut un pas în bucătărie și a vrut să ridice *„coșulețul"* care era de fapt un ditamai coșul, plin cu toate bunătățile pregătite de ea și fetele ei. Când a văzut coșul, Constantin a prins a râde cu poftă și a zis:

– Stai cuscră, nu te grăbi cu coșul ăsta așa plin. Avem și noi de toate pregătite acasă.

– Păi, cuscre, zic să fie și de la noi ceva pregătiri.

– Nu-ți fie frică, cuscră, nu rămân nemâncate. Păi din ce vad eu, copiii ăștia ai noștri ne cam aduc în următoarele zile ale Paștelui, să venim împețiți. Așa că lasă coșul acasă, că avem și de el grijă să-l mâncăm mâine, poimâine.

Anica simțea că bucuria o copleșește și o ia cu amețeli. Așa că se trezi zicând:

– Poftiți, poftiți să veniți. Vă așteptăm cu drag.

Constantin râdea cu poftă, copiii săreau de bucurie, iar Ghiță cu o figură de mucalit, puțin și emoționat, nu a mai găsit ce să zică, decât se scărpina în cap, ca omul copleșit de emoții și apoi a adăugat câteva cuvinte:

– Bine, bine noi ne înțeleserăm cu cuscria dar copiii ce zic?

Toate privirile au căzut pe grupul celor trei tineri: Dia, Angela și Ovi. Aceștia au avut cea mai firească atitudine. S-au luat toți trei în brațe și jucau de bucurie. Ovi s-a rupt din mica horă a bucuriei și îngenunchind în fața Diei, a întrebat-o cu glas tremurat:

– Dia, vrei sa fii soția mea?

Dia nu a așteptat nici o clipă să răspundă:

– Da, da, da!

Apoi s-au îmbrățișat cu o sinceritate și afecțiune imensă, atât de mare încât abia încăpea în cele două inimi tinere.

Cei prezenți mai lăcrimau de bucurie, mai zâmbeau, dar Anica nu și-a pierdut capul, ci repede a fugit la bucătărie și a venit cu un vin roze, parfumat cum nu se putea găsi altul. Fetele au așezat paharele, iar Ghiță, căruia îi trecuse și emoția și amețeala și încurcătura, a preluat conducerea momentului, ca un stăpân al casei.

– Haideți să udăm acest moment fericit. Să trăiți tată, fericiți și mulți, mulți ani! Iar noi, cuscre, să fim sănătoși alături de ei!

Constantin nu putea gusta minunăția de vin, pentru că el era șofer, dar a găsit să motiveze că vrea să fie și cu soția lui alături când se va bea paharul cu vin, pecetea împlinirii dragostei tinerilor în fata lui Hristos!

Jos, în fața blocului, așteptau cele două mașini Dacia. Una era condusă de Constantin, având ca pasageri pe Anica și Ghiță și cea de-a doua pereche de cuscri, părinții Elenei, soția lui Mircea. Mașina a doua era condusă chiar de Mircea. Această mașină avea pasagerii cei mai veseli, cei mai tineri și mai frumoși: erau grupul tinereții, iubirii, veseliei. Cu voie bună și cu multă speranță într-un viitor frumos, cele două mașini au pornit spre satul Vlădeni. Într-o oră, grupul veseliei a ajuns la poarta lui Constantin. Un claxonat lung, asurzitor, dar care o anunța pe Maria să iese la poartă, s-o deschidă larg, pentru că veneau copiii și cuscrii.

Maria era într-o alergare continuă. Mai găsea câte ceva care trebuia pus pe masă, mai îndrepta un tacâm pus strâmb (după părerea ei, care acum era foarte exigentă), sau mai aducea un platou cu fel de fel de aperitive. Când a auzit claxoanele la poartă, a știut că vin musafirii. A fugit să le deschidă larg porțile mari, dar trecând grăbită prin fața oglinzii din hol, și-a mai aranjat puțin părul coafat scurt, iar rochia și-a mai potrivit-o încă odată. Avea emoții mai mari decât la examenele de grad. Cu pasul ei ușor și sprinten, a ajuns la poartă și deghizând-o larg, a spus vechea formulă de politețe:

– Poftiți, poftiți! Vă așteptam cu drag!

Oaspeții au coborât din mașini, iar Maria le-a îmbrățișat pe cuscre cu multă căldură, parcă se cunoșteau de când lumea și pământul. Bărbații, mai sobri dar emoționați, au sărutat mâna Mariei și cu un tremur în glas, abia au putut să șoptească tradiționalul: *„bine v-am găsit!”*

Cu toții au urcat treptele de piatră ale casei, o superbă casă în stil florentin, construită în anii interbelici de stră, străbunici. Masa era deja aranjată de Maria, iar meniul era de post la acea oră a după amiezii. Noaptea urma sfânta Înviere! Se ținea post, iar în lumea satelor era un respect foarte mare pentru sărbătoarea Învierii Domnului Isus Hristos. Postul în această zi era sfânt. Nimeni nici măcar nu îndrăznea să se gândească la încălcarea lui. Dacă este voie bună între oameni, nu contează dacă bucatele sunt de post ori sunt de dulce. Așa că mesenii Mariei și ai lui Constantin s-au înfruptat din bunătățile preparate de gazdă și au vorbit, au povestit, au pus la cale multe, chiar și nunta lui Ovi.

În acest timp satul vuia. Sătenii care se întâmplase să fie pe drum, ori în apropierea casei lui Constantin, au auzit claxoanele mașinilor care intrau în curtea lui și a Mariei. Sigur au mai zăbovit câteva clipe, găsindu-și de vorbă chiar în acel moment. Au văzut cum mașinile erau pline cu persoane care parcă nu mai veniseră în casa lui Constantin. Mai mult, chiar erau vesele, deci era ceva anume. Ce sa fie? Nu au bănuit că sunt chiar cuscrii lui Constantin. Și totuși, din cealaltă mașină au coborât băieții lui Constantin și ai Mariei. Dar lucru curios, au coborât și trei fete. Ei, aici este aici. Una dintre fete era soția lui Mircea, dar ce era cu celelalte două?! Deci la casa doamnei învățătoare Maria și a lui Nea Costică, cum îi ziceau consătenii, nu era rost de însurătoare. Deci o fi o petrecere, că așa mai petrece omul de Paști. După ce s-au adunat în răscruci, adică la întretăierea mai multor drumuri ce duceau în toate zonele satului, s-au sfătuit sătenii tineri și vreo doi bătrâni ai satului, întâmplându-se chiar la acea oră din după amiază în preajma acelei gospodării cu casa mare și bine îngrijită. Totuși bănuiala plutea în mintea fiecăruia dar nu știau cum să o explice. Sătui de atâta vorbă, unul dintre cei gură cască prin sat și-a privit ceasul de la mână și și-a dat seama că se apropie amurgul și apoi Soarele scăpătă după deal și vine seara. Se apropia Învierea.

– Hai bă acasă, că vine Învierea peste câteva ore și noi stăm gură cască pe drum.

– Că bine zici. Hai acasă că vedem noi la noapte cu cine vine Nea Costică la Biserică.

Până la ora Învierii, tot satul știa și vorbea despre musafirii lui Nea Costică.

La miezul nopții, satul era o lumină în inimile sătenilor și a tuturor sufletelor venite la Biserica din sat. Lumânările luminau curtea Bisericii, toate ulițele, toate casele, toate curțile. Oamenii veneau cu lumânările aprinse pentru a da starea de basm, de veghe, de așteptare a Învierii

Domnului Iisus Hristos. Ajunși în curtea Bisericii, își pregăteau lumânările neîncepute, cu care era întâmpinată lumina Învierii. Când preotul a ieșit la miezul nopții cu făclia de lumină, zicând: *„veniți de luați Lumină!"*, tot satul s-a așezat într-o ordine anume: bărbații erau primii care luau Lumină, apoi femeile și copiii. Aceasta era deja o datină care se respecta cu sfințenie. Pe când slujba continua în Biserică, tot satul aștepta răbdător ora când puteau să ia bucățica de pâine sfințită, care se numea Pași, când cântau cocoșii de trei ori, la ora trei noaptea. Atunci slujba se termina iar tot omul își scotea din buzunar primul ou roșu pe care-l ciocnea cu cel mai iubit om din casa lui, din viața lui. Apoi continua maratonul ouălor ciocnite care nu se oprea nici în noaptea Luminată, nici în zilele următoare. Sute de ouă se înroșeau, sute de ouă se ciocneau, astfel că nu era casă să nu aibă cel puțin un coș plin cu ouă ciocnite, și un altul cu ouă întregi, care așteptau următoarea masă când erau și ele trecute în coșul cu ouă ciocnite.

În noaptea Luminată, casa lui Constantin și a Mariei era ca o torță ce lumina în toată curtea, în toate ungherele ei. Becurile luminau ca ziua, toată gospodăria. În acest timp ei erau la Biserică, așteptând cu răbdare și evlavie momentul suprem, când preotul anunța Învierea Domnului Iisus Hristos. Sătenii, vecinii, prietenii și chiar rudele, aruncau priviri curioase către musafirii lor. Ovi fiind însoțit de iubita lui, a fost deconspirat și catalogat ca fiind viitorul tânăr căsătorit. Satul a înțeles că se pregătește a doua nuntă, așa cum au înțeles și rostul mașinilor sosite acasă la Constantin. Gura satului este slobodă și de ea nu scăpa nimeni.

De la Biserică s-a mers acasă, unde era pregătită o masă în stil tradițional românesc. Adică ouăle roșii și drobul de miel, alături de brânzeturi, compuneau aperitivul, iar mielul prăjit în cuptorul de cărămidă, alături de garnituri diferite, gătite de mâinile Mariei, umpleau platourile aflate pe mijlocul mesei. În pahare strălucea culoarea rozalie a vinului, ori galbenă ca lămâia a pelinului, un soi foarte apreciat de meseni, care reprezenta mândria lui Constantin, el fiind autorul acestui soi de vin. Aproape că este inutil să mai vorbim despre prăjiturile care încărcau masa și parfumau încăperea cu aromele de esență de rom, de vanilie și de coajă de lămâie, din lămâiul casei, bineînțeles.

Dacă prima zi de Paște a fost sărbătorită în casa Mariei și lui Constantin, a doua zi au pornit cu mașinile la Turnu Severin la invitația lui Ghiță și a Anicăi. Aici era o atmosferă de sărbătoare ca la bloc. Locatarii ieșiseră în fața blocului, fiecare cu câte o prăjitură, un ou roșu și nelipsitul vin de buturugă, cum se zice la țară. Când cele două mașini au parcat în fața blocului, toți vecinii Anicăi și ai lui Ghiță s-au bucurat foarte mult. Aplaudau, se îmbrățișau cu musafirii sosiți și nu conteneau cu urările de sănătate și belșug în casele lor și ale tinerilor ce-și vor uni destinele. Era clar pentru toți că va urma o căsătorie, iar acești musafiri nu sunt decât pețitorii Diei.

În sufrageria Anicăi și lui Ghiță s-au pus la cale toate amănuntele referitoare la nuntă. Constantin propunea să facă o logodnă anul acesta și nunta în anul următor. Ei își luau responsabilitatea a tot ce era necesar. Adică zicea:

– Vin și țuică am din belșug. Carne am destulă, adică am porci și cumpăr un vițel. De prăjituri nu mă vait că are Maria rețete și ajutoare colegele ei de la școală, adică profesoare, educatoare. Ce mai trebuie? Lăutarii? Este rezolvată problema asta. Am o cunoștință serioasă care cunoaște un grup de lăutari de la sârbii din partea noastră, a românilor. Au cântat toate nunțile de pe malul românesc al Dunării. Ce mai trebuie? Nașii? Avem nașii noștri care de trei generații ne cunună și ne botează copiii. Altceva ce mai trebuie? Se rezolvă pe loc.

Cuscrii din partea lui Mircea au fost încântați, cu atât mai mult cu cât ei deja trecuseră prin această experiență și tot ce era mai greu fusese luat de Constantin asupra lui. Dar Anica învârtea o batistă în mână și nu reușea să-și potolească lacrimile. Înghițea în sec și tăcea. Constantin observă și imediat interveni:

– Ce s-a întâmplat, cuscră? Am zis ceva rău? Te ascult.

– Păi cuscre, eu am un of pe inimă și nu pot să trec de el.

– Ia să-l ascultăm, cuscră.

– Păi eu și cu Ghiță al meu ne-am luat din drag, dar nu am ascultat de părinți și am fugit amândoi. Părinții ne-au iertat, dar nu au putut să moară până nu le-am promis că eu am să am grijă de fetele mele. Eu am vorbit cu ele și sunt sigură că m-au înțeles, dar dacă lăsăm să mai treacă un an, din ce vad eu cât se plac Dia mea și Ovi al dumneavoastră, este prea mult și tinerețea își cere drepturile. Eu zic să facem o nuntă mică, în familie, dar s-o facem cât de curând.

Eu vreau ca fata mea să jure în fata lui Dumnezeu în Biserică, credința ei curată față de Ovi.

Și lacrimile curgeau șirag de perle pe obrajii ei. Toți prezenți au tăcut. S-a lăsat o liniște apăsătoare. Se auzeau doar sughițurile Anicăi. Constantin, cu fruntea crispată a privit-o în ochi pe Maria, soția sa. Ei se înțelegeau câteodată chiar și din priviri. Maria stătea cu fruntea plecată, parcă frământa ceva acolo în mintea ei. Repede își ridică privirea limpede, clara și-i țintui privirea soțului ei. Constantin, parcă trezit dintr-un somn, se scutură puțin și cu capul sus și privirea țintă la Maria spuse:

– Bine! Facem nunta celor mici imediat ce termină anul universitar. Eu răspund de tot.

Atmosfera s-a destins și toată lumea era mulțumită. Tinerii au înțeles că vor fi în curând ginere și mireasă, lucru ce-și doreau, dar nu era la ei hotărârea din punct de vedere material, tradițional și câte și mai câte.

Spre seară, în aceeași zi a hotărârilor, Dia și Ovi urmau să plece cu primul tren spre București, deoarece le expira biletul de voie de la Institut, precum și mini vacanța universitară.

Capitolul șaisprezece

Bat clopote de nuntă

Tinerii au ajuns cu bine la București și și-au reluat ritmul agitat al vieții lor. Adică dimineața alergau să ajungă la facultate, la prânz alergau să ajungă la Institut, iar seara se retrăgeau în sala de studiu a căminului, unde până târziu în noapte, studiau. Erau prinși în iureșul vieții lor, încât pentru ei, pregătirile de nuntă erau ceva firesc să fie în sarcina părinților, iar din partea lor gândeau că este suficient să fie prezenți la momentul hotărât de cei de acasă. Era o discuție și cu acel moment, adică să se încheie sesiunea studențească și să obțină învoire de la Institut. Acestea fiind niște griji minore, din punctul lor de vedere, nu necesitau grabă. Și zilele treceau și sesiunea începuse, iar toată concentrarea lor nervoasă nu mai permitea alte preocupări. La căminul fetelor a sosit o scrisoare pentru Dia. Tanti portăreasa o tot căuta pe fată să-i înmâneze plicul, dar nu dădea de ea, fiind plecată tot timpul și doar seara revenind la cămin. Așa că plicul destinat ei, stătea pe masa portăresei, așteptând destinatarul. Aceeași soartă o avea și plicul destinat lui Ovi. Adică aștepta destinatarul, plicul odihnindu-se pe masa portarului de la căminul de băieți. Peste plicurile vechi se așezau altele și tot așa, grămăjoara creștea. Portarii făceau curățenie la câteva zile și tot ce nu era revendicat de studenții care locuiau în acel cămin, se arunca la coșul cu gunoi. Dia și Ovi habar nu aveau că au un plic cu o scrisoare care aștepta să fie citită. Și ce plic! Sosit tocmai de la părinți! Cum nu erau obișnuiți să primească scrisori, nici nu controlau biroul portarului, unde erau depozitate toate corespondențele studenților din acele cămine.

Anica și Maria, văzând că timpul trece și copiii nu răspund la scrisorile lor, au înțeles că nu au ajuns la ei acele scrisori, au înțeles că așa este viața de student la cămin și au hotărât că urgent trebuie să se întâlnească cu cuscrii și să hotărască ce vor face în privința toaletelor celor doi miri, Dia și Ovi. Constantin, văzând că gluma se îngroașă, că vine nunta, vin copiii acasă și nu au haine de ginere și mireasă, propune Mariei să se ducă el cu mașina până la București și acolo să găsească el un magazin unde să-i îmbrace pe amândoi, în ginere și mireasă. Dar au sărit cuscrele amândouă:

– Cum să îmbrăcăm copiii în cine știe ce lucruri din talcioc?

Era timpul anilor 1970, când rochiile de mireasă se confecționau încă la croitoreasă, pentru că nu exista o industrie care să le producă pe bandă rulantă, așa cum se va întâmpla peste 20 ani. Ce să mai vorbim de un costum bărbătesc, care se lucra la cel mai renumit atelier de croitorie din orașul în care se serba nunta. Deci Maria și Anica i-au respins propunerea lui Constantin; a căzut și încercarea să le trimită scrisoare copiilor să găsească ei în București niște ateliere bune care să le coase toaletele de nuntă, iar singura și ultima variantă posibilă era ca Anica să cumpere o mătase frumoasă pentru rochia de mireasă, pe care să o lucreze ea, fiind și pricepută și știind și gusturile fiicei sale, Dia. Până aici toate bune și frumoase, cuscrele s-au înțeles, cu atât mai mult cu cât Anica avea măsurile Diei, lucrându-i mereu câte ceva de îmbrăcăminte. Dar marea problemă devenea Ovi, care era băiat, necesita un costum care să-i vină ca turnat pe corp. Maria (tot o mamă a salvat situația), a fugit la atelierul de croitorie din Severin, unde-i lucrase ultimul costum elegant, de student, că pleca și el la București și să fie în rândul tinerilor de acolo. A avut noroc că l-a găsit chiar pe Ion, croitorul care-i lucrase ultimul costum. Cu lacrimi în ochi l-a rugat să nu o refuze.

– Domnu Ion, te rog din tot sufletul, nu mă refuza. Știu că ai comenzi multe, dar am băiatul cel mic ginere peste două săptămâni. El este student la București și nu poate veni la probe, știi dumneata.

– Păi cum să-i fac costumul, doamnă, dacă el nu vine la probe?

– Domnul Ion, te rog ca pe Dumnezeu, fă ceva și lucrează acest costum după măsurile vechi. Tot așa arată. Nu s-a mai îngrășat, că nu a avut din ce, fiindcă mănâncă la cantina studențească.

– Doamnă eu înțeleg, dar dacă nu-i vine bine costumul, ce fac?

– Pe răspunderea mea, îl faci că-i vine bine. Și chiar de are nevoie de o modificare, noi nu ne plângem, găsim noi cum s-o rezolvăm.

– Păi cum o rezolvați?

– Ei, venim tot la dumneata și te rugam în genunchi, de o fi nevoie și nu cred să ne lași fără rezolvare.

Croitorul, înduplecat, cu inima strânsă, a zis:

– Bine Doamnă. O fac și pe asta, că nu am mai făcut așa ceva.

Maria a plecat mulțumită că a reușit să-l înduplece pe croitor. Mergea pe stradă și se gândea:

– Doamne, chiar are dreptate bietul croitor, cum să lucreze un costum fără manechin? Acum că a acceptat, cum o fi așa îl îmbracă.

Probleme și emoții erau și la Ghiță și Anica. Venise vremea ca Angela să plece la Timișoara să-și dea examenul de admitere la facultate. Fata învăța toată ziua și mai prindea și din noapte câteva ore. Era foarte ambițioasă și nu voia să se lase mai prejos decât sora ei. Părinții nu îndrăzneau să zică nici un cuvânt. O lăsau să-și încerce și ea norocul. Dacă ar fi fost după voia lor, ar fi îndrumat-o să se înscrie la examenul de la Școala Post Liceală Sanitară, adică după spusele Anicăi, la școala de moașe. Socotise ea că era de numai doi ani și ieșea cu o meserie bună, bănoasă, curată și nu pleacă de acasă. Dar nu avea curajul să-i dea acest sfat Angelei, pentru că ar fi înțeles fetele că se face deosebire între ele. Adică Dia era studentă la București și va fi profesoară ori ingineră, iar Angela să fie o moașă cu doi ani de școală?! Nu se putea așa ceva. Angela, pe de altă parte, se gândise că dacă nu reușește la examenul de la Timișoara, se înscrie la Școala Sanitară din Severin, care ținea examenele după perioada admiterilor la facultate. Angela era o ființă inteligentă și cu un puternic simț al practicului. Ea se adapta imediat situației prezente, era optimistă și foarte realistă asupra pregătirii ei școlare. Simțea că va face față examenului de admitere la facultate, dar nereușita nu o lua în tragic, ci avea planul „B", adică Școala Sanitară, unde nu-și punea problema că nu va reuși.

Ghiță și Anica nici nu aveau habar de gândurile Angelei, cu atât mai mult cu cât erau prinși cu nunta Diei și pregătirile ei. Apoi, când se mai întâlneau ei dimineața la cafeaua din bucătărie, își mai dădeau cu părerea, căci altă putere nu aveau.

– Măi Ghiță, ce facem măi omule cu fata asta, cu Angela? Învață zi și noapte! O fi deșteaptă și o lua examenul ăla la Timișoara, dar cu ce o ținem acolo? Mai veni și nunta Diei peste noi...

– Lasă Anicuțo tată, că Dumnezeu este mare și ne-o ajuta și nouă să ieșim și din încurcătura asta.

– Auzi Ghiță, chestia asta cu Dumnezeu eu o pricep, că tot la El am și eu nădejdea, dar ce facem de bani acum, când Angela pleacă la Timișoara, iar Dia este mireasă peste doua săptămâni?!

– Ce facem, ce facem? Prea ești și tu pisăloagă.

– Adică, Ghiță facem ce am făcut și pentru Dia când a plecat la București?

– Ei vezi, că ești fată deșteaptă?

– Deșteaptă, zici? Vai de capul nostru! Păi ce am făcut pentru Dia? Am făcut un împrumut la CAR și am rezolvat fata. Dar acum ce împrumut să mai facem, că trebuie să avem și de nuntă și pentru Angela de plecat la Timișoara. De unde, Ghiță?

– Știi ceva, Anico? Mă doare capul. Lasă că vedem noi ce facem.

Și Anica a rămas să socotească banii pe care nu-i avea, iar Ghiță și-a luat scurteica de fâș, că era un pic de vânt afară și a plecat să se plimbe și să socotească în tihnă. Anica avea dreptate, dar așa era ea, nerăbdătoare, să le facă pe toate odată. Ghiță socotea altfel. Peste două zile, Angela pleca la facultate la Timișoara, deci trebuia să-i dea măcar cinci sute de lei, să-i aibă la drum și într-un oraș străin. Cazarea era la Cămin și costa puțin, iar restul pentru mâncare, mai pe economie, îi ajungea. De unde să-i ia pe cei cinci sute de lei? Din leafa lui, că doar avea și el o leafă de o mie și cinci sute de lei. Deci cu Angela a rezolvat problema. Acum venea și nunta Diei. Altă problemă grea. Tocmai din acest motiv și-a depus el cererea la CAR-ul de la serviciul lui și a solicitat cât este maximum pentru împrumut, adică zece mii de lei. Cu banii ăștia se duce la nuntă la Dia și o pornește la drum la facultate și pe Angela. Și gata, și-a aranjat toată leafa pentru un an de zile. Socoteala lui Ghiță era bună, dar nu avea curaj să i-o spună Anicăi, că lua foc imediat. Cum să fie datori vânduți pentru un an? Ghiță se încuraja singur și-și zicea în sinea lui: *„o las eu pe Anica să fiarbă un pic și când o fi cu apa la gură, adică fetele trebuiesc rezolvate la timpul potrivit, eu scot banii și-i pun pe masă. Na Anico, să zici tu că nu ai avut noroc pe lume cu un bărbat ca mine!"*

Cu gândurile mai aerisite, Ghiță a revenit acasă. Anica era în bucătărie, pregătea o gustare pentru Angela care pleca la drum chiar mâine. Angela citea și tot făcea notițe, încât Ghiță zicea în gândul lui: *„dacă învățam eu așa ca fetele astea ale mele, popă mă făcea tata! Dar așa cum știi tu Ghiță, că ai fost cam fără chef de învățătură, nici popă nu te-ai făcut, dar ai nemerit bine la meserie și nu a fost rău, nici așa!"*

Ziua de mâine a sosit și Angela și-a pus o rochiță de stambă înflorată, aproape nouă, rămasă de la Dia, și-a luat cărțile într-un plic de piele cam ros pe la colțuri, dar care mergea de minune cu statutul de candidat la studenție și așa gătită, a luat sacoșa de la Anica cu cele de-ale gurii, iar Ghiță a condus-o la gară. Anica i-a strecurat în buzunărelul rochiței trei sute de lei, cât avea și ea puse la păstrare. Ghiță s-a gândit că nu trebuie să rămână mai jos și a plusat:

– Și uite și de la tata cinci sute de lei.

Angela i-a îmbrățișat pe amândoi. Fiecare își ascundea privirea să nu fie văzuți că lacrimile le jucau în ochi. Până la urmă au pornit la gară toți trei. Aici au urcat-o în tren, iar Angela, fiind o fire curajoasă, i-a încurajat și pe cei doi părinți, care priveau cum pleacă în lume și fata cea mică, iar ei rămâneau singuri, precum păsările care-și cresc puii în cuib și apoi puii, își iau zborul...

Drumul de înapoiere spre casă era așa lung... Tăceau și mergeau... Ajunși acasă au intrat în bucătărie, acolo unde au construit ei toate visele lor, acolo unde s-au sfătuit când aveau greutățile inerente vieții, acolo unde erau patru inși la masă și acum rămăseseră doar doi.

– Ghiță, vrei o cafea?

– Vreau și două.

– Auzi Ghiță, de unde avuseși tu cei cinci sute de lei?

– Păi din leafa de am luat-o ieri.

– Și eu tot din leafa de pe luna asta.

S-au așezat la masă, și-au împreunat mâinile lor muncite cu care crescuseră două fete și privindu-se în ochi au început a zice:

„Tatăl nostru care ești în Ceruri...
Sfințească-se numele Tău
Vie împărăția ta,
Facă-se voia Ta
Precum în Cer așa și pe pământ...”

...

A doua zi s-au trezit cu gândurile concentrate pe problemele privind nunta Diei. Toate trebuiesc făcute la timpul lor, iar acum urgența care sosise și trebuia să fie rezolvată, era pregătirile pentru nuntă.

Și totuși, cele mai grele probleme erau rezolvate. Sau așa credeau ei, socrii mari și mici. Neprevăzutul pândește la fiecare colț. Dacă nu ar fi așa, nu ar avea haz povestirea despre cum a fost la nunta copiilor, caci din bătrâni se spune: *„nu este nuntă fără plâns și nici moarte fără râs!”* Acum fiind rezolvate și problemele hainelor de mire și mireasă, nu mai rămâneau decât treburile de bucătărie privind prepararea meniului și servirea la masă, care era rezolvată cu ajutorul zecilor de fini pe care-i aveau Constantin și Maria. Trebuia găsit un bărbat, adică un fin, serios și să nu fie bețiv, care să răspundă de băutura depozitata în beciul casei. El urma să dirijeze ce se duce la mese ca băutură și tot el încărca sticlele din butoaiele rânduite în beci, după calitatea vinului și a țuicii. Aici era mai complicat să găsești pe cineva de care sa fie sigur că tot trăgând cu furtunul din butoi, nu mai înghite câte o gură din licoare. Și nu era pagubă că ia o înghițitură, dar câte o înghițitură ici, una colo, se făcea cuc și altă pasăre măiastră. Și nu era nici asta o pagubă, dar era o tragedie, pe cine pui la beci să distribuie băutură, când nunta era în toi și toți mesenii aveau chef de petrecere? Aproape că nu aveai cu cine să te înțelegi. Deci era o mare problemă cine să fie pivnicerul...

Maria avea alte probleme, cu privire la cozonacii și prăjiturile pentru nuntă. Să nu uităm că suntem în anii 1970 când nu aveai unde să comanzi dulciurile și să-ți vină acasă chiar în ziua nunții. Trebuia să aranjezi cu gospodinele pricepute, cu renume în sat, care să pregătească cozonacii, o prăjitură foarte bună și solicitată la nunți, dar care nu-i reușea oricărei gospodine. Tot satul aducea pișcoturi și cornulețe în vinerea nunții, ca atenție pentru socrii, dar cozonacii nu erau la priceperea oricui. Poate de aceea erau și căutați, preferați de toți nuntașii. Și totuși, Maria știa câteva profesoare din sat, care făceau niște cozonaci pufoși și tortul miresei cu șapte etaje.

Era ceva de vis. Numai că aceste gospodine nu lucrau pentru tot satul, ci unde aveau o prietenie, altfel nu se angajau. Pentru Maria, nu numai că nu au așteptat să fie rugate, dar s-au oferit singure, iar pentru tortul miresei au spus că este surpriza lor, ce nu a avut nimeni la nici o nuntă din câte au fost în satul lor. Deja o băgaseră pe Maria în ceață. Ea, care ar fi vrut să fie aranjat totul la milimetru, acum la tortul miresei era în fața unei surprize totale. Nu au vrut profesoarele să spună ce vor prepara, nici picate cu ceară. Maria nu era prea îngrijorată, că știa ea ce calitate de dulciuri preparau colegele ei de cancelarie. Mai rar așa lume.

Și când credeau socrii și mici și mari că treburile sunt aranjate și doar așteaptă să treacă zilele până la nunta ce urma să fie, iată că Preotul Bivolaru se gândea că pe el nu-l întreabă nimeni de nimic. Și ce nuntă este aceea fără preot? Cum socrii mari alergau în toate părțile, ba la servici, ba la pregătirile pentru nuntă, nu-i găseai acasă dispuși de discuție. Cu socrii mici, nici nu se punea problema să-i găsești, că erau la oraș, la Severin, tot așa la servici și acasă, cu pregătirile de nuntă. Anica lucra cu spor rochia de mireasă a Diei, dar mai lucra și rochia de domnișoară de onoare a Angelei. De acolo, de unde nu era, a mai scos banii de o rochie frumoasă pentru fata cea mică. Anica și Ghiță aveau eternele lor toalete: taiorul Anicăi și costumul bărbătesc al lui Ghiță. Când nu ai din ce alege, ești mai fericit decât cel care are din ce alege, pentru că cel care are mai multe toalete, are impresia că nu a ales pe cea mai frumoasă. Dar acela mai amărât, care are o toaletă și bună, este fericit și mândru că altfel nici că putea fi mai elegant.

Problema cu Preotul satului se acutiza. Și totuși trebuia luat în seamă și el.

Constantin, în toată fierberea și alergarea de o avea, a înțeles că trebuie să-i facă o vizită și Preotului, cu atât mai mult cu cât era și vecin cu casa lui, cei drept că era peste drum, dar tot vecini se chemau. Într-o seară, când abia dădea semne întunericul că se lasă peste sat, Constantin a bătut la poarta preotului Bivolaru. În sat erau doi preoți, care își împărțiseră între ei gospodăriile pe care le păstoreau. Preotul Bivolaru se ocupa partea de răsărit a satului și preotul Tănase, răspundea de cealaltă parte. Familia lui Constantin se afla în grija preotului Bivolaru, la a cărui poartă se afla el acum. Din prispa casei, Preotul l-a zărit și s-a dus la poartă să-i deschidă, iar în timp ce Preotul mergea către poartă, Coana Preoteasă, a fugit repede în casă, aducând o cană mare de sticlă cu apă rece și o tavă cu prăjituri. Pe prispa casei, lucrată din lemn șlefuit și lăcuit, Coana Preoteasă avea o măsuță din răchită împletită, două fotolii, de asemenea din răchită, iar pe pardoseala curată și bine lustruită, era o scoarță oltenească care făcea parte din zestrea ei de fată. Această prispă avea rolul de terasă de primire a musafirilor pe timp de vară. Iarna, musafirii erau primiți în holul de la intrare, unde trona o masă de lemn de nuc, cu scaune de asemenea lucrate din lemn de nuc.

– Seară bună Părinte, se adresă Constantin politicos.

– Seară bună, Constantine.

– Părinte, aș vrea să vorbim despre nunta pe care o am săptămâna viitoare cu băiatul meu cel mic.

– Te ascult, Constantine și să fie într-un ceas bun.

– Părinte, să mă iertați că nu v-am spus mai din timp, dar știți și Dumneavoastră câtă alergare este și câte griji.

– Așa este... Am avut și eu nuntă cu fata și știu. Ce să faci, toate vin la timpul lor.

– Eu aș vrea să-mi spuneți ce trebuie să fac, ce trebuie să aduc la Biserică. Copiii sunt la București și au examene acum. Vin vineri seara și sâmbătă avem cununia civilă la Sfat și duminică vrem să fie la Biserică.

– Așa va fi, Constantine, dar sâmbătă, până plecați la Sfatul Popular, aș vrea să vină dis de dimineață la Biserică să-i spovedesc și să-i împărtășesc. Să aveți grijă să fie nemâncați. Încolo nu trebuie nimic. Nașii să fie pregătiți cu lumânările.

– Părinte, am înțeles. Așa va fi.

Politicos, Constantin a mulțumit Coanei Preotese pentru paharul cu apă rece și prăjiturile oferite, din care gustase un pișcot și o înghițitură de apă. Așa se cuvine să faci când ești musafir. Constantin era el țăran, dar nu orice țăran, ci unul mai umblat și pe la școli și prin lumea bună, pentru că toată ziua avea numai doctori pe care-i ducea cu salvarea la toate cazurile ivite într-o tură de servici. Și apoi este o vorbă, care zice: spune-mi cu cine umbli și-ți spun cine ești. Dacă el însoțea doctorii la urgențe, asta nu însemna că se simte doctor, dar comportamentul lui ca om trebuia să fie la înălțimea discuției cu un om cu o asemenea pregătire.

Preotul îl conduse pe Constantin la poartă, își luară rămas bun și au rămas înțeleși cum trebuie să procedeze cu copiii când vor sosi acasă.

Noaptea se lăsa peste sat. Se auzeau carele pe drum, cum vin încărcate de la câmp cu fânul cosit proaspăt. Fântânile din vale, ale căror izvoare sunt de zeci de ani nesecate, curgeau zi și noapte, udând cu pârâiașul ce-l formau, capul grădinilor gospodarilor satului. În păduricea de salcâmi ce străjuia marginea de sud a satului, se auzeau greierii cum își cântă concertul de seară. Dumnezeu s-a născut la sat și oamenii au trăit în credința către El!

Capitolul șaptesprezece

Voie bună, Nașule!

Toată suflarea satului Vlădeni era în fierbere. Venise ziua de vineri, care pentru Ovi și Dia reprezenta ziua plecării cu trenul din Gara de Nord a Bucureștiului spre orașul ale cărui maluri sunt scăldate de apele Dunării, adică Drobeta Turnu Severin. Ziua de vineri pentru nuntași se numea *„vinerea nunții"*, când se înfăptuiau câteva obiceiuri. Cum mirii soseau abia după-amiază, obiceiurile urmau să se înfăptuiască sâmbătă dimineața. Dar satul își vedea de mersul rosturilor lui privind nunta. Vineri se venea cu darul în natură, adică o găină, o rață, un curcan, care obligatoriu trebuiau să fie vii. De sacrificarea lor se ocupa bucătarul. Alături de pasărea vie se mai aduceau prăjituri lucrate în casă de gospodinele satului. Până seara târziu tot mai veneau sătenii să aducă aceste daruri la casa mirelui, unde se serba nunta și unde era forfotă mare: se tăiau porcii și vițelul, apoi se pregătea carnea pentru sarmale și friptură. Era un du-te vino cum numai în astfel de ocazii putea fi.

Constantin era implicat în treburile ce se desfășurau în curte, adică cu sacrificarea animalelor și pregătirea cărnii, în timp ce Maria pregătea casa să primească musafirii care veneau din alte localități și trebuia să fie cazați pentru câteva zile, cât dura nunta. Multă bătaie de cap. Maria a apelat și la vecinii ei, când a înțeles că nu-i ajung camerele casei. Acum intraseră în iureșul pregătirilor și vecinii. În acest timp, la cuptorul de cărămidă se coceau pâinile necesare pentru nuntă. Acolo erau alte vecine care trudeau din greu.

Când se apropia ora sosirii trenului de la București, tren cu care veneau copiii, Constantin a plecat cu mașina să-i aștepte.

Dar nici în casa lui Ghiță și a Anicăi nu era liniște. Ușile la toate apartamentele din bloc erau deschise, se circula de la unii la alții, iar Anica alături de vecinele ei pregăteau prăjiturile, paharele și farfuriuțele din care nuntașii să servească mica gustare oferită de părinții miresei.

Cum Anica nu a conceput ca plecarea fetei din casă să se facă fără o mică petrecere, toată suflarea de gospodine din bloc munceau în bucătăriile lor să pregătească prăjiturile, fiecare cu prăjitura cea mai reușită, apoi aveau să pregătească turta miresei, care obligatoriu trebuia să fie din aluat de cozonac, care trebuia să fie împletit. Nu mai spunem ce toalete își pregătiseră toți vecinii, că voiau să nu se facă mireasa de râs cu nuntașii ei. Cum timpul era scurt, fetele (adică tineretul necăsătorit) au fugit dis de dimineață la coafor să-și aranjeze coafurile. Gospodinele nu s-au lăsat mai prejos și și-au moțat și ele părul cu bigudiurile din casă. Oriunde intrai, în orice apartament, nu conta că te întâmpină gospodina cu mâinile ocupate în vreun aluat, dar capul avea *„antenele"* montate în păr. Bărbații lor se distrau și glumeau pe seama bigudiurilor. Cum, necum toată lumea muncea, toată lumea voia să fie frumoasă la nunta Diei.

Ghiță se învârtea și el pe acolo cu bărbații. Le sugeraseră gospodinele că ar fi frumos să decoreze balustrada scării cu verdeață, cu flori. Ei, asta era o operație de migală, artă pură. Și se frământau cum să lege florile de balustradă, ba au cules toate florile din grădinița lor de la bloc, dar cum nu au fost suficiente, au dat atacul la grădinițele de flori ale blocurilor vecine. Și așa asudând ei acolo din greu, a venit timpul ca Ghiță să fugă la gară, că veneau copiii de la București. Anica l-a luat pe Ghiță de o parte și i-a spus o vorbă:

– Ghiță, vezi să-mi aduci fata acasă. Nu care cumva să accepți să se ducă la cuscri de vineri seara. Fata are părinți și pleacă cu nunta de acasă.

– Mă Anicuțo, fata tatii (așa o mai răsfăța el) să vedem ce zice și cuscru. Că pe el este toată munca cu pregătirile, așa că omul o zice că mâine dimineață ce să facă mai repede: să vină să ne ia pe noi și fata, ori să facă treburile de acolo? Vezi tu, cununia civila este la ora douăsprezece, la Sfatul Popular, dar până atunci este treabă multă. Eu nu zic că tu nu spui bine ce spui, dar să facem să fie bine.

Anica tăcea cu capul în pământ. Înțelegea că are dreptate Ghiță, dar ea nu voia să dea fata fără, lăutari și voie bună la casa miresei. Așa că prinse curaj și mai zise:

– Ghiță, eu înțeleg ce spui dar să fie clar: fata se îmbrăca mireasa aici, în casa ei și pâinea miresei o frânge nașa deasupra capului ei, aici! Mai departe nu mă amestec. Facem cum sunt obiceiurile acolo.

Sărmanul Ghiță, dând din cap, parcă spunea *„bine, bine, fie cum zici tu"*, plecă la gară. Pe drum mergea și se gândea cum să zică, cum să facă să nu-i supere pe cuscri. El recunoștea că toată organizarea nuntii au luat-o ei în responsabilitatea lor, dar nici nu se putea altfel pentru că ei erau dispuși la o nuntă mică, modestă, pe când cuscrii nici nu se gândeau la așa ceva, ei nu voiau decât o nuntă mare cu tot satul. Și tot socotind, tot cântărind cum să zică, cum să facă, a ajuns la Gară. Ghiță își aruncă privirea prin gară, pe peron, căutându-l pe cuscru. Constantin nu era. Se scărpină în cap a nedumerire și se așază într-un colț al peronului, așteptând să sosească și el. Trenul intră în Gară și unii călători coborau, alții urcau. Cuscru nu venise. Ghiță zise în sinea lui:

– Măi, să fie, ce o fi cu cuscru? Acu ce mă fac, că de unde Anicăi îi era frică să nu-i ia fata din casă fără nuntă, acu nu veni cuscru. Păi ce fac? Pe băiat nu pot să-l iau acasă, că lumea știe că fata se mărită mâine. Și socotind el așa, ca omul căzut pe gânduri, din spate apar copiii, Dia și Ovi, îi sar de gât, îl sărută pe obrajii lui stacojiți de vânt și apoi fac cu mâna cuiva, cineva din călătorii de pe peron.

– Mircea, suntem aici!

Abia atunci a înțeles Ghiță, că Dumnezeu l-a scos din încurcătura gândurilor sale. Mircea, fratele lui Ovi venise la Gară să-l aștepte pe Ovi și să-l ducă la Vlădeni. Așa a primit instrucțiuni de la Constantin. Dar planul era mai amplu: a doua zi, la ora zece dimineața, veneau cu toții, cu cele două mașini la casa miresei, unde într-o oră trebuia încheiată festivitatea, apoi plecau la Vlădeni unde la Sfatul Popular făceau cununia civilă și abia a doua zi, duminică la ora paisprezece, mergeau la Biserică. După ce au ascultat tot ce a spus Mircea, Ghiță s-a luminat, iar copiii au fost de acord, pentru că acolo era un scenariu ca de film, ei fiind doar actorii. Așa și-au urat *„seară bună"* și au plecat în drumul lor, Mircea cu Ovi la Vlădeni, iar Dia cu Ghiță la casa lor.

Pe drum, Ghiță o privea pe Dia cu admirație, cu bucurie, cu toate trăirile de fericire ale unui părinte care-și vede fata ajunsă la punctul culminant al maturizării sale. Avea în gândul lui imaginea ei, când era mică, de câțiva anișori și se agăța de mâna lui când mergeau să cumpere bomboane. Acum era o superbă domnișoară. Se maturizase, se stilase, arata ca o tânără crescută la oraș și în lumea bună, nu în lumea lui de cartier la marginea orașului. O privea și i se părea că era alta, nu Dia lui cea îmbrăcată modest. Acum avea o rochie de mătase culoarea lămâii, o poșetă albă, sandale în ton cu poșeta. Mergea ținând-o de mână, dar i se părea că este caraghios. Tânăra aceasta era venită din altă lume, oricum era clar că se depărtase de lumea ei de aici. Mergeau unul în pas cu altul, el ducând o elegantă sacoșă sport cu lucrurile ei, iar ea purtându-și poșeta albă cu atâta delicatețe... Se lăsase o tăcere adâncă. Fiecare rumega gândurile sale. Ghiță s-a trezit vorbind.

– A pregătit maică-ta prăjituri, aperitive pentru mâine când te îmbraci mireasă. Vine tot blocul la nuntă. Am vorbit cu un șofer cu autobuzul, să ne ducă la Vlădeni. Zice că rămâne și el la nuntă. Înseamnă că ne întoarcem tot cu el.

Dia asculta, iar ochii i se umpluseră de bucurie și o lacrimă a fugit din ochii ei, încercând să coboare spre obraz. Dia învățase să se stăpânească, să nu-și trădeze slăbiciunile firii, așa că lacrima a dispărut și veselia și-a răsfrânt-o asupra lui Ghiță.

– Tată, abia aștept să vă văd pe toți. Mi-e dor și de vecini. Am să povestesc multe. Am trecut examenele cu nota zece și eu și Ovidiu. Dacă nu ne-ar fi spus Mircea că avem nunta acum, mai întârziam la București.

– Păi tată, noi și cuscrii v-am scris scrisoare, dar se pare că nu ați primit-o.

– Scrisoare? Habar nu am avut. Bine că a dat Mircea telefon la Secretariatul Institutului, prilej cu care a vorbit cu Ovi și așa am aflat că trebuie să venim azi, că mâine avem cununia civilă.

Mergând, vorbind, timpul a trecut, iar distanța de la Gară până la blocul lor au parcurs-o atât repede, parcă ar fi zburat. Blocul era scăldat în lumină. La toate ferestrele se vedeau luminile aprinse și era forfotă pe scări, unii veneau de la etajele de sus, alții urcau la etajele superioare. Iar cele care făceau cursele astea erau gospodinele. Ele aveau să-și dea cu părerea în vreo problemă, ba aveau să dea un sfat cum să fie mâine când vin nașii și uite așa, era ca în bancul oltenesc: cinci încarcă, cinci descarcă, toată lumea are treabă...

Cum au intrat pe ușa blocului, care era larg deschisă, spălată și împodobită cu o perdeluță albă și apretată, Dia a văzut balustrada frumos împodobită cu flori, cu verdeață. Și în tot blocul era un parfum de flori, iar din bucătarii venea o mireasmă de prăjituri, de esență de rom, de vanilie... Dia era flămândă după drum, dar cu atâtea arome i se umpluse sufletul de bucurie. Uitase că este înfometată. De la ușa blocului au luat-o în brațe și au sărutat-o vecinii de la parter, apoi pe măsură ce urca un etaj era așteptată cu alte îmbrățișări, urări de bine, așa fel încât ajunsă la etajul doi, unde locuiau părinții ei, Anica i-a ieșit prima în cale și a dat s-o îmbrățișeze, dar s-a retras un pas înapoi zicând:

– Die maică, să nu-ți pătez mândrețea asta de rochiță. Eu sunt ca la bucătărie. Și scoțându-și șorțul de la gât și de pe șolduri, a luat-o în brațe, aici râzând, aici plângând de bucurie.

Ghiță, ca să mai înveselească momentul lacrimogen al Anicăi zise:

– Stai ușor, Anico tată, că doar se mărită, nu pleacă în ale străinătăți.

Anica își reveni din momentul de slăbiciune și se întoarse spre Ghiță, pe care-l înfruntă cu vehemență:

– Taci Ghiță, mușcă-ți limba. Doamne ferește, că noi nu am crescut copiii ca să plece hai-hui în lume.

Momentul Anicăi s-a încheiat, s-a întors la treburile ei din bucătărie, dar Dia a trebuit să urce și următoarele două etaje, să salute și pe acei vecini, care o iubeau la fel ca toți ceilalți. Lumea blocului cu oameni de condiție medie, nu bogați cu fasoanele de prea plin, prea avuți, este o lume ce coexistă într-o comunitate aproape ca o familie. Vecinii își împărțeau bucuriile, supărările, se ajutau la nevoie, se bucurau împreună la bine. Copiii blocului se jucau împreună și până la urmă devin ca frații, care se ajută la anii maturității aidoma unor rude apropiate. Asta era atmosfera din blocul unde locuia Anica și Ghiță.

În iureșul pregătirilor de nuntă, Angela a venit acasă bucuroasă că a reușit la examenul de la facultatea de Fizică Chimie din Timișoara și că participă și ea la nunta surorii ei. Bucuria era atât de mare, încât Ghiță și Anica, alături de toți vecinii lor, se îmbrățișau și-și făceau urări de sănătate și de reușite și mai mari în viață.

După ce s-au liniștit și vecinii și părinții Diei și Angelei, ușile apartamentelor au început să se închidă, înțelegând toți că trebuie să li se respecte dreptul la intimitate. Anica nu mai contenea cu admirațiile toaletei Diei și cu laudele pentru reușita Angelei la examene.

– Doamne, Angela mamă, ești și tu studentă. Eu atât mă bucur încât zic că nu-mi mai trebuie nimic în viața asta decât atât cât am acum: fetele studente. Ați scăpat să fiți muncitoare ca mine și ca tatăl vostru. Dumnezeu să vă țină sănătoase și fericite. Mare bucurie ne-ai făcut și tu.

Die mamă, ce rochie frumoasă ai. O fi din mătase naturală, că este prea subțire și fină la pipăit? Și poșeta este în culoare cu sandalele. Ei bravo, îmi place că știi să te îmbraci. Dar ai și bani. Câștigi, câștigi bine acolo la Spitalul ăla, sau cum îi zice, la cucoana aia doctoriță?!

Dia zâmbea, nu o deranja că mama ei se mira. O înțelegea și o lua așa cum era ea, mama ei.

După ce s-au mai liniștit cu emoțiile revederii, au mâncat masa de seară, s-au așezat la o cafeluță mică, în bucătărie în sânul familiei, unde nu-i nicăieri mai bine. Acolo Dia le-a povestit despre școală, despre lumea de la Institut și despre grijile ei de acolo, iar Angela a povestit despre subiectele de la examene și impresiile avute asupra facultății unde urma să învețe cinci ani. Ei le ascultau, le sorbeau fiecare cuvânt. Anica, în simplitatea ei, asculta fiecare cuvințel rostit de fetele *„cu carte"* cum le socotea ea pe fiicele ei și se gândi că ar fi momentul să le arate rochia de mireasă pe care o lucrase cu toată bucuria sufletului ei.

Die mamă, ți-am lucrat o rochie de mireasă așa de frumoasă, că tot Severinul nu a văzut așa minunăție. Haideți în dormitor s-o vedeți. Am pus-o aici, că mâine, când o îmbraci și când ieși gătită așa cu ea, să te vadă lumea.

Rochia era dintr-o mătase chinezească cu un foarte discret fir argintiu prin țesătură. Anica lucrase rochia după un model pe care Angela l-a văzut într-o revistă de modă. Era tăiată sub bust și toată partea de jos era un cloș superb. Dia a rămas surprinsă și încântată. A probat-o și-i venea turnată pe corpul ei mic, fraged, suplu...

Anica o privea și lacrimile curgeau ca picăturile de rouă pe obraji. Printre sughițuri, șoptea:

– Să fii fericită mamă, că iubită sunt sigură că ești.

Ușa la dormitor s-a deschis larg și a intrat Ghiță împreună cu Angela. Au rămas și ei impresionați de frumusețea din fața lor. Era frumoasă și fata și rochia. Ghiță lăcrima discret, iar Angela a aplaudat ca la un spectacol, unde artista era chiar sora ei. Apoi a luat-o pe Anica de o parte și prefăcându-se că îi spune în secret, dar vorbind tare să se audă:

– Mami, vezi să nu uiți modelul să mi-l faci și mie când oi fi mireasă.

Anica se uită la ea cu arțag, gata s-o înfrunte:

– Tu să vezi ce faci cu facultatea. Lasă măritișul.

Apoi completă ca vorbind singură:

– Doar nu ești nebună să te măriți și tu la anul viitor?! Vezi-ți de carte.

Angela, având plăcerea s-o tachineze pe Anica, a mai pus paie pe foc:

– Păi ce are cartea cu măritișul? Ce, Dia lasă cartea dacă se mărită? Așa oi face și eu dacă găsesc un băiat să-mi placă.

– Măritați-vă mamă, că vedeți voi când o să dați de greu, ba cu un copil, ba cu banii că nu se ajung. Atunci să vedeți voi cum ați dat liniștea pe gâlceavă!

Angela, care glumea și-i plăcea s-o necăjească pe Anica, i-a dat replica aceea, de care mama ei avea frică:

– Dacă dăm de belea, cum zici matale, venim la mama să ne ajute. La cine să ne ducem? Doar la părinți găsim alinare, așa ziceai altădată.

Anica a tăcut prefăcându-se că nu a auzit și nici nu o interesează subiectul acesta.

Ghiță s-a retras în sufragerie, întinzându-se pe recamier să-și mai odihnească corpul. El avea o sănătate cu multe probleme. Avea probleme cu plămânii de la o răceală netratată la timp, la care de o vreme se adăugaseră și problemele cu inima. El tăcea, nu se văita, nu se agita, crezând că dacă părinții și bunicii lui trăiseră peste optzeci de ani, va avea și el această moștenire genetică bună. Nu luase în calcul că el lucrase mulți ani într-un mediu toxic. Așa fusese natura serviciului său, așa adusese acasă banii pentru nevoile familiei.

Anica, împreună cu fetele, s-au retras și ele în sufragerie, alături de Ghiță. Acesta s-a bucurat că se mai găseau câteva minute să mai fie împreună, cum erau mereu altădată, când fetele erau mai mici și ei mai tineri. Fetele s-au așezat pe recamier, lângă Ghiță, iar Anica alături de ei, într-un colt mic, mic dar mare, mare în inima sa. Acum erau că într-o barcă care plutea pe oceanul vieții, iar ei erau împreună. Ghiță a găsit momentul cel mai potrivit să le vorbească fetelor lui în calitate de tată, dar și de sfătuitor.

– Dragele tatii, ați crescut mari, sunteți în pragul vieții de oameni maturi. Nu este nimic din ce a-ți trăit ca fiice ale noastre, ca adolescente, ca niște copii, cum am vrea noi să mai fiți. Nimic din ce a fost nu se mai întoarce. Viața merge tot înainte. Trebuie să știți câteva lucruri esențiale pentru viața voastră viitoare. Că Dia se mărită acum și tu Angela te măriți peste un an sau când o vrea Dumnezeu, nu contează. Tot ce contează este să va măritați din drag unul pentru altul. Acesta este secretul fericirii, dacă este vreun secret. Apoi să mai știți că viața trăită în familie, nu este ușoară. Femeia este cheia casei. Dacă femeia vrea să agonisească bani, se vor agonisi. Dacă femeia este risipitoare, iubitoare de lux și trai bun și nimic mai mult, va toca banii avuți și vor fi săraci amândoi. Se va certa cu bărbatul, învinuindu-l pe el pentru sărăcia în care trăiesc și aceea nu va mai fi casă de oameni fericiți. Se vor chinui amândoi și vor fi niște nefericiți. Dacă femeia va ști dintr-o bucățică mică de carne să gătească să se ajungă și să hrănească toată familia, aceea va ști să aibă și spor în casă și iubire și înțelegere. Eu vorbesc de mine și de mama voastră. Noi ne-am luat din dragoste. Este bine, dar nu este îndeajuns. Eu munceam și aduceam un salariu de muncitor, ea muncea la Fabrica de Confecții, aducea tot un salariu de muncitor. Veneau sărbătorile ba de iarnă, ba de primăvară, voi erați micuțe, trebuia să fiți îmbrăcate și hrănite. Banii erau puțini. Părinții noștri erau țărani cooperatiști. Aveau un porc în bătătură și câteva găini. De Crăciun tăiau porcul și ne dădeau și nouă piciorul din față al porcului, restul păstrau pentru ei și ceilalți frați ai mei care locuiau cu ei și munceau la CAP. De la părinții Anicăi primeam o fleică de carne, pentru că și acolo erau frați mulți. Anica cu bucățelele ce le primeam făcea așa fel că treceam sărbătorile și aveam masa îndestulată. De ce? Anica, copil crescut la țară nu învățase prea multe rețete de bucătărie, dar fiind muncitoare la Fabrica de Confecții, afla cum spunea o colegă că a pregătit șnițele, să zicem. Ea nu pomenise la părinții ei de așa ceva. Aflând această rețetă s-a dus în Târg și a cumpărat un ciocan special pentru șnițele. Dintr-o bucățică de carne, pe care dacă o prăjeam în tigaie nu rămânea mai nimic, ea făcea șnițele și a umplut un platou din care am mâncat toți și a rămas și pentru a doua zi. Asta privind modul cum să faci ca mâncarea să fie bună și îndestulătoare. Au trecut anii, voi ați mai crescut și vedeați cum în casele colegelor voastre la care mergeați în vizită, erau mobile elegante în sufragerie și în dormitor. Vă plăceau și ați fi vrut și voi să aveți așa ceva. Noi aveam două dormeze și un dulap de haine. Pe podele aveam preșuri primite de la bunicii voștri în dar. Ați fi vrut să aveți și voi covoare, cum vedeați la alții. Noi abia stăteam la suprafața vieții. Nu aveam cu ce să cumpărăm așa lucruri, care ne-ar fi plăcut și nouă, dar nu aveam posibilități. Atunci, Anica, cheia casei de care vă vorbeam, a aflat că dacă face un împrumut la CAR, poate cumpăra și ea în rate mobila. A venit acasă, mi-a spus și mie și mi-a cerut părerea dacă vreau să facem și noi ca alții la fel de săraci ca noi, dar mai curajoși. Eu i-am răspuns așa cum știți și voi: *„Anicuțo tată, dacă tu crezi că putem face așa o cumpărătură de mare, eu sunt de acord. Salariul meu ți-l pun în mână lună de lună. Fă ce crezi tu că poți."* Anicuța mi-a spus că dacă colegele ei au reușit, ea nu se lasă mai prejos și vrea să facă la fel. Zis și făcut. Într-o zi am găsit-o în fața blocului cu un camion de mobilă și cu toți vecinii ajutând-o să le urce în casă. Am pus și eu umărul, am urcat mobilele și am scos dormezele noastre afară, în fața blocului. În acest timp, noi aranjam mobila în casă cu voi sărind de bucurie. Când am terminat aranjatul mobilei, am zis: *„hai să vedem ce facem cu dormezele acelea"*. Când am coborât în fața blocului, erau doi tineri care se luptau să tragă cele două dormeze la ei în casă. I-am ajutat să le urce în blocul lor, iar Anica a simțit că aceștia erau doi tineri căsătoriți care nu aveau de niciunele și a fugit în casa noastră, a luat două cearceafuri și două perinuțe, a înșfăcat o pătură în drum spre ușă și a fugit să le ofere un mic dar din partea noastră. Au mulțumit și încă mai mulțumesc și acum, cu toate că au reușit să agonisească și ei, atât mobile cât și o mașină Dacia. Dar asta după ani și ani de muncă. Atunci când nu aveau pe ce dormi, au primit tot de la niște amărâți câte ceva. Învățătura de minte este că femeia este cheia casei, iar bărbatul bogăția casei. Dacă bărbatul duce banii la cârciumă, femeia oricât ar fi de gospodină, nu are de unde agonisi pentru casă. Voi trebuie să înțelegeți că bărbatul și femeia, când se căsătoresc, sunt ca doi căluți la o oiște, adică la același ham, aceeași căruță. Dacă fiecare trage în altă direcție, nu vor face casă bună, pentru că unul trage hăis și celălalt trage cea, doar se vor chinui unul pe altul.

Dragele tatei, eu nu zic să va măritați ori nu. Faceți-o când credeți voi că a sosit ceasul acela. Dar atenție, căsătoria este un legământ care este mai puternic decât niște acte semnate la Sfatul Popular. Actele se pot destrăma, dar legământul făcut prin cununie în fața lui Dumnezeu, nu se anulează nici pe lumea cealaltă, adică nici moartea nu are această putere. Ne ia viața dar nu ne ia legământul. Acum socotiți și voi cum vă veți rândui viața. Un lucru să știți, că noi vom fi alături de voi și la bucurie și la încercările grele pe care viața poate vi le va oferi. Eu nu zic să aveți parte de ele, dar ele vor veni nechemate. Voi să știți că nu sunteți singure. Noi suntem aici și vă veghem și să vă ajutăm cu tot ce vom putea.

Ghiță a vorbit din toată inima lui de părinte iubitor. Fetele, împreună cu Anica, au rămas impresionate și chiar pe gânduri. Știau ele că tata este un om calm, răbdător, bun să dea un sfat folositor, dar modul cum le-a vorbit acum era cu totul și cu totul altul, față de alte ocazii. Angela, care era fiica cea mică și care era obișnuită cu tata să spună cuvinte de duh, acum era atât de impresionată, că s-a trezit spunând:

– Tată, dumneata ești un înțelept!

Ghiță, măgulit de cele spuse de fiica lui, a găsit să mai spună decât atât:

– Timpul la înțelepciune vă va veni și vouă, odată cu anii trecuți prin această frumoasă ori periculoasă călătorie prin viață.

Apoi s-a dus la bucătărie să mai fumeze o țigară. Noaptea s-a lăsat peste tot orașul. Toate luminile s-au stins la toate ferestrele, doar la camera fetelor lui Ghiță încă mai sclipea o veioză. Fetele își petreceau ultima lor noapte împreună, înaintea măritișului Diei. Își aduceau aminte de joaca lor, de nebuniile făcute din exuberanța adolescenței. Șefă era Angela, cu toate că ea era sora cea mică. Avea inițiativa la toate șotiile copilăriei. Acum venise timpul ca Dia să se desprindă prima din acest joc. Angela avea inima strânsă, considerându-se singură, parcă abandonată. Dar nu se arăta, pentru a nu-i rupe inima Diei. Fetele au vorbit aproape până-n zori despre copilăria lor, despre școală și examenele ce urmau, despre reușita Diei atât în viața de studentă cât și în căsătoria ce o realiza peste câteva ore. Somnul le-a închis pleoapele și în cele câteva ore rămase până dimineață, au dormit un somn scurt, dar odihnitor.

Capitolul optsprezece

Se însoară Ovi

Mircea și Ovi au pornit la drum imediat ce s-au despărțit de Dia și tatăl ei. Fiind vară, ziua mai lungă, soarele apunea după dealuri încet, alene chiar, iar cei doi frați mergeau la drum grăbiți să ajungă acasă pe lumină. Mircea știa tot ce se pregătea acasă în vederea nuntii lui Ovi, dar îi spunea numai câte ceva, nu-i deconspira totul, ca să aibă bucuria momentului. Ajunși în curtea casei, au parcat spre gard într-un loc strâmt. Motivul era ușor de înțeles: în curte era montat un cort mare cât un salon de dans. Ovi privea mirat și în același timp încurcat. De la cuptorul de cărămidă, Maria a zărit copiii și făcându-le semne cu mâna, a fugit în calea lor.

– Dragii mamei, ați venit!

După ce-i strânse la pieptul ei de mamă iubitoare, căută să le spună că totul este pus la punct, că tatăl lor a aranjat ca a doua zi toată ceremonia să se întâmple după un program calculat la oră și minut. Ovi privea emoționat.

– Mami, dar toate astea sunt pentru mine?

– Da, măi copile, doar te însori, facem o nuntă, nu o zi onomastică!

– Vai, cât a-ți muncit!

– Păi vine tot satul, plus că vin și cuscrii cu invitații lor! Am înțeles că vin cu un autobuz. Îți dai seama, sunt câteva sute de nuntași. Să fim noi sănătoși și nu ne văităm de muncă. Și voi să trăiți fericiți. Dia ce face? A rămas la ai ei? Așa ne-am înțeles, că mâine dimineață ne ducem la ei acasă să luam mireasa cu muzică, cu nașii și cu nuntașii de acolo. Venim acasă până la ora 12, când mergem la Sfatul Popular să facem cununia civilă. Hai în casă că avem multe să-ți spunem. Tatăl tău știe mai bine programul.

Ovi privea în jur și parcă plutea. El habar nu avea câte s-au plănuit, câte s-au realizat, precum și prin câte emoții, temeri, impasuri chiar, au trecut părinții lui. Realiza imensitatea muncii depuse de părinții lui, și îi privea cu recunoștință nemărginită. Pe fața arsă de dogoarea focului de la vatră, Ovi o mângâia pe Maria, buna și devotata lui mamă.

Constantin era în beci, ajuta pe finul responsabil cu băutura pentru nuntă, să umple vreo sută de sticle pentru început. Sigur, trebuiau umplute mai multe sticle cu vin și cu țuică, dar pentru început erau suficiente. Mircea îl strigă din ușa beciului:

– Tată, l-am adus pe Ovi. Hai să-l vezi că este în casă cu mama.

– Vin imediat, mai am câteva sticle să umplu.

În casă, Maria nu știa cu ce să înceapă, atâtea avea să-i spună.

– Ovi mamă, ți-am scris o scrisoare. Eram îngrijorați cu costumul tău de ginere. Dacă am văzut că nu răspunzi, m-am dus la croitorul nostru la Severin și m-am rugat de el din tot sufletul să-ți lucreze costumul după măsurile de anul trecut. Abia a vrut. Acum am inima cât un purice să văd cum îți vine. Să nu fie mic, că dacă este mai măricel nu contează. Eu i-am spus să-l facă mai lărguț, mai lunguț. Acum să vedem ce a ieșit.

Ovi privea și o amețeală i-a cuprins capul.

Își vorbea în mintea lui: *„auzi, să-mi facă un costum după masurile de anul trecut. Doamne, asta nu cred că s-a mai întâmplat. Dar, are și mama dreptate. De unde să știe ea ce fac eu la București? Acum o să-l probez și pe acela."*

În acest timp, cât el medita în taină, Maria a scos costumul din dulap și i l-a prezentat ca pe un trofeu:

– Uite dragul mamei, ce frumos este. Și lucrat bine, fără cusur. Hai probează-l.

Ovi a început să facă proba costumului. Era impecabil. Pica pe el, parcă ar fi făcut zece probe. Maria radia de bucurie. În fața ușii, chiar pe pragul ei, apăruse Constantin și Mircea. Tăceau amândoi și aveau și ei emoții cu costumul acela. Nici nu voiau să se gândească ce ar fi fost să nu fie bun de îmbrăcat. Ar fi fost de pomină să fie ginere fără costum nou. Când au văzut și ei că proba de foc a trecut cu bine, au respirat liniștiți, iar Constantin, pus pe șotii a zis:

– Bre, ce ginere frumos, dar cu costumul ăsta a cam dat greș. Bine că se însoară cu o fată frumoasă și lumea se uită mai mult la ea, și ginerele mai treacă, meargă.

Au gustat gluma toți, dar Maria nu s-a lăsat cu una, cu două:

– Ce vorbești tu Costică, așa vezi tu mândrețea asta de ginere? E frumos că seamănă cu mine.

Costică nu s-a lăsat nici el:

– E frumos, repede cioara își lauda puiul. Ba seamănă cu mine că e bărbat. Tu când ți-oi face o fată să vorbești.

Maria, deja atinsă la coarda sensibilă, se uită lung la soțul ei și a bodogănit ca pentru ea:

– Să-mi fac o fată. Auzi vorbă. Bine că-mi spui acum când o să am două fete, nurori.

Constantin lăsă de la el și o împăcă pe Maria:

– Uite Mărie, Dumnezeu ne-a împăcat pe amândoi: mie mi-a dat doi feciori și ție două fete nurori. E bine așa?

– Bine, bine, Constantine.

Și uite așa și-au început seara familia lui Costică și a Mariei. Apoi bărbații au rămas să mai vorbească pentru organizarea nuntii de a doua zi. Maria a fugit la cuptor, unde avea ultima tranșă de cozonaci la copt. Noaptea se lăsase peste sat. Casele își stingeau becurile cu care luminau curțile, semn că toată suflarea voia să se odihnească, să doarmă un somn bun, pentru că mâine aveau de serbat pe băiatul doamnei învățătoare, care le pusese la mulți creionul în mână. Cât de multă vreme trecuse de atunci...

Ziua de sâmbătă era de o mare importanță pentru ambele familii, ai căror copiii își uneau destinele. Constantin s-a trezit, fie zis așa, că el doar ațipise câteva ore din noapte, pentru că în mintea lui se învârteau toate treburile necesare, urgente de făcut a doua zi. La ora șapte dimineața, urma pregătirea pentru a pleca la Turnu Severin să ia mireasa. Mașinile care însoțeau convoiul trebuia să fie decorate cu flori și prosoape albe, iar lăutarii, un taraf sârbesc, se învoiseră să trimită pentru cântarea de la casa miresei, un acordeonist și o cântăreață, restul tarafului rămânând la casa mirelui. Ce să mai vorbim de sătenii care însoțeau socrii mari. Toți erau cu soțiile și copiii îmbrăcați de sărbătoare și gata de drum.

Maria era calmă. Ea știa să-și măsoare emoțiile și știa să nu-și piardă cumpătul. Constantin era un sangvinic, un om care punea suflet în tot ce făcea, dar acum era vorba de băiatul lui cel mic și chiar de el, care s-a trezit socru mare, când nici nu gândea. Parcă însurătoarea vine când gândești? Așa este reușită, când este din dragoste și când nu gândești. Cu cât este mai socotită, mai gândită, acolo apar surprizele neplăcute. Un gânditor din bătrâni spunea: *„Însurătoarea devreme este ca dulceața pe inima goală dimineața!"*

Când totul a fost pus la punct după cum gândise Constantin, adică la minut și secundă, au urcat toți în mașini cu destinația: casa miresei. Dar unde este ginerele? Maria îl căută prin casă, apoi se duse și în camera lui, unde l-a găsit gata de drum, chinuindu-se cu nodul cravatei, în rest era bine, calm, vesel, chiar destins și îmbrăcat într-un costum culoarea cafelei cu lapte, de o eleganță deosebită, care îi cădea ca turnat pe trupul lui. Maria a rămas uimită, ținându-și răsuflarea cu palma pusă peste gură, de teamă să nu zică vreun cuvânt. Costumul comandat de ea era gri deschis. De unde a scos băiatul ăsta acest costum? Precis, din sacoșa sport pe care o avea pe umăr la venirea acasă. Ovi, fiind o fire delicată, nu a vrut să-i rănească pe părinții lui, care se agitaseră atât de mult și pregătiseră totul pentru nunta lui, până în cele mai mici amănunte. Așa că a probat costumul gri confecționat de ei și a hotărât să-l îmbrace la cununia religioasă, iar pe cel ce-l avea pregătit de el și Dia, tot pentru nuntă, l-a îmbrăcat la cununia civilă. Privirile pline de mirare ale părinților, nu au avut timp de comentarii, așa că au plecat spre Turnu Severin în coloană mare și cu claxoanele la maxim. Drumul era de cam de o oră. Ovi era în mașina lui Mircea, dar acesta, băiat cu bun simt, nu a pus nici o întrebare cu referire la noul costum de haine. Timpul a trecut repede, iar nuntașii au ajuns acasă la nași, care locuiau în Turnu Severin și făceau parte din familia unor oameni cu mult bun simț și respect pentru tradiție, fiind nașii familiei din generație în generație. Cu tot alaiul complet, au pornit spre casa miresei. Constantin era bucuros că până aici totul a decurs conform planului său. Era ora zece dimineața și erau sosiți în corpore în fața blocului miresei. Au coborât cu toții din mașini, iar lăutarii au pornit primii să urce scările blocului. Dar nu în liniște ci cântând *„ziua bună miresică"*, sau *„soacră mică, soacră mică dă-ne-o pe miresică"*, tot ce se cânta când se lua mireasa de acasă.

În casa lui Ghiță și a Anicuței, nu prea se dormise, la fel ca-n casa socrilor mari. Dar toți au stat în paturi și au spus că au dormit. Dis de dimineață, Ghiță s-a trezit și a scos din balamale ușa de la intrare, pentru ca nuntașii să aibă loc să intre în casă. Apoi Anica, l-a pus să scoată și ușa de la sufragerie, ca să intre cât mai multe persoane, cât mai mulți nuntași. Anica tremura, parcă avea frisoane, dar se înfrâna cu succes. A aranjat masa din sufragerie cu platouri cu aperitive, cu prăjituri iar Ghiță a adus vinul și țuica. Undeva într-un colț bine plasat al sufrageriei, Ghiță a trebuit să pună oglinda mare, toaleta, care de obicei stătea în dormitor. Anica l-a însărcinat cu această acțiune, motivându-i că mireasa trebuie să se vadă în oglindă când soacrele îi rup colacul deasupra capului. Bietul Ghiță executa întocmai ordinele Anicăi, chiar dacă nu le înțelegea rostul la toate.

– Anicuța tată, de ce să aduc ditamai hardughia de toaletă din dormitor, când colacul acela poate fi rupt și fără oglindă?

– Ghiță, nu mă supăra chiar azi. Trebuie să fie oglinda aici în sufragerie.

Ce să mai zică Ghiță? A tăcut și a executat ordinul. Din curtea blocului se auzeau mașini care erau parcate, lăutarii care erau deja în casa scării, într-un cuvânt s-ar zice: venea nunta. Anica și Ghiță, emoționați atât de tare că le tremurau mâinile și picioarele, și-au făcut curaj și au pornit în întâmpinarea nuntașilor.

Lăutarii își cântau repertoriul iar ei încă amețiți de emoții, se bucurau că se îmbrăcaseră în hainele de nuntă încă de dimineață, altfel îi găseau nuntașii chiar în pijamale, cu câte treburi erau de pus la punct. Vecinii din bloc, care erau și nuntașii din partea miresei, fuseseră anunțați de Ghiță că la ora zece vor veni cuscrii cu nașii și câțiva fini de-ai lor, să ia mireasa de acasă. Când lăutarii au intrat în bloc și au început repertoriul lor, vecinii ca la o comandă au deschis ușile apartamentelor și i-au întâmpinat cu voie bună, apoi au urmat nuntașii spre apartamentul socrilor mici. Aici Ghiță, în calitate de socru mic, i-a întâmpinat pe nuntași cu plosca cu țuică, cum se serba la el la țară, iar soacra mică cu tava cu aperitive. Lăutarii cântau, nuntașii se serveau cu aperitive, cu prăjituri, cei care conduceau mașinile cu sucuri, ceilalți cu țuică ori vin. Băuturile erau din recolta viilor și prunelor Mehedințiului. Atunci băuturile fine, americane, erau o poveste pentru altă lume și alte timpuri.

Toată lumea se uita să apară mireasa, dar era un mister întârzierea ei. Din dormitorul fetelor, de unde se pregăteau cele două fete să apară, adică mireasa și sora ei, a ieșit o băbuță gârbovă, cu o rochie roșie lungă și sprijinită într-un ciomag. În gură avea o proteză ca dantură. Toată lumea a amuțit, s-a lăsat liniște, muzica a încetat, iar socrul mic a prezentat-o pe băbuță ca fiind mireasa.

– Ginerică, iată a venit mireasa...

Ginerele s-a încruntat, s-a prefăcut că se supără și a zis:

– Nu este asta mireasa mea. Scoateți mireasa de unde ați ascuns-o.

Socru mic a zis:

– Păi să căutăm, că aș mai avea o mireasă.

Din dormitor a apărut un moșneag, abia târându-și picioarele.

– Iată, ginerică, mai am mireasa asta.

Atunci ginerele, vizibil supărat, a zis:

– Noi nu plecăm fără mireasa noastră. O dați de bună voie, ori vi-o furăm!

– Căutați-o voi! Poate o găsiți, că eu nu știu să mai fie alta, a răspuns socrul mic.

Acum sceneta a continuat cu căutările, dar ginerele, adică Ovi, știa această glumă de când lumea și pământul, care se făcea la nuntă de către socrii și iute a deschis ușa de la dormitor, de unde a venit cu Dia în brațe. Toată lumea aplauda și era fericită. Acum cei doi miri, unul lângă altul stăteau în fața părinților și-și cereau iertare de la părinți pentru eventualele greșeli pe care le săvârșiseră, iar nașii alături, patronau momentul solemn, urmat de momentul când soacra mică și cea mare rupeau colacul miresei, deasupra capului ei și-l împărțeau la nuntași. Momentul vesel al nuntii în casa miresei, fusese consumat, acum rămânea hora soacrelor, iar lăutarii cântau de mama focului *„soacră mică, soacră mică să ai grijă de ginerică"* iar soacrei mari îi cântau: *„soacră mare, soacră mare, ai o noră ca o floare, ai grijă să nu fii rea, că și tu ai fost ca ea"*. Nuntașii se distrau iar soacrele lăcrimau, că ar fi tras ele un ropot de plâns, dar nu era timpul potrivit.

Anica a rămas cu ochii pe rochia Diei. Nu era cea lucrată de ea. Se mai uită către Dia întrebând-o din priviri de ce nu are rochia de mireasă lucrată de ea. Dia nu o vedea, nu o auzea. Era cu Ovi de mână și nu-i păsa de nimeni. Anica nu înțelegea misterul și atunci s-a dus la Angela și, în șoaptă, a întrebat-o de ce Dia nu are rochia de mireasă lucrată de ea. Angela, din fire foarte scurtă în răspunsuri, i-a spus:

– Mâine la Biserică o îmbracă.

Anica ar fi întrebat ea mai multe, dar s-a mulțumit și cu atât.

Cum timpul era scurt, și trebuia să ajungă și la cununia civilă, Constantin le face semn lăutarilor să cânte o horă săltăreață, impulsionând nuntașii, făcând să se prindă în joc cu toții, alături de socri, miri și nași. Casa se umpluse peste putință, nu mai era loc nici de joc, nici de privit. Nea Fane Ceferistul, a luat inițiativa și a scos hora pe casa scărilor, lăutarii după ei cântând, iar Costică, cu ochii pe ceas, grăbea plecarea. În final, nuntașii au ajuns în fața blocului, unde mai comandară lăutarilor încă o horă. Acum era hora plătită de Nea Fane și lumea din blocurile vecine se adunase să privească nunta.

Ghiță a reușit să strecoare cheile de la apartament lui Fane Ceferistul, pe care-l rugă să pună el ușa de la intrare în balamale și să strângă cât de cât pe acolo, prin casă. Fane a promis și chiar a făcut curățenie cu soția lui, apoi s-au urcat în mașina lor și au plecat în grabă să prindă și ei ceremonia de la Sfat.

Toți nuntașii erau îmbarcați, unii în autobuzul închiriat de Ghiță, alții în mașinile lor. Tot convoiul de mașini se îndrepta spre ieșirea din oraș, când din parcarea unei benzinării a ieșit un tânăr polițist, le-a făcut semn să tragă pe dreapta toți și se prezentă la prima mașină, cea cu nașii și mirii.

– Actele dumneavoastră la control.

Nașul, serios, se căuta prin buzunare și a găsit actele. Polițistul se ținea bine, aștepta regulamentar actele, pe care s-a prefăcut că le verifică, apoi le-a înapoiat fără să le privească, a luat poziția de drepți și a salutat cu mâna la cozoroc.

– Din partea autorităților, vă urăm casă de piatră și multă fericire!

Din parcare, un grup de tineri, prieteni de-ai lui Ovi și Mircea, făceau gesturi de bucurie și claxonau prelung. S-au atașat și ei convoiului de nuntași. Fusese o farsă făcută de tineri cu ajutorul tânărului milițian, care făcea parte din grupul de prieteni, dar fiind de serviciu, abia a doua zi urma să participe la nunta prietenului lui.

Toată lumea s-a relaxat și a înțeles că a fost o glumă a tinerilor. Se pare că și nașul știa ceva de această glumă. Alaiul așa îngroșat cu încă câteva mașini, a pornit la drum, mergând sfoară până în sat la Vlădeni. Aici, Primarul organizase locul de parcare al tuturor mașinilor, la intrarea în sat, într-un spațiu viran, unde erau butoaie cu apă pentru spălat pe mâini și ștergarele necesare. Nuntașii, răcoriți cu apa rece și limpede, s-au îndreptat spre Primărie. Primarul îmbrăcat festiv, cu eșarfa tricoloră peste umăr, însoțit de toată suflarea Primăriei, toți îmbrăcați elegant, a început ceremonia solemnă și toată lumea asculta cu atenție. Tinerii, Ovi și Dia, timizi, se țineau de mână și erau vizibil emoționați. S-au încheiat formalitățile legale, au fost declarați soț și soție, s-au sărutat în fugă, pentru că aparatele de fotografiat țăcăneau într-una, iar întreaga asistență îi felicita. Soacrele au fost primele care i-au felicitat și îmbrățișat, apoi au venit socrii, mai puși pe șotii, ca să-și ascundă emoția care-i copleșise. Constantin a găsit să zică și el ceva către cuscrul Ghiță:

– Cuscre, îi crescurăm noi până aici, de aici în colo să fim sănătoși să nu fie nevoie să aibă ei, grijă de noi! Ghiță era cu lacrimile în barbă, ce să mai facă filozofie...

Întreaga adunare s-a îndreptat spre casa socrilor mari, care era așezată în centrul satului, iar lăutarii cântau, încât nu se putea rătăci nici un nuntaș.

Ziua de sâmbătă era a tinerilor, adică era petrecerea lor în exclusivitate. Restul satului, seniorii invitați la nunta propriu zisă, veneau în ziua de duminică. Sigur că nuntașii sosiți de la oraș erau primiți și invitați la petrecere alături de nuntașii tineri. În cortul montat în curtea cea mare a casei, au fost invitați cu toții, iar muzica nu i-a lăsat nici să se odihnească, nici să se plictisească. S-au servit aperitive, prăjituri și băutură, organizându-se o masa în stil bufet. Fiecare lua ce voia. Oferta era încărcată. Muncise și Maria și alături de ea, toate vecinele ei și toate colegele de la școală. Până seara la ora zece, muzica a cântat continuu, iar tinerii au dansat, au cântat, au spus glume de care râdeau de răsuna satul. La ora zece seara s-a dat stingerea. Musafirii au fost conduși la casele celor ce se oferiseră să găzduiască atâta lume. Constantin era numai ochi și urechi, să fie toată lumea mulțumită. În casa lui a găzduit cuscrii și nașii. Anica s-a făcut utilă Mariei, ajutând-o la găzduirea musafirilor. Profitând de un moment de liniște i-a șoptit acesteia:

– Cuscră, auziși că Preotul zise că mâine la ora șapte copiii să fie la spovedit și împărtășit?

– Auzii, cuscră. Știu ce vrei să spui. Aranjai ca Dia să doarmă cu dumneavoastră, iar Ovi doarme cu noi. De mâncat nu mâncară de la prânz și până mâine după cununie nu vor mânca nimic. Le spuse și Părintele, le spusei și eu. Acum, oameni suntem, și cred că m-au înțeles amândoi.

– Așa cuscră. Îți mulțumesc. Dar văzuși că nici Dia, nici Ovi nu se îmbrăcară în ce am pregătit noi pentru ei? Erau frumoase și hainele în care erau îmbrăcați, cică cumpărate de ei de la un Magazin de acolo, de la București. Cocor se cheamă.

– Nu fii supărată, cuscră. Mâine la Biserică se cunună în hainele pregătite de noi.

– Nu, nu sunt supărată, că este bine și așa. Chiar mai bine.

– Atunci, hai să ne culcăm și noi câteva ore, că mâine este cel mai greu. Noapte bună!

Noaptea cântau greierii în vița de vie din curtea lui Constantin și a Mariei. Se lăsase o liniște adâncă. Noroc cu țârâitul greierilor. La cântatul cocoșilor de miezul nopții, toată lumea dormea profund. Doar Constantin și Maria se întorceau în așternut căutându-și culcușul. Se fereau să nu se deranjeze unul pe celălalt, dar de ei amândoi nu se lipea somnul. Constantin număra sticlele care mai trebuiau umplute mâine până-n ziuă, că altfel nu mai era timp. Venea nunta de la Biserică și atunci trebuia toate să fie aranjate la locul lor. Avea încredere în Finul, dar tot de mâna lui trebuia chibzuită treaba.

Maria, pe partea cealaltă a patului se frământa cu servitul la mese. Aranjase cu câteva fine pricepute și chibzuite la vorbă, doar când îi curtea plină de lume, ai grijă să nu uiți nimic, să nu-ți scape nimic necontrolat.

Ovi dormea liniștit pe un foliu pat. Respira regulat și avea un somn ușor. Maria îl privea și în gândul ei vorbea: *„dragul mamei, dormi ca un pui de om. Încă nu ai nicio grijă. De acum o să le ai și tu pe ale tale. Intri în viață și nu e ușor. Nu ai să mai dormi așa, niciodată. Aici se termină* *copilăria, vei fi și tu om cu griji, cu bucurii, cu necazuri, că nu se poate fără ele."*

Așa se perpeliră, până cântară cocoșii de ora cinci dimineața. Se sculară, se spălară și se îmbrăcară în hainele de ceremonie, că alt timp nu mai aveau. Constantin se duse la treburile lui, iar Maria la bucătărie să pregătească micul dejun pentru invitați. Bucătarul răspundea de cele pregătite de el pentru masa care se întindea când veneau nuntașii de la Biserică. Acum era responsabilitatea ei, cu cele servite la masa de dimineață. Nu era îngrijorată, că avea vecinele care deja veniseră în bucătărie. Tăiau mezelurile, brânza, cașcavalul și limpezeau cu apă rece măslinele, luate direct din saramură. O altă vecină fierbea cafeaua într-un ceaun de câțiva litri. Nu era multă, pentru că era prima pe care o doreau nuntașii. Și mirosea atât de frumos, parfumată, înțepătoare la nările sensibile. Până să așeze gospodinele masa în curte, parfumul cafelei i-a trezit pe toți. Fiecare venea, încă cu somnul în gene, căutând o ceașcă de cafea. Zeci și zeci de cești, ceșcuțe, ba și cele pentru țuică fiartă, cele de lut ars, fuseseră umplute cu cafea. Și se goleau cât ai zice „pește".

Dia și Ovi s-au trezit, s-au spălat în curte cu apă rece și s-au pregătit să plece la Biserică, până să nu înceapă slujba. Așa bine mirosea cafeaua aceea, dar aveau paznici serioși care de unde nu gândeai apăreau cu un „*nu*" pe buze. Nu e voie să mâncați, nu e voie să beți cafea, nu e voie decât să înghițiți în sec. Când auzeau, râdeau și fugeau de la locul cu ispita. Când era ceasul șapte fără un sfert, Preotul a strigat la poartă și i-a luat sub aripa lui ocrotitoare, îndepărtându-i de ispită. La ora 8 s-au întors acasă, după ce preotul îi pregătise pentru momentul solemn al cununiei religioase. Acum mai urmau patru ore până la ora doisprezece, când era cununia religioasă. Preotul le recomandase să nu mănânce până atunci, iar ei râvneau la tot ce vedeau. Sau mai dus pe la lăutari, doar, doar nu mai miroseau atâta cafea și mâncare. Dar și aici, lăutarii aveau farfuriile pline cu gustări, ceștile pline cu cafea și ei răbdau. Se făceau glume pe seama lor, dar tăceau, că nu mai era mult până la masa plină cu de toate. Nu au avut timp prea mult să lenevească, pentru că Constantin avea nevoie de ajutor și l-a solicitat pe Ovi, iar Anica i-a găsit imediat ceva de făcut Diei, așa fel încât să-i zboare mintea de la mâncare. În sfârșit, s-a făcut ora zece și au venit nașii să învelească mireasa, iar ginerelui să i se radă barba. Acum era un ceremonial cu tot felul de glume, în care nașul nu găsea aparatul de bărbierit, dar găsea o toporișcă, care-l nemulțumea, o arunca și căuta altceva mai bun. Găsea un brici. Nu era bun nici acesta. Îl arunca și în final, unui alt tânăr i se făcea milă de ginerică și-i oferea nașului o mașină de ras nouă și frumoasă.

În casă, domnișoarele de onoare îmbrăcau mireasa în rochia pregătită de Anica. Coafura era aranjată în așa fel încât să poată fi prinsă coronița de către nașă. Aici lăutarii cântau un cântec de jale: *„Ia-ți mireasă ziua bună, de la tată, de la mumă"* și mireasa nu avea voie nici să plângă, nici să se întristeze. Și așa aveau treabă nuntașii până se apropia ora doisprezece a zilei, când toată suflarea trebuia să fie la Biserică. Aici, alte reguli. Fetele nemăritate aveau voie cu capul descoperit în Biserică. Cele măritate trebuia să aibă pe cap, o basma ori o pălărie. Și mireasa intra în Biserică cu voalul pe cap. Comedie mare. Păi cine să stea afară din Biserică, când nunta era în Biserică? Dacă se aplica strict regulamentul, rămânea în Biserică numai preotul și mirii. Așa că s-au ridicat oprelіștile și au intrat toți în Sfânta Biserică. Părintele a făcut o slujbă frumoasă, o cuvântare și mai frumoasă, onorata asistență era încântată, numai mirii erau leșinați de foame și de sete. Suportau eroic. Când părintele le-a dat să guste din pișcotul înmuiat în *„sângele Domnului"* au zis că acum ori niciodată și au mușcat cu nesaț. Dar stați așa, dragilor, că mușcați amândoi din același pișcot și ce rămâne îl pune preotul pe tavă, la locul lui! Ce să mai vorbim, chinuri săvârșite în numele iubirii și probabil ca să se spele păcatele de până atunci.

Și iată că vine finalul mult așteptat și slujba se termină, încep felicitările, soacrele servesc nuntașii cu prăjituri, iar mirii nici acum nu sunt rugați cu nimic. Plăceri sadice, adevărat sadice, cu doi copii care au vrut să se căsătorească după toate regulile și canoanele bisericești. În sfârșit s-a ieșit din Biserică și alaiul s-a întors acasă cu lăutarii cântând de răsuna tot satul. S-au încins hore, se chiuia, veselie mare, iar mirii, după tot supliciul, au fost invitați la dansul lor, un tangou în pași, dar fără figuri, că era ultima redută pe care mai luptau. Abia au așteptat să fie invitați la masa mirilor și a nașilor și să mai guste și ei o bucățică de ceva mâncare. Din clipa în care au văzut platourile pline cu de toate, foamea a dispărut brusc. Au ciugulit ici-colea câte ceva. Până la ziuă au dansat, au cântat, s-au distrat fără să le mai fie foame sau sete.

După ani și ani de la această fabuloasă nuntă, ceva ca în poveștile despre prinți și prințese, nu puteau să uite foamea pe care au suportat-o prima și ultima dată în viața lor!

Capitolul nouăsprezece

Vis ferice de iubire

„O, vis ferice de iubire,
Mireasă blândă din povești,
Nu mai zâmbi! A ta zâmbire
Mi-arată cât de dulce ești."[15]

Trenul alerga pe șinele metalice, străbătând Câmpia Română. Soarele se ridicase deasupra holdelor câmpului. Într-un compartiment de clasa a doua, doi tineri, foarte tineri, înconjurați de două sacoșe mari și grele după cum arătau, își odihneau trupurile obosite de atâta petrecere, fast, obiceiuri populare, chiuit, hore, cântat și veselie. Nunta se încheiase. Nuntașii se retrăseseră la casele lor, continuându-și rostul vieții lor. Doar doi tineri, abia căsătoriți, se întorceau în iureșul vieții Bucureștiului, unde vacanța studențească sosise, dar obligațiile lor față de Institutul Ana Aslan, continuau. Biletul de voie expirase, acum trebuia să se prezinte la locul lor de muncă. Tot personalul Institutului știa că ei serbaseră nunta. Primiseră învoirea și felicitările, urările de sănătate și fericire, la plecarea lor grabnică spre Gară. Acum nunta trecuse, iar ei reveneau la Institut. Maria le pregătise o mică tratație pentru colectivul de muncă de la Institut. Ea zicea că a pus la pachet câte ceva, o „nimica toată", care abia încăpuse în două sacose mari. Cum le vor transporta până la Institut, nici ei nu prea știau. La gara din Severin fuseseră aduși de Constantin, apoi îmbarcați în tren tot de brațele lui vânjoase.

Trenul alerga, alerga, iar ei, doi tineri frumoși, ale căror mâini se împreunau privindu-și strălucirea verighetelor, își citeau unul în ochii celuilalt iubirea sinceră, nespus de multă. Dia primise cadou de nuntă de la socrii, pe lângă verighetă, un inel și un lănțișor de care atârna o cruciuliță mică, discretă. Nu avusese asemenea bijuterii niciodată!

Singura ei bijuterie era inelul de argint de la Ovi, inel pe care-l purtase zi de zi, de când îl primise. Acum, pe degetul inelar, purta și o verighetă strălucitoare, care părea a fi strălucirea unui astru. Și trenul alerga, alerga pe șinele lungi, lungi... Te duc, te-aduc...

Iată că zburdalnicul tren a ajuns în Gara de Nord, a veșnicului București. Lume, agitație, căldură, fierbințeala dalelor pavajului de la peroane. Ovi se lupta cu cele două sacose să le coboare din tren. Dia s-a făcut și ea folositoare, agățând mânerul uneia din sacose. Printre zecile de oameni care se agitau pe lângă tren, iată că apar și câteva persoane care ajutau călătorii la coborârea din tren, le preluau bagajele și le depuneau într-un cărucior special. Apoi însoțeau călătorul până la stația de autobuz, ori troleu din fața gării. Pentru acest ajutor primeau o sumă de bani convenită de ambele părți. Ovi a avut norocul să fie și el ajutat de o astfel de persoană. Fericit că a scăpat cu bine până a ajuns la taxiul ce-i ducea direct la Institut, cei doi, în ciuda tinereții lor, arătau ca doi oameni maturi, care-și luaseră în serios hamul vieții. Se citea în privirile lor inteligente, o maturizare, o schimbare, parcă și în felul cum pășeau, nu numai cum gândeau. Deodată deveniseră doi tineri frumoși în a căror privire se citea maturitatea. Cununia religioasă le adusese răspunsul la multe întrebări, nedumeriri, cuvinte încă neînțelese de ei până atunci.

Taxiul a ajuns în fața Institutului. Au coborât sacosele grele ca două pietroaie și acum era o mare problemă cum să le ducă până în incinta clădirii. Dar la fiecare instituție serioasă, este și un portar, care vede tot, știe tot și sare în ajutorul celui care are nevoie de brațul său puternic. Așa că portarul, om voinic și obișnuit cu munca câmpului, el fiind din tată în fiu țăran muncitor, a sărit în ajutorul celor doi tineri pe care i-a recunoscut imediat și a transportat acele sacose grele ca pietrele de moară. Ajunși în incinta Institutului, au luat legătura cu „Domnul Prinț”. Acesta i-a primit cu atâta bucurie, de parcă nu-i văzuse de o viață, nu de o săptămână.

– Bine ați venit, măi copii!

– Bine v-am găsit și noi! Dacă nu vă supărați și ne permiteți, avem câte ceva de la nuntă, puse de mama pentru tot colectivul. Am vrea să ne permiteți să despachetăm cumva acele bunătăți.

– O, ce surpriză! Măi copii, ați transportat voi până aici acele bunătăți?! Apoi, să le vedem și să le savurăm. Uite, să mergem în sala de protocol, unde vom invita toată lumea.

– Vă mulțumim.

În sala de protocol era o masă mare, pe care cei doi tineri, ajutați de tot personalul prezent la acea oră a amiezii, plus nenea Portarul, au despachetat și au gustat, savurat, bunătățile Mariei. S-au făcut urări de sănătate, de reușită în viață, de casă de piatră și cu mulți copii etc. S-a lăsat Soarele după coline și seara era gata pregătită să vină. Toată lumea era mulțumită iar cei doi tineri erau bucuroși pentru că le ieșiseră toate gândurile lor *„bine de tot”*, după cum spuneau ei. Toată lumea își lua rămas bun de la toată lumea, toți plecau la casele lor, doar cei doi tineri au rămas în stația de troleu să se duca acasă. Unde acasă? La Căminul studențesc se pusese vacanța, se închisese până la toamnă, dar ei sperau să mai găsească un Cămin încă neînchis și unde să se adăpostească și ei pentru câteva nopți, până vor rezolva cumva această importantă problemă. Ceva bănuți aveau la ei, așa că au încercat și un Hotel mai de mâna a doua. *„Nu avem nici o cameră liberă, este sezonul de vară”*. Așa primeau răspuns de peste tot. Seara se lăsa răcoroasă, pe cer apăreau și stelele și ei mergeau ținându-se de mână ca doi școlari rătăciți de casă, dar fericiți: se iubeau! Ce mai conta? Nimic nu avea valoare decât iubirea lor. Frumos, poetic, dar totuși unde dormim în noaptea asta, își ziceau mai în glumă, mai în serios. Cum la Hotel nu era chip să găsească o cameră măcar pentru o noapte, și-au îndreptat pașii spre căminele studențești, cu speranța că ceva, poate găsesc acolo. Ei știau că nu toți studenții pleacă în vacanță imediat după terminarea sesiunii. Mai rămâneau câțiva care aveau și activități extra studențești și erau acceptați să mai locuiască în Cămin câteva zile. Cu speranța că poate au și ei norocul acesta, au pornit cu toată încrederea spre cămine.

Şi totuşi erau fericiţi că o problemă o aveau rezolvată: nu le era foame. Mâncaseră şi ei bine alături de colectivul de la Institut. Maria pusese şi aperitive şi friptură şi prăjituri, chiar şi un bidonaş de trei litri cu vin, categoria întâia, galben ca lămâia şi parfumat, preparat de Constantin. Reţeta: secret de mare însemnătate.

Mergând ei aşa, cam fără o ţintă precisă, după ce au aflat că nu se pot caza la cămin, lui Ovi i-a venit ideea să o sune la telefon pe tanti Portăreasa de la Căminul studenţesc unde locuise Dia. Ovi, fiind zi de zi la ora şapte dimineaţa în fata Căminului, la întâlnirea cu Dia, tanti Portăreasa a intrat în vorbă cu el. Apoi chiar îi simpatiza pe aceşti doi tineri. Şi din vorbă-n vorbă tanti Portăreasa a aflat că au nunta imediat ce termină sesiunea de examene, că trebuie să vină la Bucureşti toată vara pentru că lucrează la un Institut şi ca omul cu scaun la cap, a întrebat şi ea:

– Dar unde o să dormiţi la vară? Căminele se închid pentru curăţenie şi dezinfecţie. Poate aveţi ceva rude pe aici?

Ovi a răspuns cu o sinceritate de invidiat:

– Nu avem pe nimeni în Bucureşti, nici o rudă şi nici o altă cunoştinţă.

– Păi şi atunci, unde o să dormiţi?

– Nu ştim. Poate la Naşul în Gară... A răspuns el în glumă.

Tanti Portăreasa a priceput ce este în capul acestor doi tineri frumoşi, deştepţi, dar cam găgăuţă la capitolul viaţă. Ea era Portăreasă, dar văzuse multe în viaţă. Pentru că aceşti tineri erau simpatici şi se puseseră la inima ei de mamă, găsi momentul să le dea un sfat şi un pont.

– Dacă o să aveţi cumva nevoie de o locuinţă pe timpul verii, uite vă dau numărul meu de telefon. Dacă va fi nevoie, mă sunaţi pe mine şi va ajut eu cu o garsonieră. Nu este de lux, dar este curată şi cu bănuţi modeşti, puteţi locui cât vreţi voi. Acum drum bun şi petrecere frumoasă la nuntă!

Discuția s-a încheiat iar tinerii au și uitat de această vorbă cu tanti Portăreasa. Noroc cu agenda de buzunar a lui Ovi, care era purtată în permanență la el. Acum fiind la grea încercare, și-a amintit de discuție și a apelat telefonul cu pricina.

– Alo, sunt studentul Ovi...

Nu a mai apucat să spună ce și cum, că Tanti Portăreasa l-a recunoscut.

– A, tu ești Ovi? Hai veniți la adresa asta, va aștept în fața blocului. Adresa era în sectorul cinci al capitalei, dar au ajuns repede cu mijloacele de transport în comun. Tanti portăreasa era pe bancă în fața blocului.

– Bine ați venit, măi copii! Hai să urcăm la etajul doi. Acolo este garsoniera.

Au urcat. Blocul era un turn cu unsprezece etaje. Garsoniera era curată, modest mobilată, dar ei nu aveau nevoie de mai mult. S-au înțeles la preț și au convenit să locuiască pe timpul vacanței de vară. Tanti Portăreasa era chiar stăpâna garsonierei. Au rămas să doarmă peste noapte acolo. Tanti Portăreasa a înțeles că ei veniseră cu tot felul de preparate dar acum nu mai aveau nimic. Așa că le-a adus ea și un aperitiv pentru seară. Vorba ceea: tot săracul, satură săracul.

Din acea seară, viața lor a luat un nou curs. Dimineața plecau împreună la Institut, după amiaza veneau împreună acasă, trecând prin piață și prin magazinele alimentare din acest cartier, apoi urcau cele două etaje și intrau în cămăruța lor, care deși era modest mobilată, avea ceva primitor în ea, acel ceva ce-l simți imediat ce intri în încăpere. Bucătăria era micuță dar doi tineri intrau foarte bine în ea. Important era că avea tot strictul necesar, de la veselă la aragaz și frigider. Gospodină era Dia, ajutată de Ovi. Pricepuți prea mult nu erau nici unul, nici altul, dar farmecul tocmai în asta consta. Să faci sărmăluțe în foi de viță, este un deliciu și mai ales vara. Să le pui să fiarbă la cuptor și să constați după ceva timp, destul de lung, că bucătăria este cam plină de fum, este ceva. Dar gustul a fost cu atât mai bun cu cât erau și puțin afumate. Ei râdeau și făceau haz de fiecare stângăcie a lor. Nu era unul singur bucătarul. Ei amândoi găteau, amândoi inventau mâncăruri și tot ei mâncau ce rămânea bun din tot ce găteau, până într-o zi când au găsit o carte de bucate, din întâmplare pe un stand cu cărți. Ei, din clipa aceea a început să le iese și lor mâncărurile apetisante. Dia nu prea era pricepută la bucătărie, cu toate că o ajuta pe mama ei la curățat legumele. Angela însă, era chiar talentată. Aproape că gătea cu gust mai bun decât Anica. Ele chiar se consultau asupra combinațiilor de mirodenii. Dia era mai mult preocupată de cărțile ei. Acum venise acel timp din viață, când trebuie să intri în bucătărie și să prepari mâncarea pentru casa ta, familia ta. Este un moment de răscruce în viața unei femei. Una este să pregătești un nimic, un ceva din când în când și alta este sa fii gospodina casei și să răspunzi zi de zi, prezent la această calitate, dacă se poate numi așa. Când poftele lor depășeau cartea de bucate, apelau la Tanti Portăreasa, care venea și după ce înțelegea ce au pus ei în preparatul acela și ce mai trebuie pus, scotea din buzunarele sortului ei, ba un morcov, ba o pungută cu mazăre, ba o mirodenie și apoi repara gustul mâncării. Apoi le ura *„poftă bună"* și se retrăgea modestă în casa ei. Devenise înțeleptul casei lor. O consultau și în alte probleme de viață. Tanti Portăreasa avea cele mai eficiente sfaturi, de la probleme de bucătărie, la cele de sănătate, cunoscând multe plante din care făcea ceaiuri miraculoase. Era înțeleptul din popor, al casei lor.

Vara a trecut, anul universitar a reînceput dar cei doi tineri au rămas să locuiască în mica lor garsonieră. Tanti Portăreasa era foarte fericită. Se atașase de acești copii, îi simțea ca pe proprii ei copii, care erau plecați în țară, în alte orașe unde aveau locul de muncă. Se vedeau rar și vorbeau la telefon din când în când, în funcție de timpul lor liber.

Anii au trecut în zbor. Ovi și Dia au ajuns la sfârșitul facultății. Într-o zi, toți studenții absolvenți au fost chemați în sala de festivități a facultății, unde se ținea repartizarea pe țară a tuturor studenților facultății de chimie. Aici se ținea cont de media obținută în toți anii de studiu și de media obținută la examenul de stat. Primii invitați să participe la această repartizare, erau studenţii cu mediile de nouă şi zece. Ovi şi Dia se încadrau aici şi aveau şi îndrumarea Rectoratului de a fi repartizaţi şi în activitatea de cercetare, dar numai după expirarea primilor trei ani de stagiatură la locul de muncă din producţie, adică acela pe care-l obţineau cu prilejul acestei repartiţii generale. Deci concluzia era că absolvenţii se duceau în producţie trei ani, apoi puteau să-şi continue activitatea într-un Institutul de Cercetare, unde erau cei mai buni din cei mai buni absolvenţi la disciplina studiată. Ovi şi Dia studiaseră chimia, deci mergeau trei ani să muncească undeva în ţară, unde îşi alegeau ei, consultând lista cu posturile libere, apoi puteau să vină la orice Institut de Cercetare care avea nevoie de calităţile lor. Aşa stând lucrurile la timpul acela al anilor 1980, cei doi tineri au ales să meargă la Vlădeni, unde erau două posturi de ingineri chimişti. Culmea era că acolo era şi un Centru de Cercetare al Seminţelor, subordonat Bucureştiului. Deci aveau toate şansele vieţii pline de noroc.

Bucuria celor doi tineri a fost mare, pentru că veneau acasă unde părinţii aveau o gospodărie înfloritoare, iar viaţa lor era mult uşurată, în sensul că nu luau viaţa de la lingură şi pat de dormit. Cei mai fericiţi erau părinţii lor, Constantin şi Maria, care îşi vedeau visul împlinit, adică să vină copiii acasă. Părinţii Diei, Anica şi Ghiţă, erau foarte fericiţi că fata lor intrase într-o familie de oameni harnici şi respectaţi, care aveau posibilitatea să le ofere copiilor tot necesarul vieţii şi chiar mai mult. Revenirea copiilor acasă a fost un prilej de bucurie şi petrecere, o sărbătoare importantă în viaţa tuturor.

Vestea a sosit şi în Institutul Ana Aslan. Tinerii au fost felicitaţi, au primit urările de succes şi fericire, iar „Domnul Prinţ", a strecurat o vorbă spusă aşa ca felicitare, dar cu bătaie lungă:

– Să fiţi sănătoşi, să parcurgeţi cei trei ani de stagiatură şi apoi să vă gândiţi şi la noi, care v-am crescut şi v-am format în domeniul Cercetării Ştiinţifice. Poate veţi dori să fim colegi, într-un viitor apropiat. Noi vă aşteptăm oricum, chiar dacă veţi veni doar să ne vizitaţi din când în când.

Cu aceste frumoase urări, tinerii Dia şi Ovi și-au luat rămas bun de la colectivul Institutului, unde au petrecut cei mai frumoşi ani ai vieţii lor de student.

Capitolul douăzeci

Viața la țară, începuturi

„Noi am intrat în viață grăbiți și hotărâți,
Cu frunțile de gânduri prea timpuriu crestate,
Și ne privesc cu ură dușmanii noștri, câți
Știu bine că noi creștem mereu și ne vom bate."[16]

Zilele și anii studenției au luat sfârșit. O bucurie mare, o împlinire meritată și un sfârșit al studenției dar nu și al anilor de studiu, de muncă intelectuală, de cercetare și documentare în tainele științei și evoluției ei la scară mondială. Cei doi tineri absolvenți ai facultății de Chimie Fizică, au pășit pe cărarea vieții și a formării lor ca specialiști în domeniul studiat. Astfel, Ovi s-a prezentat la postul de inginer stagiar la Stațiunea de Cercetare Agricolă din satul natal, Vlădeni, iar Dia și-a găsit locul în învățământ, profesoară de chimie și fizică la școala din aceeași localitate. La finele celor trei ani de stagiatură urmau să meargă amândoi la Institutul de Cercetare Agroindustrială. Un viitor frumos.

Constantin și Maria erau fericiți pentru că li se îndeplinise visul lor, de a avea copiii acasă cu ei.

Ovi era un inginer dedicat meseriei, cu inclinație specială pentru cercetare. Chiar și într-un sat al Mehedințiului, sat aruncat pe dealuri și văi, nu trata superficial meseria ce și-o alesese și pentru care se pregătise în anii studenției. Muncea din zori și până noaptea în micul său laborator pe care și-l dotase cu instrumentarul necesar, mai mult cu cheltuiala lui decât cu dotarea de la conducerea Institutului. Muncea cu pasiune și avea multe idei pe care le voia puse în practică. Munca de cercetător îi intrase în suflet. Pentru el, ceasornicul nu avea ore, iar timpul nu avea dimensiune. El studia la microscop o sământă a unei plante, pe care apoi o semăna, o urmărea în evoluție și de aici pornea o amplă cercetare asupra modificărilor genetice pe care le putea suporta, ori dacă nu era cum spera el, căuta cauzele. Toate aceste frământări ale lui, erau de fapt frământările seminței creatoare rodnice și folositoare omului. Până să ajungă acea sământă să fie cultivată în pământ la scară mare, treceau ani de studiu, de încercări, de căutări. Dacă reușita apărea ca o încoronare a muncii cercetătorului, abia aceea era fericirea lui. Numai că acea fericire apărea după multă sudoare a frunții. Ovi nu precupețea nici o clipă din viața lui, o dăruia muncii din laboratorul său. Aceasta era fericirea lui. Când privea dimineața culturile câmpului, urmărind cu un ochi atent fiecare cultură, fie de grâu, fie de porumb, fie de floarea soarelui, înțelegea ce le mai trebuie să crească în condiții bune, sau înțelegea ce le lipsește să fie sănătoase și de calitate superioară. Acesta era visul său împlinit.

Dia se acomodase cu școala din sat, care devenise cu studiu obligatoriu de zece ani. Erau multe de pus la punct și multe de creat pentru prima dată. Școala funcționase din timpuri străvechi într-o clădire cu două săli de clasă și o cancelarie. Copiii satului veneau zilnic la școală doar iarna, pentru că era frig și se încălzeau în clasă la sobă, dar mai era un motiv: fiind iarnă, treburile gospodărești la care ei erau parte ajutătoare a părinților, încetau. Totul până în primăvară, când începeau să absenteze din nou de la școală, fiind la munca câmpului ori la îngrijit animalele din gospodăria părinților.

Dia avea de înfruntat rezistența părinților, care refuzau să-și trimită copiii la școală, motivând:

– Eu cu cine să muncesc, tovarășe profesoară? Și pe urmă nu vreau să-l fac filosof.

Dia le explica cât de important este să vină la școală, cum viața copiilor și chiar și a părinților lor se va schimba în bine, cât de folositoare este învățătura. Dia vorbea parcă o limbă neînțeleasă de părinții copiilor. Lupta Diei era crâncenă. Ambițioasă, nu se lăsa copleșită de refuzul părinților și chiar al copiilor, pentru că era mult mai ușor să te duci să paști vaca pe câmp și să cânți din frunză niște cântecele, decât să vii la școală și să înveți să citești și să răspunzi la chemările învățăturii. În aceste condiții, Dia a apelat la Inspectoratul școlar din Drobeta Turnu Severin.

– Tovarășe Inspector, uitați ce probleme sunt în școala de la Vlădeni.

Și Dia enumera problemele, le cataloga pe priorități, prezenta planul ei de lucru cu copiii la școală și apoi și cu părinții. În acest timp, cât ea vorbea cu patos și determinare, domnul inspector mesteca o scobitoare între dinți și se uita la ea ca la o arătare pe cerul senin. Dia fierbea. Nervoasă, a încercat să caute un alt Inspector care s-o ajute să aducă acea școală la linia de plutire a învățământului modern. Nimeni nu o contrazicea, dar nici nu se implica s-o sprijine cu idei, cu fapte care erau în putința lor, a domnilor inspectori școlari. Dia pleca mai supărată de cum venise. Își frământa mintea cum să facă și de unde să înceapă procesul de culturalizare al oamenilor din acest sat. Pentru că acolo era vorba nu de modernizare a învățământului, ci de implementarea lui în capul tuturor sătenilor. Pentru asta avea nevoie de ajutorul și sprijinul autorităților din sat. Dar cine să se implice, când toți își trimiteau copiii cu vacile, cu gâștele, la păscut. Ba unii aveau și oi pe care le țineau la stână, iar paza lor o făceau cu copiii mai mari, adică cei ce trebuiau să meargă la liceu. Acestea fiind datele problemei, Dia a hotărât să ia pe cont propriu munca în acea școală. Complicat dar nu imposibil...

Primul pas pe care l-a făcut, a fost să se orienteze spre grădinița din sat, care avea o educatoare tânără, dornică de muncă, dar care se lovise de aceleași probleme precum Dia. A solicitat dotarea grădiniței cu jocuri creative, dar același Inspectorat i-a răspuns: *„nu avem fonduri”*. A solicitat un control stomatologic la copii, fiind în sat cabinet stomatologic, dar a primit un refuz categoric:

– Nu avem timp, avem destui pacienți din sat.

Pentru Dia era un pas câștigat momentul în care a hotărât să-și unească forțele cu educatoarea. La grădiniță prezența era aproape de sută la sută, indiferent de anotimp, pentru că erau copii de trei ani, până la șase ani. Aceștia nu puteau fi folosiți la muncile din gospodărie, iar ca părinții să fie degrevați câteva ore de grija copiilor mici, îi aduceau în fiecare dimineață la Grădiniță. Copiii erau flămânzi dar nu aveau pachețel de acasă. Educatoarea a fost în audiență la Tovarășul președinte al CAP, solicitându-i câțiva litri de lapte pentru copii. Acesta s-a uitat la educatoare ca la o arătare.

– De unde vrei tovarășe educatoare, să-ți dau lapte pentru copii? Noi avem contract cu statul și predăm laptele în fiecare dimineață.

Așa de nervos a fost Tovarășul Președinte, încât a ieșit din birou, evitând s-o îmbrâncească pe obraznica de educatoare. Dia și educatoarea deveniseră oile negre ale satului. Erau hotărâte să strice ordinea făcută de mai marii CAP-ului, precum și să le pună părinților copiii în cap, cu tact și cu răbdare.

Dia venea zilnic la grădiniță împrietenindu-se cu educatoarea. Amândouă, cu mâinile lor, confecționau din carton, cârpe, lipici, mărgele, jucării pentru copii. Apoi în fiecare dimineață, făceau gimnastică în curtea școlii. Pe drum, prin fața scolii, treceau sătenii și priveau la minunea lumii. Educatoarea face gimnastică cu copiii. La ora zece venea un sătean care avea vaci, cu o găleată cu câțiva litri de lapte fiert, pe care îl plăteau din salariul lor, educatoarea și Dia. Copiii se duceau acasă și spuneau că a venit Ion al Todiresei cu o găleată de lapte și a fost bun. Vestea s-a dus prin sat. Copiii veneau acum și cu câte un frate mai mare, pentru că voia și el să bea o cănuță de lapte. Așa, grădinița a devenit atracția tuturor copiilor din sat, adică a preșcolarilor și a școlarilor din clasele mici. În acest timp, laptele s-a înmulțit pentru că sătenii erau oameni ambițioși, care voiau să se vorbească bine și de ei, făcându-și socoteala că niște lapte nu-i mare lucru. Concurența sătenilor era amplificată și de Preotul satului, care a lăudat fapta lui Ion și i-a îndemnat și pe alții să facă la fel. Acum gălețile se înmulțiseră, iar Ion a vrut să dețină tot el supremația și a refuzat să mai primească bani pe laptele adus, spunând că este cadou pentru copii. Preotul a aflat și această faptă și iar l-a pomenit pe Ion la faptele bune. Acum a început concurența între donatorii de lapte. Încet, încet, Dia și Educatoarea nu au mai plătit laptele pentru copii. Dar a apărut o altă minune. Tovarășul Președinte al CAP, a simțit că el este cel care nu este lăudat, nu neapărat în Biserică, pentru că politica lui nu avea acces la Biserică, dar pentru fala lui în sat și a dat ordin la grajdurile de vaci ca în fiecare dimineață să se ducă atât lapte cât este necesar pentru toți copiii, iar fiertul laptelui să se facă la cantina tractoriștilor. Ei, după o astfel de faptă, Tovarășul Președinte a făcut și el o vizită la Grădiniță. Acolo a văzut atelierul educatoarei și al Diei, care confecționaseră un număr mare de jucării. Atât de tare s-a minunat, încât scoțându-și șapca de pe cap, s-a scărpinat ca după o mâncărime și a glăsuit cu voce tare și apăsat:

– Măi Doamnelor, măi fetelor, că sunteți de vârsta fetei mele, văd ca ați făcut minuni aici. Omul sfințește locul. Adevărat. Aveți nevoie de jucării? Vă ajut eu, dar nu acum, că nu am fonduri, dar să vină timpul de premiere al tractoriștilor și trec și Grădinița la premiere. Mulțumite?

– Vă mulțumim, Tovarășe Președinte. Sunteți singurul care ne ajută!

– Și nu este tot. Dar răbdare, că nu le putem face pe toate câte sunt necesare.

Dia, văzând că Tovarășul Președinte răspunde la chemarea grădiniței, a reluat și ea doleanțele pentru școală. A primit același răspuns:

– Răbdare.

Este adevărat că *„cu răbdarea treci marea"* dar... Dia era sătulă de câtă răbdare avusese să ajute grădinița, dar nu obosise. Grădinița era un aspect al planului ei. Reușise și era un succes, dar trebuia mers înainte, vorbind cu copiii. Dia mergea zilnic la grădiniță, fiind vacanța de vară, vorbea cu copiii mai mărișori. Le povestea cum ar fi dacă învață la școală și apoi merg la oraș la liceu, apoi la facultate. Copiii de șase-șapte ani erau foarte receptivi. Sorbeau cuvintele ei. Cei mai mărișori, de clasa a cincea, a șasea, erau mai indiferenți la îndemnul de a învăța, dar când auzeau că pot să meargă la oraș, la scoli și pot scăpa de corvoada de acasă, ciuleau urechile mai bine și deveneau interesați. Problema copiilor era cum să scape de acasă și să vină la școală. Ei aveau deja răspunderea ori a vacilor, ori a oilor, ori a gâștelor. Dia le spunea să vină ei la școală că vorbește ea cu părinții.

Așa a trecut vacanța de vară și a început școala. În două clase erau toți copiii de toate vârstele școlare. Se numea învățământ simultan. Adică în primele bănci erau școlarii de clasele unu-patru, iar în celelalte erau următoarele clase, adică cinci-opt, iar de clasa a noua și a zecea nu era nici unul, măcar. Dia simțea că se năruia cerul pe ea. Dar nu se dădea bătută. A pornit școala cu o învățătoare și două profesoare și acelea stagiare și cu gândul să plece în alte sate mai înstărite. Simțea că dacă pierde copiii cărora le-a deschis curiozitatea și dorința de carte, a pierdut acest război. Școala avea un Director, profesor de geografie, dar era tot timpul plecat ba la cursuri de perfecționare, ba la Inspectorat ca detașat și tot felul de astfel de motive. Oricum, nu era prezent în școală. Deci nu știai cui să te adresezi. Cadrele didactice atât câte erau, funcționau pe cont propriu. Dia fiind mai activă, cu dorința de muncă, a preluat cu de la ea putere responsabilitățile școlii. Primul lucru pe care l-a făcut a fost să desființeze cancelaria și camera cu materiale didactice, care era un cuib minunat pentru șobolani. Așa a mai creat două săli de clasă, separând cursurile primare de cele gimnaziale. Altă problemă era că nu avea bănci suficiente. Dia a apelat la Inspectoratul Școlar de la Severin, dar nu a primit nimic. A mai întrebat la școlile din satele învecinate și a aflat că aveau și ele aceeași problemă. Tot gândindu-se cum să facă să găsească câteva bănci, s-a plâns la socrul ei, Constantin, cerându-i un sfat, o idee.

– Tată socrule, nu cunoști pe cineva care poate să ajute școala cu câteva bănci?

– Să mă gândesc și găsesc eu o cale.

– Aș vrea cât de curând pentru că începe școala și nu am nici măcar niște mese și scaune să șadă elevii.

Tata socru, care o stima foarte mult pe nora lui, s-a gândit, iar rezultatul a fost un succes total. Constantin s-a dus în vizită la prietenul lui de o viață, președintele CAP-ului.

– O, să trăiești Constantine! Ce bine îmi pare că te văd! Ce mai faci?

– Ce să fac, eu bine dar o am pe nora mea cea mică, profesoară la școala din satul nostru și este supărată că nu are bănci pentru două clase pe care le-a amenajat ea acum.

– Bă, păi are atâția copii care vin la școală încât nu mai are bănci?

– Are, cum să nu aibă, dacă copiii au înțeles că dacă învață carte, scapă de sărăcie și de munca anevoioasă.

– Aha! Va să zică fetele astea două, adică nora ta și educatoarea, aduc copiii la școală. Bă, de nu știu cât timp satul se plângea că rămân copiii proști acasă. Bravo lor. Constantine, du-te acasă și spune-i noră-ti, că eu comand acum la atelierul de tâmplărie de la stațiunea de tractoare, câte bănci zice ea. Da, ia stai, că le comand eu câteva acum, și pe parcurs mai facem și altele. Ești mulțumit?

– Mulțumit. Să trăiești și să fii sănătos.

Vestea că Tovarășul Președinte a comandat băncile pentru școală, s-a dus iute ca glonțul, a făcut înconjurul satului și chiar a ajuns și în satele vecine.

În ajun de data de 15 septembrie, data la care școlile își deschideau porțile, Dia era în mare acțiune, pregătind clasele să primească elevii. Școala avea un om de serviciu, nea Ionica, bătrân dar făcea și el ce se pricepea și câștiga un salariu mic, fiind bucuros de el. Dia l-a păstrat în școală și pe el, având sarcina să facă focul la iarnă. În rest pentru curățenie, a găsit o mămică dornică să dea o mână de ajutor, apoi au venit și altele la fel de bucuroase, iar până în seară, școala sclipea de curățenie, cum nu fusese ea de când lumea. În prima zi de școală, Dia a amenajat o mică scenă în curtea școlii, a decorat-o cu flori din gradina Mariei, soacra ei și a pregătit o mică serbare cu copiii de la grădiniță și cu câțiva școlari. Apoi s-a gândit să se ducă la Tovarășul Președinte pentru a-l invita la deschiderea școlii. Surpriza cea mare a fost că tot satul a venit alături de copiii lor și au participat la programul artistic, îmbunătățindu-l cu cântece cântate de cei care mai erau cunoscuți și ca lăutari ai satului. În timp ce serbarea era în toi, la poarta școlii a parcat un tractor în a cărui remorcă erau zece bănci școlare. Atmosfera de serbare, s-a transformat imediat într-o atmosferă de lucru: toți bărbații cărau băncile în clasele care așteptau să fie dotate. Pe șosea, ca din întâmplare, venea Tovarășul Președinte.

– Ziua bună, la Dumneavoastră. Salută el vesel și făcând cu ochiul către tractorist, zise: bravo măi Ștefane.

Serbarea s-a încheiat cu bucuria că elevii aveau și bănci noi în care să învețe tainele cărții.

Capitolul douăzeci și unu

Școală nouă

Anul școlar începuse cu fapte promițătoare atât pentru elevi cât și pentru cadrele didactice. Școala avea acum în cancelaria ei o învățătoare tânără, care o înlocuise pe Maria, soacra Diei, care ieșise la pensie. De asemenea avea catedra de chimie și fizică sub îndrumarea Diei, catedra de limba română sub îndrumarea tinerilor profesori stagiari sosiți chiar în acea toamnă, soții Florescu, care susțineau și predarea limbii franceze. Matematica era sub îndrumarea tânărului profesor absolvent chiar în acel an al facultății de matematică din Craiova, pe nume Bivolaru, iar catedra de istorie și geografie era sub îndrumarea unui experimentat profesor, Constantin Dobre, originar din sat și care era cunoscut sub numele de Țică. Această configurație a cancelariei era cea mai mare reușită a Diei, pentru că ea urmărise să aibă profesori titulari la disciplinele Limba română, matematică, istorie și geografie, pentru importantul motiv că aceste discipline erau probe la admiterea la Liceu, la finele clasei a opta. Ea își dorea cu ardoare ca generația care creștea acum sub directoratul ei, să fie încununată de succes. Nu spera ca toți elevii prezenți la examene să obțină note mari, dar un procent important voia din tot sufletul să fie admiși, unii chiar cu note mari. Această dorință arzătoare, construită cu multă meticulozitate, cu fiecare act de pregătire, la fiecare disciplină, a fost înțeleasă bine de profesorii colaboratori, care au început munca de pregătire din primele zile ale anului școlar. În școală se făceau ore suplimentare de pregătire, ținute de profesori, în mod voluntar, iar rezultatele au început să apară imediat după vacanța de iarnă. Copiii nu erau proști, după cum vorbeau unele guri rele, erau neinstruiți și atât. Nu avuseseră cadre didactice interesate să-i pregătească temeinic. Fuseseră doar stagiari cu gândul să plece repede la alte posturi, cu ochii pe ceas să vină cursa spre Drobeta Turnu Severin. Acum, prin prezența noii Directoare, în persoana Diei, se schimbase punctul de vedere și dorința de reușită a copiilor ajunsese la cotă maximă. Părinții, care până mai ieri ziceau că nu le trebuie carte copiilor lor, pentru că au treabă să muncească la câmp și în gospodărie, acum veneau și cu capul plecat, rușinați, îi spuneau Diei că le pare rău și o roagă să-i ierte pentru atitudinea din trecut.

– Am fost proști, Doamnă Directoare.

Dia îi asculta cu răbdare și-i încuraja, spunându-le că au copii foarte buni, care vor ajunge oameni mari și vor scăpa toți de sărăcie.

În același timp, Dia ținea strâns frâiele orelor de pregătire la clasă, cât și a celor de pregătire la finalul orelor de studiu. Urmărea era evoluția fiecărui copil, de asemenea afla părerea fiecărui profesor în parte și mai afla nivelul de cunoștințe al tuturor elevilor. După vacanța de iarnă, urmau concursurile interșcolare, olimpiadele la nivel local, apoi la nivel județean și ultima olimpiadă era pe țară. Școala din Vlădeni nu auzise în veci de astfel de concursuri, așa că a fost o mare mirare pentru cadrele didactice de la Vânju Mare, unde se ținea prima etapă a olimpiadei, că sosea o delegație din zece elevi din satul Vlădeni. Dacă mirarea a fost așa cu o ridicare din sprânceană a profesorului coordonator, finalul a fost cu o exclamație de genul: *„nu se poate! Chiar de la școala din Vlădeni sunt copiii aceștia?”* Dia a surâs discret, a răspuns scurt: *„da!”*, și-a luat copiii, s-au urcat în cursa cu care veniseră și au plecat la casele lor. Peste numai două săptămâni, au pornit spre orașul Drobeta Turnu Severin, să se prezinte la etapa următoare a Olimpiadei. Formațiunea era completă. Toți copiii trecuseră cu brio de prima etapă, care a fost întâi la disciplina matematică apoi au urmat la limba și literatura română și ultima la istorie. La toate disciplinele s-au calificat cu foarte bine toți copiii. La olimpiada pe orașul Drobeta Turnu Severin, trei copii s-au calificat la proba de matematică pentru olimpiada pe țară, care se ținea la București. Aici erau probleme nu de pregătire a copiilor, ci de deplasarea lor într-un oraș de care ei doar auziseră și-l reperaseră pe hartă. Părinții au sărit primii cu gură multă:

– Doamna Directoare, nu avem noi bani să cheltuim la București. Și la urmă cu ce se aleg? O diplomă de carton. Păi aia ne trebuie nouă? Lăsați-i acasă că știu destul cât să intre la vreun Liceu în Severin.

Dia era încolțită din toate părțile. Părinții pe de o parte, copiii pe de altă parte dar cu o opinie total diferită de a părinților.

– Doamna profesoară, vă rugăm faceți ceva să fie de acord și părinții noștri. Noi vrem să mergem și la București și să știți că nu vă facem de râs.

Ce era în sufletul Diei, numai ea și Dumnezeu știa... S-a scuturat ca de o greutate pe care ar fi purtat-o pe umeri și le-a spus copiilor:

– Lăsați-mă până mâine, să mai cântăresc ce pot face pentru voi. Oricum, vă mulțumesc pentru voință, pentru dorință și promit că nu vă voi dezamăgi. Copiii au plecat acasă cu speranța că Doamna nu-i va lăsa pradă necunoscutului. Copiii aceștia gustaseră din cupa victoriei, înțeleseseră ca sunt și ei campioni, că au depășit limita de a fi un nimeni, un țăran prost, cum îi catalogau unii mai răi. Fenomenul principal pe care-l înțeleseseră era că aflaseră ei cine sunt și de ce sunt în stare. Acești copii pe care familia și lumea satului îi trataseră ca pe niște copii de la țară, fără educație aleasă, buni să facă numai treburile pe care părinții le lăsau în grija lor, s-au trezit că sunt campioni la matematică, la limba română, la istorie. Pentru aceasta erau fericiți, descoperind că viața este minunată și pentru ei. Dia devenise singura lor salvare spre lumea civilizată.

Dacă copiii erau veseli pentru reușitele lor, Dia era fericită că pusese piatra de temelie în viața acelor copii. Bucuria a vrut s-o împartă și cu Ovi și cu toată familia, povestind cu prilejul mesei de prânz toate întâmplările. Maria, soacra ei, plângând de emoție, a rugat-o să nu renunțe la planul ei. Și Maria fusese directoarea acestei școli, cu mulți ani în urmă, avusese și ea rezultate bune cu elevii ei de atunci, dar acum Dia o depășise. Ovi a ascultat atent și impresionat de spusele Diei, a hotărât să-i ducă el și cu Dia pe copii la București la Olimpiadă. Trei copii nu sunt atât de mulți și au loc cu toții în mașina lor, o Dacia albă, nouă și frumoasă. Cu o astfel de veste, Dia le-a umplut sufletelele copiilor, cu o bucurie imensă.

Când s-a apropiat data Olimpiadei, copiii au fost pregătiți de părinții lor, îmbrăcându-i cu hăinuțe curate și aducându-i la poarta școlii, de unde au pornit la drum însoțiți de *„Doamna Directoare și de Domnul inginer Ovidiu"*, așa cum spuneau ei colegilor de clasă. Drumul a fost bun, vremea caldă, iar Ovi conducea cu prudență, ca de-obicei, astfel că la ora nouă dimineață au fost la poarta Liceului unde se ținea concursul la matematică. Trei ore de examen și copiii au venit în fugă la Dacia ce-i aștepta în parcare.

– Cum au fost subiectele? Întreabă Doamna Profesoară.

– Ușoare.

Dia a sărit ca arsă:

– Cum ușoare?

– Foarte bine. Noi am lucrat cu Domnul Profesor numai probleme din astea dintr-o culegere a dumnealui.

– Și la geometrie v-a ieșit figura bine?

– Păi a ieșit, că ne-am prins cum era cu triunghiul isoscel.

– Bravo, dar când vor veni rezultatele, le primim la școală și atunci vedem ce scrie acolo... Acum hai acasă. Mai întâi mergem să mâncăm ceva și la desert să luăm o înghețată.

– Ce bine. Ura!

După ce au sărbătorit evenimentul cu bucurie, au pornit la drumul de întoarcere spre casă. Ajunși la Craiova, au făcut o pauză, vizitând-o pe verișoara lui Ovi, unde au băut o cafea mare și bună, apoi s-au odihnit două ore, după care au plecat iar la drum. Dia și copiii au fost tratați cu o cremă de zahăr ars și cu o limonadă răcoritoare. La plecare, au promis că vor mai veni în vizită, pentru că le-a plăcut tratația. Multă vreme au povestit acești copii despre călătoria la București și vizita la Craiova la o doamnă care locuia la bloc și avea *„un căruț care te suia la etaj"*. Firește era un lift, pe care ei îl văzuseră pentru prima dată în viața lor. Acești copii, acum au o carieră reușită, unii au absolvit facultatea de matematică alții politehnica.

Rezultatele la Olimpiada pe țară la matematică au sosit după o săptămână, fiind comunicate la Inspectoratul Școlar de la Drobeta Turnu Severin. Copiii erau clasați pe locul unu. Pentru aceste rezultate strălucite, au fost felicitați Inspectorii de la Severin, care s-au făcut că uită să le comunice și la școala din sat. Totuși nu a fost o mare tristețe, pentru că Dia s-a descurcat și a aflat de la secretara Liceului unde fusese concursul. Trăim în România, indiferent ce regim avem și asta ne marchează viața, devenim individualiști, invidioși, în așa fel încât la sufletelul unui copil ne gândim mai rar... Ce bucurie a fost în tot satul, în toată școala, ba și la Sfatul Popular și la Postul de Miliție (erau anii 1970). Părinții pluteau de fericire iar copiii realizau că sunt în situația să știe ce vor de la viață.

După ce au trecut și Olimpiadele, se vedea cu ochiul liber că moralul sătenilor crescuse, realizau că au o școală unde se învăța carte și faptul că au o Directoare ambițioasă pe cât de măruntică este. Satele învecinate au solicitat ca anumiți copii mai dezghețați, să fie primiți la școala din Vlădeni. Și au fost primiți, iar rezultatele lor au făcut cinste profesorilor pentru efortul lor. Faptul că a fost un efort nu este o vorbă în vânt. Un copil dotat cu inteligență, dacă nu este prelucrat de un profesor care are dragoste pentru materia pe care o predă, nu va obține rezultate bune și foarte bune. Școala se face în instituția școlară, dar cu sufletul dăruit de profesorul ce predă materiile de studiu.

Realizările Diei, obținute în școala pe care o conducea, a schimbat percepția rostului profesorului potrivit la școala potrivită. Ea, modestă ca întotdeauna, și-a continuat munca de profesor, pe care deja o practica și o îndrăgea din toată ființa ei. Nu se mai gândea să se întoarcă în Institutul de Cercetare la finele celor trei ani de stagiatură. Școala a devenit viața ei. Rostul ei pe lume și în lume.

Dia avea un gând ascuns, parcă îi era și frică să-l spună cu glas tare... Voia să construiască o școală nouă. Școala veche era folosită la capacitate maximă, era curată, îngrijită cu multă atenție, dar era veche. Ar mai fi fost necesar un laborator pentru orele de chimie, de fizică, de biologie, unde să organizeze orele de studiu cu mici experimente cu substanțe chimice, ori la orele de fizică le putea arăta cum acționează un simplu fenomen fizic, nu mai vorbim de orele de biologie, unde puteau cunoaște corpul uman sau al animalelor, cu ajutorul planșelor colorate sau a mulajelor din plastic... Copiii umpleau toate cele patru săli de cursuri și nu mai era loc disponibil și pentru un laborator. De asemenea erau probleme mari și cu grupul sanitar, care era o latrină în curte, amenajată ca un WC. Toate aceste aspecte o îngrijorau, dar nu avea curaj să apeleze la Inspectoratul școlar de la oraș, căci știa răspunsul: *„nu avem fonduri"*.

Dumnezeu mai și ghicește uneori gândurile oamenilor buni... Iată ce întâmplare a schimbat viața școlii din Vlădeni.

Într-o zi de început de vacanță de vară, s-a auzit în sat că a venit un tovarăș de la București, ca Prim Secretar al organizației PCR în satul Vlădeni. Vechiul Secretar a plecat într-o altă localitate, fiind vorba de o rotire a cadrelor. Acest tovarăș a primit și o casă în sat, instalându-se cu familia. În componența familiei erau doi copii școlari în ciclul primar. Evident că au fost înscriși la școala din sat. A cunoscut-o pe învățătoare, pe profesori și bineînțeles pe Directoare. După o mică conversație de introducere, se adresează Diei direct:

– Tovarășe Directoare, dumneavoastră vă place școala aceasta?

– Această școală are aproximativ o sută de ani. Clădirea nu mai corespunde cerințelor actuale, dar nu avem alta și nu avem pe nimeni care să ne ajute să facem altă clădire. Deci nu-mi place, dar alta nu avem.

Tovarășul Secretar a ascultat cu atenție, timp în care își zicea în sine: *„cu profesoara asta cred că rezolv problema școlii. Pare deșteaptă și conlucrează cu mine."* Apoi cu voce tare a spus:

– Tovarășe Directoare, eu vă propun să facem o clădire nouă și s-o amplasăm în continuarea celei vechi. Mă ocup eu de toate aprobările. Știu ce trebuie, eu am lucrat în construcții și mă pricep la clădiri.

– Tovarășe Prim, sincer vă spun că acesta este un vis al meu, dar nu am avut curajul să-l fac cunoscut Inspectoratului Școlar, pentru că am știut răspunsul: *„nu avem fonduri"*. Deci pierdeam timpul, nu obțineam aprobarea, iar banii necesari construirii din fonduri proprii, nu aveam de unde să-i obțin. Oamenii din acest sat sunt modești, au venituri mici și muncesc în marea lor parte în agricultură și doar câțiva sunt mineri, care au salarii mai bunicele.

– Tovarășe Directoare, eu am nevoie doar de aprobarea Dumneavoastră și a Consiliului Popular. În rest mă ocup eu să rezolv.

– Din partea mea vă dau aprobarea scrisă chiar acum. Restul, dacă puteți Dumneavoastră să rezolvați, vă sunt profund recunoscătoare.

– Vă garantez că în cel mai scurt timp începem construcția.

Dia, în calitatea ei de Directoare a școlii, se bucura că a găsit un astfel de om curajos și cu dorința să facă ceva trainic pentru acest sat, uitat de timp și de lume.

Tovarășul Prim, cum îi zicea toată lumea din sat, locuia într-o casă închiriată, undeva la marginea satului, destul de departe de școală. Pentru el era atât de urgentă construirea noii școli, pentru că avea în vedere să construiască și o clădire unde să fie cazați profesorii care veneau din diferite locuri din țară, dar chiar și pentru el, care avea și familia acolo și condițiile de viață erau grele. Așa că Tovarășul Prim, ca mai mare în grad în raport cu toată administrația satului, adică Președintele CAP-ului și Secretarul Sfatului Popular al satului, i-a convocat pe toți aceștia într-o ședință urgentă. În calitatea de trimis al Partidului Comunist, care trebuia să vegheze la bunul mers al treburilor din localitatea de care răspundea, Tovarășul Prim le-a expus propunerea lui și le-a solicitat aprobarea. Aceștia priveau, ascultau și credeau că acesta este ori dus cu pluta, ori habar nu are de realitățile cu care se confruntă ei. Cum șeful cel mare era Tovarășul Prim, au zis în cor:

– Da, să trăiți, facem cu cea mai mare bucurie. Chiar avem nevoie și de Școală nouă și de o clădire, un bloc cu câteva apartamente, pentru că nici profesorii nu avem unde să-i cazăm, nici pe tovarășul Doctor veterinar, nici pe cel uman de la Dispensar. Ce să mai vorbim, nevoi sunt multe, dar puterile sunt mici. Nu avem fonduri proprii, iar de la Județ, nu cred să ne dea cineva ajutor, decât dacă Dumneavoastră apelați.

– Asta rămâne în sarcina mea. O voi rezolva eu în cel mai scurt timp. Vă mulțumesc pentru susținere și vă urez spor la muncă. Bună ziua.

Președintele CAP-ului și Secretarul de la Sfatul popular, au ieșit pe ușă cam amețiți, cam mirați... Nu mai văzuseră un nebun ca acesta în satul lor. Dar el era cel mai mare și puternic din punct de vedere politic, el să rezolve. Cu pașii moi, au plecat la treburile lor curente, dar tot dădeau din cap a mirare și parcă pluteau. Auzi: să facă școală nouă, când asta care este, abia au putut s-o văruiască și s-o curețe, că prea s-a rugat de ei directoarea asta, o fată tânără și mai era și nora lui Constantin. Așa, de rușine pentru obrazul lui Constantin, care i-a servit pe toți când aveau un copil bolnav, sau chiar pe ei i-a dus la doctori buni la oraș și i-a vindecat. Dar ce visează Tovarășul Prim, este ca de pe lumea cealaltă. Așa gândeau toți, dar vorbeau în șoaptă.

Tovarășul Prim a pornit cu tot elanul, a luat cursa din sat care mergea zilnic la oraș, adică la Severin și cu toată dorința și voința, s-a prezentat la Județeana de Partid, unde erau superiorii lui. Aici a solicitat o audiență. În primă fază, l-a primit un secretar, care fiind mai mic în grad decât Tovarășul Secretar pe Județ, a avut timp să-l asculte pe cel mai mic în grad ca el, adică cel venit de la Vlădeni.

– Ia să ascultăm tovarășe, ce problemă aveți?

– Păi Tovarășul Secretar, eu răspund de organizația PCR din satul Vlădeni, așa cum m-am prezentat. Ce doresc eu? Să mă susțineți în aprobarea construirii unei clădiri noi pentru școala din sat, cea veche are peste o sută de ani și a unei construcții cu parter și un etaj, pentru profesorii care predau la școală și nu sunt din localitate, pentru doctorii care deservesc Dispensarul Comunal și CAP-ul.

Secretarul PCR se uita bine la el, să se convingă de starea în care se află. Adică este beat, ori are o doagă sărită. Apoi își freacă mâinile mari ca două lopeți, se mai uită încă o dată la el, să-l vadă bine și începu a zice cu glas domol:

– Tovule, noi nu suntem în măsură să aprobăm construcții. Noi apreciem voința Dumneavoastră de a ajuta satul și de a face o faptă demnă de laudă, dar vă întreb cu ce bani vreți să faceți acele construcții?

– Păi aici este problema.

– Așa! Și?

– Păi, dacă Partidul mă sprijină, mă ajută toată lumea. Daca Partidul zice: *„bine, se face"*, zic și ceilalți la fel și am rezolvat problema.

Secretarul se mai uită încă o dată la el, plecă capul privind covorul cu desenul lui geometric, pe care acum îl vedea mai bine, se scărpină după ureche și se gândea: *„mă, dacă ăsta este nebun, eu nu scap de el decât dacă-i promit ce-mi cere, ori eu nu pot face asta, că Șefii mă pedepsesc, dar hai să-l introduc în audiență la șeful cel mare. Să-l rezolve el!"*

– Tovarășe, eu v-am ascultat cu atenție dar mă depășește problema, dar vă ajut să intrați la Tovarășul Prim Secretar la Județeana de Partid. Dânsul dacă zice *„da, se aprobă"*, este ca și rezolvată.

– Vă mulțumesc. Asta și vreau. Să trăiți.

Și a plecat precum un fulg în zbor din cabinetul Secretarului mai mic, în biroul Secretarului mai mare. Aici erau și alții care așteptau pentru audiențe. Se așază și el pe un scaun și așteaptă. Timpul trecea, el tot aștepta. Citea cadranul ceasului de la mână, iar se mai foia pe scaun. Nimic. Toți care așteptaseră, intraseră, dar pe el nu-l chema nimeni. Se înfurie. *„Păi până când stau eu la ușa voastră și voi tăiați frunză la câini?! Stați așa, că nu știți cu cine aveți de-a face!"* Cum era în anticamera biroului șefului cel mare, se ridică și caută cu pas domol să pășească în marele birou. Se uită mai bine, nu era nimeni. Șeful lipsea. Intră, își aruncă o privire din prag, gândind că o fi în vreun ungher al încăperii. Nu era nimeni, biroul era gol, goluț. A pășit cu pas hotărât, a intrat în încăpere, a închis ușa după el și s-a dus la telefonul care era pe somptuosul birou. A format un număr știut de el și a venit răspunsul de la capătul celălalt al firului:

– Da, vă rog. Cabinetul Tovarășului Prim Secretar București, Ilfov.

– Sunt Stancu Ion, Prim Secretar la Vlădeni de Mehedinți. Vreau cu Tovarășul Prim de la Ilfov.

– Imediat, aveți legătura.

– Alo, da. Ce s-a întâmplat Ioane? Ce vânt te trimite la mine?

– Să trăiți, Tovarășe Prim, am probleme.

– Așa. Păi ce, nu te-au primit bine la Mehedinți?

– La Vlădeni m-au primit foarte bine oamenii, dar acum sunt la Severin în cabinetul Tovarășului Prim și stau de câteva ore, aștept să intru în audiență și nu-i nimeni în cabinet, parcă au dispărut în ceață toți. Au mai fost vreo patru înaintea mea, au intrat, dar pe unde au ieșit nu știu, iar eu stau ca prostul și aștept să intru la audiență. Deschid ușa biroului și ce să vad? Nu-i nimeni aici. De asta vă sun. Mă iau de prost. Eu nu am făcut caz de unde vin și una alta, dar aici se pare că treburile cu oamenii obișnuiți nu merg bine. Acum vorbesc de la telefonul tovarășului Prim, dar unde o fi, nimeni nu știe, pentru că nici nu am pe cine întreba. Au dispărut toți.

– Mă omule, tu visezi, ori vorbești serios?

– Cum să visez Tovarășe Prim? Vă spun adevărul gol, goluț.

– Bine. Du-te în anticameră.

– Să trăiți, am înțeles.

Stancu Ion s-a conformat, a ieșit din birou, a închis ușa în urma sa, s-a așezat pe un scaun și a așteptat. După câteva minute, lungi cât o zi de post, a ieșit un bărbat care nu se știa ce hram poartă, care l-a invitat să intre în biroul șefului, spunându-i cu glas domol, parcă zicea o rugăciune la Biserică, să aștepte o clipă, că sosește imediat șeful, apoi pleacă cu un pas ușor și un pic inclinat de spate, parcă ar fi făcut o plecăciune în fața vreunui împărat. Stancu Ion a înțeles că Șeful din București a sunat la telefonul pe fir roșu și i-a prins în defect pe mai marii din Mehedinți. Probabil că au urmat ordinele de rigoare. Cum s-ar zice *„au pus-o de mămăligă"* șefii mehedințeni.

Așteptând în cabinetul mai marelui șef al PCR Mehedinți, Stancu Ion aștepta să fie spulberat de acest șef. Chiar se pregătea să-l înfrunte cu toată tăria. În finalul clipelor de așteptare a sosit și șeful cel mare. Un bărbat cam la cincizeci ani, scund de statură, grăsuț ca un dopușor, cu privirea vioaie și șireată ca un viezure, intră pe o ușă laterală și cu o morgă de om spășit îi întinse o mână de prieten zicând:

– Ia să ascultăm ce treburi vă abat pe la noi.

– Păi, Tovarășe Prim Secretar am înaintat o solicitare pentru construcția în satul Vlădeni, a unei școli și a unei clădiri de locuințe pentru specialiștii care nu sunt din localitate, profesori, medici și alte asemenea cazuri. Mi s-a spus că sunteți singurul în măsură să aprobați așa ceva.

– Cine v-a spus asta?

– Tovarășul secretar la care am fost prima dată în audiență.

Stancu Ion îl privea direct în ochi, era încordat ca un arc și aștepta să-i răspundă să se ducă să-i aprobe acela care l-a trimis la el. Abia atunci începea dansul. Dar Tovarășul Prim, cel mai mare și mai tare din Mehedinți, tăcea și strângea din dinți, evident ținând maxilarele încordate, capul în jos cu privirea țintă pe covor, parcă dorind să găsească acolo rezolvarea acestei situații. După ce și-a dres glasul, a zis cu un glas mieros:

– Sigur, sigur aprobăm pentru că aceste construcții sunt în folosul oamenilor muncii, pentru care Partidul și Guvernul nostru au multă grijă și respect... Nu? Sunt oamenii muncii.

Stancu Ion îl privea țintă în ochi și-l aștepta să zică *„Nu"*, dar abil și meșter la cuvinte, acesta a zis *„DA"*. Urma să semneze, dar tot învârtea memoriul acela, ca pe tabla încinsă. Atunci Stancu Ion, a plusat:

– Semnați, vă rog.

O mie de ani parcă ar fi trecut, atât a încetinit mișcarea mâinilor care deschideau capacul stiloului, aranja hârtia, o mai netezea cu mâna, mai privea în jos covorul, mai căuta poziția bună care să-i confere așternerea semnăturii. Și gata, a semnat. Roșu ca fierul încins, s-a ridicat de la birou, i-a întins memoriul lui Stancu Ion și s-a prăvălit în fotoliu, ca un om învins. El, marele șef să facă ce-i cere un oarecare activist de partid. Da un oarecare, care venea de la București, nu fără motiv, nu de dragul de a încerca nămolul și praful unui sat oarecare. Venea cu o misiune care nu se știe ce scop avea, că doar Bucureștiul nu strănuta de grija școlii din Vlădeni. Cum este zicala: *„buturuga mică răstoarnă carul mare"* și uite așa, Tovarășul Prim Secretar al PCR de la Vlădeni, a venit cu aprobarea de construcție a școlii și a blocului de locuințe. Restul de proiecte, de aprobări de proiecte, de avize solicitate de arhitect, de tot felul de formalități, au fost puse în regulă de cei în drept, iar cheltuielile cu aceste construcții au fost suportate de la bugetul de stat, care avea în programul său construirea de edificii școlare și de locuințe, ca fiind cea mai importantă datorie față de cetățenii țării. Pentru satul Vlădeni, important a fost că au început săparea fundației școlii chiar din vara aceea, cu forțe proprii. Adică săpatul fundației a fost făcut de săteni sub îndrumarea Tovarășului Prim. Prepararea și turnarea betonului s-a făcut tot de săteni, folosind cunoștințele aceluiași Tovarăș Prim, care înainte de a fi Prim Secretar, lucrase în construcții și cunoștea operațiile care trebuiau făcute. Materialele de construcții erau procurate pe cât se putea, pe plan local. Adică pietrișul era luat din cariera de la marginea satului, cimentul era procurat de la fabrica din Târgu Jiu, cărămida era adusă de la Timișoara. Tocăria și toată lemnăria era prelucrată în sat, de meseriașii satului. Tabla pentru acoperiș era adusă tot de la Târgu Jiu. Tot ce se putea lucra în sat, acolo se realiza și tot satul muncea, toți bărbații satului lucrau când aveau liber de la locul lor de muncă. Venise toamna, școlile trebuiau să-și înceapă cursurile, școală nouă nu era gata, dar nici mult nu mai avea. S-a lucrat până timpul s-a răcit, ploile au început și iarna s-a instalat ca o prințesă în rochie albă.

Tovarășul Prim, devenise pentru sat Nenea Ionică. Îl stimau și-l iubeau nu numai sătenii, ci și copiii lor. Când îl întâlneau pe drum, nu-l ocoleau ci îi ieșeau în cale, îl salutau cu tot respectul, spunându-i

– Sărut mâna, Nenea Ionică!

Iar el, pe cei mici îi lua în brațe și-i săruta pe frunte, iar pe cei mari îi saluta respectuos, bărbătește, dându-le mâna și zicând:

– Salut bărbate!

În cei cinci ani cât a avut misiunea de a fi Prim Secretar în Vlădeni, a fost respectat și iubit. Nu a plecat până ce Școala a fost dată în folosință, chiar copiii lui s-au bucurat de beneficiile ei, iar blocul promis a fost construit în dublu exemplar și dat imediat în folosință. Primul apartament a fost ocupat de Tovarășul Prim. Profesorii care locuiau vai de mama lor, prin case închiriate și care trebuia să care apa potabilă cu găleata de la cișmelele din sat, acum aveau locuințe frumoase, cu două camere, baie, bucătărie și magazie de lemne. Apa era pompată în locuințe cu un hidrofor, iar apele reziduale erau colectate într-un bazin septic, care era lunar curățat de mașinile care se ocupau de această activitate. Încălzirea pe timpul iernii se făcea cu lemne, în sobe de teracotă. Iar la baie aveau un boiler ce fierbea apa tot cu lemne. Bucătăriile erau dotate cu aragaz cu butelie. Sigur, nu era un confort extraordinar, dar față de ce condiții erau la casele țărănești, acestea erau super elegante.

Visul Directoarei Școlii era împlinit. Fiecare zi era o provocare pentru ea și tot corpul profesoral în modul de a pregăti elevii pentru un viitor frumos. Copiii din sat frecventau școala cu regularitate și erau interesați să învețe cât mai bine, să meargă la olimpiade, să participe la concursuri cu tematică fie de literatură, de geografie sau de matematică. Începuseră să înțeleagă că limbile străine le conferă posibilitatea să citească literatură universală în parfumul limbii în care fusese scrisă. Astfel, la Biblioteca din sat, organizată în incinta Căminului Cultural, găseau romane scrise în limba franceză ori engleză. Cu toate că erau și traduse în limba română, unii dintre elevi solicitau să citească și în limba în care fuseseră scrise. Era o performanță pentru elevi și o mândrie pentru profesori. Pentru că în școală nu era decât o profesoară care preda limba franceza și engleză, care nu mai făcea față solicitărilor elevilor, Dia a trecut la catedră să predea și aceste limbi alături de tainele chimiei și fizicii. Părea un concurs între profesori, în sensul că fiecare dorea să ofere cât mai mult din cunoștințele lui. Familia de profesori Florescu, era în topul preferințelor printre elevi. Doamna profesoară preda limbi străine, iar domnul profesor preda Limba și Literatura română. Erau neobosiți în munca pentru școală. Poate această muncă dusă până la maximum le-a adus despărțirea peste câțiva ani. Nu mai aveau timp pentru ei. Toată viața lor era școala...

Primii absolvenți ai clasei a opta au pornit la oraș, adică la liceele din Drobeta Turnu Severin, unde au participat la concursul de admitere. A fost o explozie de bucurie, în ziua în care s-au anunțat rezultatele. Fuseseră admiși toți. Câți înscriși, atâția admiși. Toate satele vecine vuiau că în Școala de la Vlădeni se învăța carte.

Acest succes a convins în plus, pe toți părinții să-și trimită la școală copiii. Dia radia de fericire. Aceasta a fost strategia ei. Ea a fost cea care a înțeles din prima zi de școală ca profesoară, că lupta ei trebuie să fie dusă pe planul pregătirii primei serii de absolvenți de clasa a opta, care va da examen pentru admiterea la liceu. A trebuit să muncească și să aibă răbdare să treacă acel răstimp de câțiva ani, ca finalul să fie cel scontat de ea: prima serie de excepție. De aici drumul spre cultură, învățătură, depășirea sărăciei și inculturii la sat era un proces care curgea ca apa de izvor.

Capitolul douăzeci și doi

O dorință imposibilă

„Doamne, câtă tristețe și frunză!
Te dărui și n-ai cui,
Te dărui nimănui.

Buzele se desfac zâmbind a milă,
Vinul gâlgâie în silă.
O durere estompată și surdă
Bântuie inima mea.”[17]

Viața la țară o încântase pe Dia prin reușitele în tot ce plănuise și dorise să izbândească în organizarea și conducerea școlii din satul Vlădeni. Nimeni nu se străduise cât ea, oricâți directori a avut la conducere acea școală. Ea fusese muza creatoare, muza care a stăpânit bagheta făcătoare de minuni. Și cum o minune nu se împlinește singură, a venit încă o minune, în persoana Tovarășului Prim Secretar al PCR. Omul acesta fusese precum o piesă principală a unui puzzle. Fără sprijinul lui, fără curajul lui de a înfrunta pe mai marii conducători ai destinelor mehedințenilor, nu ar fi reușit să construiască o școală nouă. Sigur că ar fi reușit să mobilizeze câțiva profesori în scopul ridicării nivelului de instruire al elevilor. Ar fi reușit să renoveze școala veche, să fie cât decât adusă la linia vremii actuale, dar mai mult nu s-ar fi putut. Omul aducător de izbândă a fost acest activist de partid, trimis de București să-și facă stagiul în provincie, ca apoi să fie promovat în funcții mai mari. Nimeni nu a bănuit că în acest om se ascundea un creator al unei lumi noi, un curajos și un luptător pentru un ideal al lui. Din fericire, acel ideal, pe care el l-a urmat, a fost dorința să clădească ceva trainic, ceva care să rămână în urma lui și să dovedească trecerea lui prin acele locuri. Norocul vlădăienilor a fost că acest om lucrase în construcții, se pricepea la așa ceva și s-a angajat perfect conștient, într-o luptă în care știa cum să-și pregătească apărarea și când era cazul, atacul. Timpul lui de prezență în acest sat a fost socotit de șefii mai mari de la București la numai cinci ani, apoi a fost chemat înapoi de unde venise și cine știe ce alte sarcini a mai primit...

Dia îndrăgise meseria de profesoară. În acest răstimp își susținuse toate examenele de grad, ba se gândea să pregătească și o temă de doctorat. În anii aceia, un candidat la doctorat trebuia ca timp de șase ani să aibă rolul de aspirant la doctorat. În acel timp lucra sub îndrumarea unui profesor universitar, întocmea teme de cercetare, publica în reviste de specialitate anumite articole pe tema aleasă și era precum un soldat pe front. Nu avea timp de distracții, muncea și iar muncea.

Anii treceau unul după altul. Ajunsese la o vârstă matură, împlinită profesional, iubită de familie și de soțul ei, Ovi, care o diviniza. Dar... era și un mare *„dar"*, socrii și părinții ei observaseră că trecuseră ani buni de la căsătoria lor și nu aveau nici un copil, în timp ce fratele mai mare al lui Ovi, avea două fetițe măricele și pline de drăgălășenie. Ovi și Dia nu refuzaseră acest dar de la Dumnezeu, dar el nu venise. Ei fiind mereu ocupați cu studiul, fiecare cu profesia lui, nu dăduseră importanță faptului că nu se întâmplase să aibă nici o sarcină dusă până la capăt. Nici nu se agitaseră în acest sens, zicând că sunt tineri și viața este lungă. Acum trăseseră primul semnal de alarma părinții lor. Ei, în cazul acesta, ca să-i liniștească pe părinți, au consultat un medic de specialitate, în primul oraș din apropierea locuinței lor, adică Drobeta Turnu Severin. Aici au aflat că totul este în regulă, să nu-și piardă speranța. Pentru un timp, părinții lor au acceptat ideea, apoi au mai socotit ei anii Diei care trecuse binișor de treizeci ani, se apropia de patruzeci de ani și au gândit că șansele scad pe măsură ce trec anii. Atunci i-au sfătuit să consulte și alți medici, cum ar fi un specialist de la București. Dia era prinsă cu lucrarea de doctorat, nu avea timp de consultat medici, dar ca să liniștească părinții, împreună cu Ovi, și-au luat inima în dinți și într-o bună zi au pornit la drum cu mașina lor la București, a făcut câteva analize care au ieșit în parametrii normali și a primit recomandarea să aibă răbdare, că toate vin la timpul lor. Au venit acasă, au comunicat rezultatul analizelor și așa le-a închis gura părinților, iar ei și-au văzut de treburile lor. Timpul era neiertător. Treceau lunile, trecea anul, ei nu dădeau nici un semn că ar aștepta un copil. Părinții s-au sfătuit ei precum în clubul înțelepților și au hotărât să-i povățuiască să înfieze un copil, acum cât sunt tineri și dacă va apare și unul conceput de ei, va fi bine venit. Dia a sărit ca arsă:

– Eu nu înfiez nici un copil. Dacă nu sunt în stare să am un copil al meu, atunci mă resemnez și pace bună. Se poate trăi și așa.

Părinții s-au retras binișor, doar că nu și-au cerut scuze și s-a așternut liniștea.

Ovi era de acord cu ea. Oricum nu avea altă alternativă. Viața a mers mai departe cu munca lor profesională, cu bucuriile ce le obțineau, dar anii veneau și plecau. Ei erau încă tineri, frumoși, se iubeau ca întotdeauna. Într-o vară, au fost invitați la un botez, la Severin. Lume multă, lume bună iar printre invitați era și un medic ginecolog tânăr, care abia terminase stagiatura. Fiind la aceeași masă, au intrat în vorbă și de la un subiect la altul, Dia a povestit despre durerea ei, că nu reușise să aibă un copil până la vârsta aceea, când era deja la hotarul vârstei de patruzeci ani. Tinerelul doctoraș a spus plin de curaj și optimism:

– Doamnă, veniți la mine la cabinet și vă ajut eu. Aduceți și analizele pe care le aveți deja făcute, dar știu eu ce vă trebuie dumneavoastră. Am mai avut paciente cu aceeași problemă și acum au copii măricei.

Ovi a aruncat o privire întrebătoare către Dia, dar era reținut. Oricum, această discuție era la o petrecere, deci nu putea să pună prea multe speranțe în ea. Dia parcă ar fi fost entuziasmată, dar avea și ea o reținere. Au lăsat să treacă petrecerea, au venit acasă și au început fiecare în mintea lui să gândească cum ar fi mai bine. Și acel mai bine nu-l vedeau să apară. Pe de altă parte, Dia spunea:

– Dacă ar fi fost o soluție așa de sigură de ce nu mi-au propus-o nici medicii de la Severin, când am fost la ei, nici medicii de la București?

Ovi, spunea și el:

– Mi se pare cam tinerel doctorașul acesta și prea sigur de știința lui. Nu o fi vreun experiment pe care-l face pe tine? Doar zicea că are paciente care au acceptat metoda lui și au rezolvat problema.

Zile și nopți au frământat această discuție. Până la urmă Dia a hotărât:

– Ovi, eu vreau să mă duc să văd ce-mi propune. Oricum nu accept de la început metoda lui, dar vreau să-mi spună ce face și cum face.

– Bine Dia, fie și așa. Atenție: asculți și apoi mai mergem și consultăm alt medic. Fii atentă să nu te lași încântată.

Ovi a plecat la treburile lui iar Dia nu mai avea liniște. Nu putea să se mai concentreze la lucrările pe care le avea de făcut. Îi vâjiia capul și nu-și putea duce atenția în altă parte decât la vorbele doctorașului. Se mai gândea ea:

– O fi și ca zurbagiul acesta. Prea era sigur. Dacă stau să mă gândesc, cu cât știi mai multă carte, cu atât ești mai temător. Doctorașul ăsta pare a fi un naiv, dar poate mă înșală pe mine aparențele.

Și mai trecea încă o zi, încă o noapte și Dia nu-și putea lua gândul de la doctorașul care-i spusese ce nici un alt doctor nu-i spusese: *„vă rezolv problema.”*

După o săptămână de perpeleală, de întrebări, de supoziții, a hotărât să-i spună lui Ovi:

– Ovi, mâine mergem la Severin la doctorașul acela. Hai să vedem despre ce este vorba.

– Bine, Dia. Dacă tu zici așa, eu nu mă opun, dar ți-am spus: atenție mare, nu orice spune el, trebuie să crezi orbește.

Cu toată prudența, dar și cu toată speranța, cei doi au pornit la drum. La Spital au căutat secția de obstetrică ginecologie și doar au deschis ușa, că doctorașul i-a recunoscut, i-a invitat în cabinet și primul lucru pe care l-a făcut, a studiat analizele pe care Dia le avea de la consultațiile trecute.

– Da, m-am edificat. Trebuie să mai faceți niște analize ale sângelui. Le faceți aici la noi mâine dimineață. Urmărim să nu fie vorba de vreo anemie. Așa după cum arătați, nu păreți anemică, dar aparențele pot înșela. Apoi am să vă dau un tratament pe cale bucală, dar va trebui să stați acasă, să vă odihniți, să nu faceți nici cel mai mic efort. Nouă luni vor fi de repaus total. Lunar veniți la control.

– Domnule doctor, eu sunt profesoară, nu pot să lipsesc de la școală. Acasă este soacra mea și mă va menaja, dar am treabă la școală.

– Doamnă, vreți să aveți un copil, măcar unul, da? Atunci faceți cum vă recomand eu. Bine? Dacă nu sunteți de acord, atunci nu faceți analizele pe care vi le-am prescris și bună ziua.

Dia, luată așa de tare de la început, s-a cam speriat. Se gândea că este cam zbuciumat doctorașul acesta. A ieșit din cabinet și Ovi a întâmpinat-o curios și emoționat.

– Ce zice doctorul, Dia?

– Parcă este cam zbuciumat.

– Poftim? Adică nu prea este sănătos la cap? Hai acasă că mai găsim noi și alți doctori.

Au plecat acasă, dar problema lor a rămas tot nerezolvată. Dia era contrariată. Nu înțelegea de ce de fiecare dată când pornește la drum hotărâtă să accepte tratamentul propus de acel medic, imediat simțea și un imbold sosit din interiorul ei, care o făcea sa renunțe. Apoi îi părea rău, dar pașii o purtau spre casă, zicându-și în gând *„mâine mă duc la medic și accept tratamentul lui”*. Gândurile ei frământau zi și noapte aceeași problemă. Într-o zi, la școală, s-a retras cu educatoarea într-o firidă a cancelariei, cu multă atenție, să nu fie observată de ceilalți colegi și o întreabă dacă-l cunoaște și ea pe medicul Ionescu Nicușor, de la Spitalul Municipal Drobeta Turnu Severin. Educatoarea, care născuse doi copii în ultimii trei ani, îi răspunse bucuroasă:

– Sigur că-l cunosc. Domnul Doctor Ionescu a fost cel ce m-a îngrijit în timpul sarcinilor și apoi am și născut cu Dumnealui. Este un medic excelent. Ai nevoie să te consulte? Te duc eu la dânsul și te recomand. Sigur te primește la consultație.

Dia a mai prins curaj după o astfel de laudă adusă doctorului. A doua zi, dis de dimineață, îl anunță pe Ovi că s-a hotărât să meargă la doctorul Popescu și va accepta tratamentul lui. Cu atât mai convinsă era cu cât laudele Educatoarei au fost suficiente și convingătoare.

Ovi, ce era să mai zică?

– Bine Dia, tu hotărăști ce este bine pentru tine. Hai să mergem cu mașina noastră.

– Ovi, dacă ai treabă la Institut, mă duc cu autobuzul de dimineață.

– Am treabă, dar acum mai importantă ești tu.

– Mulțumesc. Am să te răsplătesc cu un copil frumos.

Lui Ovi i s-a muiat inima. A luat-o în brațe, i-a mângâiat obrajii ca doi bujori, i-a sărutat mâinile și a plecat privirea în pământ să-și ascundă lacrimile care îi jucau în ochii, mai, mai să se prăvălească pe obraji. Iubirea lor era tot atât de proaspătă ca în prima zi, chiar dacă trecuseră cam șaptesprezece ani de atunci.

Drumul până la Spitalul din Severin l-au parcurs într-o oră și câteva minute. Amândoi tăceau, fiecare cu tăcerea lui, fiecare cu gândurile lui. Numai un gând era comun: să fie în ceas cu noroc această hotărâre a Diei.

Când i-a văzut în ușa cabinetului, medicul a zâmbit amabil și i-a invitat să pășească în interior.

– Pofti, poftiți. Ei, v-ați hotărât?

Dia, cu capul sus și foarte sigură pe ea a încuviințat cu glas tare:

– Ne-am hotărât, domnule doctor.

– Ei, bine ați făcut, pentru că timpul trece în defavoarea dumneavoastră. Adică treceți de o vârstă când corpul se modifică și apar alte complicații. Acum sunteți exact când trebuie să apară o sarcină.

Ovi asculta, dar nu îndrăznea să întrebe, așa mai pe românește, dacă este pusă viața Diei în pericol. Și a tăcut el cât a tăcut, timp în care Doctorul îi scria o rețetă Diei, îi spunea de necesitatea de a rămâne acasă, în pat, fără eforturi, fără hrană cu grăsimi, cu chimicale etc. Ovi a izbucnit deodată:

– Domnule Doctor, stați așa să ne înțelegem: tratamentul este medicamentos, deci cu chimicale, odihna o înțeleg, dar nu să rămână în pat nouă luni de zile și chestia cu luatul concediului prenatal, iar nu o înțeleg. Despre ce vorbim? Păi mai întâi să apară sarcina și de aici derivă toate. Deci vorbiți-ne clar să înțelegem logica dumneavoastră, pe care nu o negăm, dar vrem s-o înțelegem.

– Aveți dreptate. Mai întâi facem un tratament pentru stimularea sarcinii. Apoi, pasul următor este îngrijirea sarcinii. Aici, cred eu că este punctul sensibil al doamnei. Am înțeles că au fost încercări, dar corpul a eliminat intrusul. Acum vom trata sarcina ca fătul să nu mai fie eliminat de corp. M-ați înțeles?

– Oarecum. Să zicem ca dumneavoastră, că sunteți specialistul...

– Foarte bine ziceți. Eu sunt specialistul.

– Bună ziua.

– Bună ziua.

Cei doi viitori părinți au venit acasă și au acceptat tot și toate spuse de medic. Singurul argument era:

– Dacă așa spune doctorul, așa facem.

Tratamentul a dat rezultate și viața celor doi tineri a acceptat un alt ritm. De unde Dia se trezea dis de dimineață, făcea cafeaua pe care o bea cu Ovi, apoi plecau fiecare la locul lui de muncă, acum Dia lenevea în pat până Ovi își făcea toaleta de dimineață, începând cu bărbieritul și până la îmbrăcarea hainelor, apoi el făcea cafeaua și venea cu ea la patul Diei, s-o savureze împreună. Apoi Ovi pleca la munca lui de zi cu zi, iar Dia rămânea să facă micile treburi ale casei, apoi iar se urca în pat, unde mai citea, mai tricota ba o flanelută pentru bebeluș, ba un pantalonaș, găsea ea câte o ocupație, doar să nu se plictisească.

În acest timp, Maria, soacra ei, trebăluia de zor la bucătărie, să pregătească masa de prânz, când se adunau toți acasă. Atunci Ovi își lua o pauză de treizeci minute și venea acasă. Constantin era deja la pensie și ca să nu se plictisească, își găsise o pasiune în stupărit, amenajându-și un teren lângă grădina de legume. Acolo mai săpa la rădăcina unei legume, mai uda și când termina cu grădinăritul, trecea la cealaltă pasiune, adică stupăritul. Viața curgea ca apa de izvor, limpede și fără griji.

Dia își luase concediu fără plată pentru tot anul școlar în curs, se degrevase de răspunderile ei ca profesoară cât și ca directoare. Școala mergea bine sub noul director, iar elevii o vizitau din când în când, sub motivul că au înflorit trandafirii în gradina unuia, ba au înflorit teii în curtea altuia și i-a adus și doamnei profesoare o crenguță de tei să miroase frumos și în casa dânsei. Și uite așa, nu era zi să nu aibă o vizită, să nu afle ce mai este pe la școală și timpul îi trecea repede până venea Ovi acasă. Atunci se consultau în privința nevoilor care veneau la pachet odată cu pruncul ce creștea bine și viguros în pântecul mamei. Anotimpurile se succedau cu repeziciune. Acum era toamnă, iar frunzele cădeau din pomi și toată ziua, Constantin se lupta cu un măturoi de nuiele să le înlăture de prin curtea de flori din fața casei. Într-o zi a venit iarna și zăpada a acoperit totul. Altă ocupație căpătase Constantin și Ovi: curățau zăpada, o adunau grămezi, grămezi și apoi o aruncau în gradina de legume sau la rădăcina viței de vie, pentru că solul avea nevoie de această umezeală. Într-o bună zi, la fereastra Diei, dimineața, au apărut două păsărele care ciripeau pe limba lor. Toți ai casei au izbucnit în aplauze de bucurie, iar Maria și-a dat cu părerea: *„cred ca va fi fetiță!”* iar Ovi și Constantin au zis în cor, ca la școală: *„Ce o fi, să fie sănătos!”*

Dia își privea pântecul care era mărișor și se gândea că poate este băiat, să semene bun ca Ovi și vrednic ca bunelul Constantin. Apoi zicea:

– Ei, dacă va fi fetiță, va fi mai bine, că vreau să fie vrednică și bună la suflet ca bunica Maria și ambițioasă ca mine. Eu tot ce mi-am propus în viață am reușit, nu a contat cât am muncit de mult. Așa aș vrea să fie și ea, dacă va fi o ea... Într-o zi, mai după amiaza, Dia a simțit o durere ca un cuțit înfipt în spate. A anunțat-o pe Maria să-și dea cu părerea ce o fi. Maria zâmbind a zis:

– Gata, a bătut ceasul. Repede, fugiți la Spital.

Dia avea tot trusoul necesar pregătit într-o geantă de voiaj. Doar a luat pardesiul și geanta și a fost gata de drum. Trebuia să o ducă Ovi cu mașina la Severin. Ovi se emoționase, verifică uleiul, benzina dacă este suficientă, că doar făcuse plinul rezervorului cu o zi înainte, până la urmă a pornit mașina. Constantin era pe lângă el, îi susținea moralul și-l încuraja, dându-i sfaturi cum să conducă ușor, să ocolească groapa aia din vale de pădure și câte și mai câte de-ale șoferilor. Ovi nu prea auzea nimic. Îi rămăsese un zâmbet pe buze, parcă era plecat cu sorcova. Dar s-a urcat la volan, a claxonat să vină și Dia, că mașina era pregătită de plecare, sau mai bine zis de zbor, că Ovi ar fi vrut să ajungă imediat la porțile Spitalului, să nu îi prindă noaptea.

Noaptea nu i-a prins, au ajuns cu bine, medicul i-a așteptat să sosească și imediat au intrat în salonul de nașteri. Ovi a rămas în fața Spitalului, așteptând să sosească pe lume ființa cea mai iubită. La timpul acela, încă mai era un secret sexul fătului care venea pe lume. Această noutate a științei și tehnicii, ecograful, a spart una din tainele lui Dumnezeu, acea așteptare de nouă luni, când familia întreagă aștepta cu sufletul la gură nașterea unui copil. După apariția acestui instrument al medicinei, taina a dispărut și s-a bagatelizat. Părinții știu din luna a treia a sarcinii, sexul copilului. Unii se bucură, alții sunt dezamăgiți, zicând: *„iar este băiat, sau iar este fetiță, mai am acasă încă unul"*, dar Dumnezeu nu se lăsa dezamăgit căci el știe că fiecare prunc ce se naște are un dar al lui, un dar special de care nimeni nu știe și pe care doar pruncul îl va afla la timpul potrivit. Așa apar talentele în artă, pictură, muzică, teatru, poezie, proză... Trec ani buni de școală când tânărul elev simte chemarea care i-a fost hărăzită. Toți ai casei și prietenii se minunează spunând că *„nimeni din neamul meu nu a fost artist, ori poet, ori scriitor, de unde o fi răsărit talentul în copilul acesta?"* Cum de unde? De la Dumnezeu!

Dar să ne întoarcem în curtea Spitalului din Severin, unde Ovi a rămas cu inima cât un purice să aștepte nașterea copilului său. Pentru el nu conta sexul, era cel mai dorit copil din lume și era așteptat să sosească precum un prinț ori prințesă. După un timp oarecare, pe care nu îl putea măsura în unități de timp, ci în clipe de încordare și așteptare cu sufletul la gură, iată că vine o asistentă medicală, originara din părțile satului Vlădeni și-i aduce vestea lui Ovi:

– Ovi, ai o fetiță frumoasă, albă ca zăpada și este sănătoasă, mămica la fel, dar pleacă acum cu salvarea la Spitalul din Craiova, pentru că domnul Doctor vrea să fie copilul verificat amănunțit, că are bănuiala că i-a crestat puțin creștetul capului când a ajutat mămica să nască. Fugi, Ovi, după Salvarea asta, care iese acum pe poarta Spitalului.

Ovi, amețit, zăpăcit chiar de vestea bună, dar înnebunit de vestea rea, s-a urcat la volanul mașinii lui și a urmat mașina Salvării îndeaproape. Alerta cu care Salvarea era programată, era de urgență maximă. Șoferul a ieșit cu mașina pe poarta Spitalului, cu sirena pornită și așa a ținut-o până a intrat în curtea Spitalului din Craiova. Ovi se ținea aproape de mașina Salvării, în timp ce toate vehiculele aflate în trafic încetineau ori trăgeau pe dreapta. Ovi alerga nebunește, pentru el sirena aceea era alerta în inima lui, în ființa lui. A avut noroc că nici un polițist nu l-a oprit în trafic. Dar nu era greu să-ți dai seama că acea mașină Dacia merge aproape de Salvare pentru că acolo este un suflet care-i aparține... și erau chiar două suflete dragi.

Mașina Salvării a intrat pe Poarta Spitalului din Craiova, unde era așteptată la intrare de brancardieri, de asistentele medicale și de doi doctori ginecologi și încă doi doctori de la neonatologie. Spitalul din Severin a cerut urgență maximă, gradul zero, aceasta însemna ceva extrem de urgent. Spitalul din Craiova, înțelegând situația, a luat toate masurile să nu piardă nici o clipă de la preluarea pacientelor din Salvare, până la transportarea în sala de naștere și verificarea stării de sănătate atât a mamei, care abia născuse, cât și a micuței ființe care era o păpușă albă ca zăpada, înfășată într-un scutec alb cu floricele albastre și apoi cu tot felul de pături pentru a nu răci. Starea sănătății lor era bună, dar medicii roiau ca albinele în jurul lor. Asistenta care însoțise salvarea până la Craiova, a însoțit pacientele până la biroul de la Recepție, a depus actele necesare și aici misiunea ei a luat sfârșit. Urma să se înapoieze la Spitalul din Severin cu aceeași Salvare. Dar omul tot om rămâne. A căutat să mai zăbovească câteva minute să afle ce medici o consultă pe mămică și pe fetiță, să afle cam care este părerea, așa la prima vedere. A înțeles că mămica era bine, iar fetița era perfect sănătoasă, răspundea la toți stimulii și plângea de foame, rezultând că medicul din Severin se speriase degeaba, fără să fie vreun indiciu de greșeală medicală. Totul părea să fie în regulă, dar doctorii au hotărât să rețină pacientele câteva zile sub supraveghere. Culegând aceste date, asistenta medicală din Severin a fugit în curtea spitalului și i-a comunicat lui Ovi tot ce aflase. Apoi s-a suit în Salvare și a făcut drumul înapoi la Severin.

Ovi a rămas în curtea Spitalului din Craiova, trei zile și trei nopți. A dormit în mașină și a tremurat la fiecare clipă când vedea o asistenta medicală, sperând să vină cu vești pentru el. Veștile erau bune, fetița era bine, se comporta normal, iar mămica era o ființă cu o sănătate bună, așa încât trecuse cu bine încercările nașterii. Medicii din Craiova nu se grăbeau cu externarea pacientelor, din motivele știute de ei.

Ovi era ajuns la epuizare, nedormit, nemâncat, cu o barbă ca de popă, se plimba în sus și în jos pe aleile Spitalului. Nu avea voie să intre, dar a contactat-o pe Dia printr-o altă asistentă, care era originară din Severin. Așa a aflat mai multe amănunte și a înțeles că nu era nici un pericol. În toate nopțile petrecute în mașină, nu i-a venit ideea să o caute pe verișoara lui din Craiova. Dar noroc cu Constantin, care i-a comunicat telefonul ei. Acum situația a luat un curs normal. Adică Ovi a putut să-și facă un duș, să se odihnească o noapte ca omul într-un pat comod, să se hrănească omenește, nu cu conserve și tot felul de alte produse. Văzând că fetele lui sunt bine, a hotărât să dea o fugă acasă la Vlădeni, pentru a-i liniști și pe cei rămași acasă.

Zilele treceau și trebuia să mai treacă câteva până s-au împlinit opt zile de la naștere, când mama și copilul au primit avizul să fie externate. În această perioadă, se împliniseră cele trei zile de la nașterea fetiței și tradiția ortodoxă spune că trebuie puse ursitorile fetiței și făcută molifta mamei. Verișoara din Craiova, cu toată bucuria și cu tot sufletul, a îndeplinit aceste tradiții. Așa că peste noapte, s-a trezit că este moșică. Și a fugit la preot, de unde a aflat că trebuie să comande la brutărie un colac special pentru ursitori, apoi să-l decoreze cu flori. Preotul a făcut o slujbă specială pentru micuță și o alta pentru mămică, slujind apa necesară stropirii casei și gonirii spiritelor rele. Cel mai frumos costumaș de nou născut, special pentru fetiță, a fost cumpărat de Moșică și toate duse la Spital, și predate mamei. Acasă, Moșica a așteptat Ursitorile cu o masa plină cu dulciuri, cărți, bijuterii, podoabe și cu urarea să aibă iubire de carte, să aibă fericire în viața ei de familie, a atașat chiar verigheta ei, spunând să aibă norocul ei în căsătorie, moșica având o familie frumoasă. Și uite așa, cu toate împlinite după tradiție și credința ortodoxă, s-au încheiat cele opt zile de spitalizare și a sosit Ovi cu mașina să-și ia fetele acasă. Ovi privea la mogâldeața de om a cărei piele avea un alb sclipitor și o guriță mică și buze roz. Privea și nu-i venea să creadă că această creatură atât de frumoasă este a lui. De altfel tot corpul medical de la Spital îi spunea Albă ca Zăpada. S-ar fi putut spune că primii nași ai numelui fetiței, au fost acești oameni. În fața legii și a lui Dumnezeu, fetița a fost declarată și botezată Anca-Elena. Cele mai frumoase nume!

„Vre-o zgâtie de fată
Cărei gură nu-i mai tace,
Ca sticleții-ntoarce capul

Când încolo, când încoace."[18]

Bucuria casei era această *„zgâtie de fată"*, care umplea casa cu bucuria prezentei ei, agita casa cu plânsul ei când era ora de masă, ori umplea casa cu musafirii veniți s-o vadă, s-o cunoască și să o integreze în familie, dacă veneau neamurile din toate colțurile țării, ori din sat, veneau vecinii, prietenii, copiii de la școală, elevi ai mămicii. Toți o vizitau, toți o iubeau și toți se minunau de frumusețea ei angelică. De la plimbările în căruciorul de copil mic, timpul a trecut repede și mica făptură a început să facă primii pași, apoi încă unul și încă unul, sprijinită de marginea patului, apoi și singură. Ancuța era un fel de șef al casei. Nu era voie a ei să nu fie îndeplinită, că era tataie, că era mamaie, tati sau mami, erau la voia ei. Mica ființă, totuși, cât era de răsfățată, avea în ea o finețe, o reținere, niciodată nu plângea dacă era refuzată o voie dea ei, nu se tăvălea pe jos cum făceau alți copii. Părea a fi o ființă cu mult bun simț înnăscut. Timpul trecea atât de repede și viața curgea atât de frumos în casa bunicilor și a părinților Ancuței, când într-o primăvară frumoasă, când toată natura învia, iar Ovi și Dia își vedeau liniștiți de treburile serviciilor lor, se abate o umbră peste casa lor. Dia acuza o tuse care-i nu-i da pace de câteva săptămâni. Apoi s-a mai calmat tusea cu ceva medicamente ușoare, avute în casă. Într-o dimineață, Dia s-a trezit cu o tuse mai puternică și a scuipat sânge. Deja mintea ei începe să frământe ce ar putea fi. Nu răcise, nu avusese febră și totuși tusea continua iar noutatea era acea picătură de sânge. Îl anunță pe Ovi și au plecat urgent la Severin să vadă despre ce este vorba. Dia fiind profesoară, făcea în fiecare an controlul plămânilor, de aceea presupunea că va fi o răceală și nu ceva cu plămânii, nimic grav. Medicul de specialitate la care au mers, a ascultat descrierea simptomelor Diei și a hotărât să facă imediat un control la plămâni, o radiografie. Din radiografie se vedea clar că plămânul drept era jumătate afectat, iar cel stâng era încă bine. Acest rezultat îl comunică celor doi soți, care au fost uluiți.

– Ce este de făcut, domnule Doctor?

– Noi nu mai putem face nimic, suntem o unitate mică, dar mergeți la Timișoara, pentru că acolo sunt specialiști cu mai multă experiență.

Ovi simțea că se prăvălește cerul pe el. Și-a încordat toate puterile și a luat-o de mână pe Dia zicând:

– Hai Dia, să mergem la Timișoara. Acolo sunt specialiști, auziși doar, ce spuse doctorul.

Dia nu înțelegea de ce să aibă probleme la plămâni, când analiza din toamna trecută, la început de an școlar, a ieșit bună. Dar ca să iasă din păreri, îi spuse lui Ovi:

– Hai și la Timișoara, că până diseară venim acasă.

Și au pornit la drum. Ovi abia mai putea să-și țină firea. Ar fi urlat ca lupul în pădure. Tăcea și privea drumul cu atenție. Când i-a înmânat radiografia, Doctorul i-a făcut un semn că nu mai este nimic de făcut. Ovi se gândea că a exagerat, dar refuza să creadă așa ceva.

Drumul era liber, mașina rula cu viteză și au ajuns repede la Timișoara. Au mers direct la Spital, cu trimiterea doctorului din Severin. Aici au fost îndrumați la medicul radiolog. Ovi a intrat în cabinet singur, motivându-i Diei că vrea să discute cu doctorul între patru ochi, pentru a face o examinare mai amplă, nu ca aceea a medicului din Severin. Dia a acceptat.

Ovi a intrat în cabinetul medicului, i-a prezentat radiografia din Severin și l-a rugat să-i spună ce este de făcut.

– Domnule Doctor, fac orice, nu este o problemă banii. Vă rog, vă implor. Avem acasă o fetiță de un an.

Medicul a văzut radiografia și a dat din cap a jale. Totuși a zis:

– S-o văd și eu.

Dia a fost invitată în cabinet. Medicul a așezat-o la aparatul de radiografie și a văzut și el ce văzuse și medicul din Severin. A dat din cap a mirare și s-a uitat la Ovi, care era lângă doctor. Acesta îi arătă cum plămânul stâng era cuprins parcă de o conopidă care creștea spre partea superioara a plămânului. Plămânul drept încă era sănătos. Dia era în cabina cu aparatul și nu auzea ce vorbeau cei doi. Așa că medicul îi spuse lui Ovi:

– Fugi cu ea la Cluj. Acum, nu mai târziu. Poate acolo Domnul Profesor are curaj s-o opereze, să extirpeze aceasta conopidă, care este cancer Domnule.

Ovi a îngălbenit. Atât a mai putut să spună:

– Să nu afle ea, vă rog, vă implor. Este profesoară de chimie și-și dă seama despre situație. Vreau să nu știe, să mai spere în bine. Altfel se prăpădește repede.

– Da, așa este. Vă dau o trimitere la Cluj și vă fac și o scrisoare către domnul Profesor.

Dia nu a auzit nimic, fiind ocupată să se îmbrace și aflându-se într-o încăpere separată.

Cei doi soți au ieșit din cabinet. Dia a întrebat:

– Ce zice doctorul, Ovi?

– Ce să zică. Zice să mergem la Cluj că acolo este un doctor, profesor universitar, cel mai bun specialist din țară. Eu zic să mergem și acolo, că tot suntem plecați de acasă. Cel puțin să rezolvam problema. Nu?

– Bine Ovi, mergem, dar se înnoptează acum. Ce facem?

– Ce să facem, mergem direct la Cluj, că tot este liber drumul noaptea, nu mai sunt mașini multe. Apoi când vom ajunge, tragem la un hotel, ne odihnim și mâine mergem la Spital, la profesorul acela.

– Bine, dacă tu vrei așa... Eu ziceam că nu este nevoie de atâta zbatere. Nu cred că este ceva atât de grav. O fi o răceală, o viroză și doctorii mai și exagerează.

– Păi cam așa este. Dar știi ceva, tot pornirăm în excursie, hai să vedem și Clujul. Bani avem, copilul este cu bunicii acasă, numai bine, ne plimbăm și noi.

– Bine, Ovi.

Au pornit la drum cu o aparentă liniște sufletească. Ce era în sufletul lui Ovi, numai el și Dumnezeu știa, iar Dia avea ceva bănuieli, văzând că prea o trimit doctorii de la unul la altul. Dacă ar fi fost de la un cabinet la altul, în aceeași localitate, ar fi fost ceva mai bine, dar așa, dintr-un oraș în altul și nu la doi pași, ci la distanță de sute de kilometri, era mult mai greu. Dar dacă a intrat în horă, trebuia să joace. Ce va fi până la urmă, vom vedea, își zicea ea încurajându-se singură. Apoi, nu voia să-l sperie pe Ovi, cu bănuielile ei. Gândurile zburau libere, iar Dăciuța lor torcea ca un motan răsfățat, plăcându-i la drum întins. Spre seară, au ajuns la Cluj. Aici au găsit un hotel bun, confortabil, unde s-au cazat la început, pentru o noapte. Dacă medicul de aici ar fi solicitat să o interneze pe Dia, atunci prelungeau șederea.

Dimineața s-au prezentat la prima oră la cabinetul doctorului recomandat de cel din Timișoara. Aici, doctorul era un om atât de simplu și deschis în comportament, încât emoția le-a dispărut la amândoi. Doctorul a analizat toate actele care i-au fost prezentate de Ovi. Dia, care intrase și ea în cabinet odată cu soțul ei, aștepta cu nerăbdare și speranță răspunsul medicului. Așa că aici, Ovi nu a putut să mai aranjeze cu medicul să nu deconspire adevăratul diagnostic. Numai că medicii mai citesc și printre rânduri și printre gânduri... După ce a analizat atent actele medicale, a schițat un zâmbet de om cumsecade zicând:

– Da, am înțeles despre ce este vorba. Înțeleg că veniți de la Drobeta Turnu Severin. Eu zic că este mai potrivit să mergeți la București. Una, că este mai aproape de domiciliul dumneavoastră și alta că acolo au toată dotarea tehnică necesară să vă trateze corespunzător. Noi nu avem întotdeauna ce ne trebuie, iar când avem, suntem foarte solicitați. Nu este nimic grav iar colegii mei din București vă vor trata foarte bine. Deci nu vă îngrijorați, dar acolo trebuia să vă duceți de prima dată. Așa, ați luat țara la drum în sensul invers de cum trebuia. Nu-i nimic, important este că se rezolva problema Dumneavoastră în timp destul de scurt.

Doctorul le-a înapoiat actele medicale cu care veniseră și le-a urat drum bun și sănătate. Au ieșit din cabinet cam nedumeriți. Ovi a lăsat-o pe Dia pe hol și a găsit pretextul:

– Am uitat să iau biletul de trimitere către Spitalul din București. Scuză-mă un minut până intru să-l solicit doctorului.

Dia obosise urcând cele câteva trepte în Spital, apoi a stat în picioare în Cabinet, preț de câteva minute, care pentru ea începuseră să devină obositoare. Vedea și ea că pe zi ce trecea era mai obosită, respira mai greu, dar speranța că nu este ceva grav, doar o ușoară neputință, nu o părăsea. A acceptat cu bucurie propunerea lui Ovi și chiar s-a bucurat că a găsit un scaun liber, pe care s-a așezat ca un om venit de la un drum lung.

Ovi s-a strecurat în Cabinetul Doctorului. Acesta l-a privit surprins

– Ce s-a întâmplat, ați uitat ceva?

– Domnul Doctor, vă rog, vă implor, soția mea nu știe care este diagnosticul adevărat. Vă rog, ajutați-mă să pot să-l ascund, cel puțin până ajungem la București. Dați-mi o trimitere către Spitalul din București, să am o motivație pentru drumul până aici, la Dumneavoastră.

– Bine, vă dau și vă fac și câteva rânduri către medicul din București. A fost coleg de facultate cu mine. Este un om și jumătate. Vă va primi bine și va aplica tratamentul corespunzător, dar...

Și medicul a tras aer mult în piept și cu capul în jos, de parcă nu ar fi avut putere să pronunțe cuvintele, a spus:

– Pregătiți-vă pentru ce este mai rău. Este într-o fază avansată, jumătate din plămânul drept este prins în gheara cancerului și va migra repede și spre celălalt plămân. Curaj tinere. Îmi pare rău...

Ovi a ieșit din cabinet cu trimiterea și biletul către medicul din București, cu ochii roșii, ar fi plâns ca un copil, dar și-a ținut bărbătește firea.

– Am luat actele acelea. Acum mergem la hotel să ne luăm bagajele și pornim spre București.

Ovi își ascundea privirea și se străduia să nu arate tristețea din sufletul său. Dia îl cunoștea bine și-l întreabă scurt:

– Ce ai? Ce este cu tine? Ai ochii roșii. Îmi ascunzi ceva. Spune-mi, mor în curând?

– Doamne, ce-ți veni Dia? Nu se pune problema de moarte. Doar ai auzit și tu ce a zis Doctorul.

– Am auzit, dar și acest Doctor mă pasează la altul, acum la București... și de acolo, unde să mai mergem? Hai acasă. Am obosit și nu mai vreau nimic. Vreau acasă.

– Parcă ești un copil mic. Ne ducem la București să începi tratamentul. Doctorul acesta a fost clar: există tratament și la București au medicamente bune, este ca la capitală, nu? Hai că ajungem în câteva ore. Știu că ai obosit, dar te rog, ai răbdare că așa este cu boala d e plămâni. Obosești repede, dar acum trăim în secolul când s-au descoperit medicamentele necesare. Acum nu se mai moare dintr-o răceală la plămâni. Tu asta ai. Ai răcit. Te vindeci. Ai să vezi.

– Bine Ovi... Am răbdare. Hai să mergem la București...

Dăciuța cu număr de Mehedinți, a pornit iar la drum. Purta în ea doi tineri, în care viața clocotea, pulsa de tinerețe, de bucurie că acum aveau și o frumusețe de fetiță. Numai Dumnezeu știa ce gândea fiecare, ce calcule își făcea fiecare. Ovi tăcea și conducea atent la drum. Dia era absentă. Tăcea și avea un gol în minte. Refuza să analizeze rezultatul acestui ocol prin țară. Privea pe geamul mașinii și vedea peisajele superbe ale munților Apuseni. Altădată l-ar fi ademenit și pe Ovi să vadă frumusețile țării, iar el i-ar fi răspuns invariabil:

– Privește tu și-mi povestești și mie. Eu acum privesc doar drumul.

Acum Ovi privea drumul cu un chip crispat. Vedea drumul și numai drumul...

Dia se lăsase moale pe scaun și dormita. Nici nu dormea, nici nu era vioaie cum fusese ea altădată. Ovi observă că se ghemuise pe scaunul din față al mașinii, parcă voind să doarmă. A oprit mașina. Ea era aievea. Ovi a deschis portiera din spate a mașinii, a aranjat o pernă și o pătură și a încercat să o trezească.

– Dia, hai să te muți pe bancheta din spate. Este mai mult loc și te poți întinde mai bine.

Ea l-a privit ca un copil neajutorat. S-a supus invitației lui și s-a cuibărit pe pernele mașinii. Ovi s-a urcat la volan și a continuat să conducă mașina. Dia adormise ca un copil obosit. Ovi privea drumul prin parbrizul mașinii și un șirag de lacrimi îi uda obrajii. A oprit ușor mașina, a coborât, a tras aerul răcoros în piept, s-a spălat pe față cu apă din recipientul din portbagaj. Apoi a pornit la drum hotărât să-și golească mintea, s-o simtă seacă. Dia dormea. Era obosită și sleită de puteri. Nu mai era cum fusese ea altădată, ca o veveriță. Vioaie, veselă, bine dispusă, cântând cântece de muzică populară și ușoară. Nu te plictiseai cu ea la drum lung. Acum era tristă, obosită... Nu mai era ea, cea de altădată... și Ovi ofta și se concentra la drum.

După cinci ore de drum, au ajuns la București. Ovi a încercat să se orienteze cum să ajungă la Spitalul Fundeni. A găsit drumul potrivit și era bucuros că nu a rătăcit prea mult în iureșul circulației din capitală. A ajuns la Spital, a parcat în curte, sub umbra unor pomi. Dia s-a trezit și era ușor buimacă.

– Dia, eu mă duc să găsesc medicul. Tu stai în mașină până vin eu și apoi mergem să te vadă și să aflăm ce mai avem de făcut.

– Da, Ovi.

Prin labirintul de holuri și săli de așteptare din Spital, a reușit să găsească biroul de Recepție. Aici trebuia făcută prima întrebare:

– Unde îl pot găsi pe Domnul Doctor Georgescu?

Asistenta medicală s-a uitat la el, a înțeles că nu este bucureștean, deci vine cu o urgență.

– Mergeți la Cabinetul numărul doi. Acolo îl găsiți pe Domnul Doctor.

Ovi căută cabinetul indicat, l-a găsit, a bătut la ușă și a intrat. În interior, un domn înalt, bine legat, cu părul alb ca neaua, îl privea blând. Parcă avea firea unui ardelean, un om bun.

– Dumneavoastră, ce vânt vă aduce pe la noi?

Un accent ardelenesc, o vorbă ușor cântată. Ovi a prins curaj.

– Bună ziua! Am venit cu soția mea la un consult la Dumneavoastră. Am și o trimitere de la Spitalul din Cluj și o scrisoare de recomandare.

Ovi a așezat pe biroul Doctorului tot dosarul medical. La prima fila era scrisoarea colegului său din Cluj. Acesta a citit-o prima dată.

– Dragul de Aurel. Am fost studenți amândoi la Cluj. El s-a însurat cu o clujeancă și a rămas acolo, eu m-am însurat cu o olteancă frumoasă și iute ca focul și am venit la București. Ei, ce să faci? Așa este tinerețea. Da, m-am luat cu poveștile, ia să vedem despre ce este vorba.

A deschis dosarul, cu toate trimiterile de la un spital la altul, a văzut radiografiile cu diagnosticul pus, a oftat, s-a ridicat de pe scaun și s-a apropiat de Ovi. Amândoi în picioare, unul în fața celuilalt. Doctorul a pus o mână prietenească pe umărul lui Ovi, a oftat și a spus:

– Văd că-mi scrie aici, colegul meu de la Cluj, să fac tot ce pot și să te ajut. Bine. Unde este Doamna?

– În mașină, așteaptă să o aduc să o vedeți și Dumneavoastră.

– Da, să o văd și eu, să-mi dau seama în ce stadiu este. Apoi mai vedem ce este de făcut.

– Domnule Doctor, vă rog ca pe Dumnezeu, ea nu știe că are cancer. Faceți de așa fel, să nu înțeleagă acest diagnostic. Este profesoară de chimie și-și dă seama repede. Mi-e frică să nu moară mai repede decât o fi să fie.

Lacrimile au pornit șuvoi pe obrajii lui Ovi.

– De fapt, nu prea am de ce să o internez. Pot să încerc un tratament ambulatoriu. Adică să-i dau ceva calmante pentru acasă.

– Vă rog, vă rog, internați-o măcar o zi. Umblăm prin țară de câteva zile și fiecare medic ne trimite la altul. Acum am ajuns la

Dumneavoastră. Nu ne lăsați să plecăm așa. Își va da seama și va fi sfârșitul mai repede.

– Bine, o internez, facem și niște analize ale sângelui, apoi facem prima ședință de chimioterapie. Este bine?

– Vă mulțumesc, Domnule Doctor.

– Să nu pleci acasă, mâine după prânz este gata de drum. Va trebui să veniți o dată pe lună la control și la următoarea ședință de terapie.

– Cât timp va fi acest tratament? Întreabă timid Ovi.

– Cât va vrea Dumnezeu!

Ovi a pus capul în pământ, și-a înghițit lacrimile și cu glas gâtuit a răspuns:

– Vă mulțumesc, Domnule Doctor.

Ovi a coborât în curtea Spitalului Fundeni, a luat-o pe Dia, a dus-o la consultație, apoi a internat-o, iar el s-a întors în mașină, unde a așteptat până a doua zi la prânz, când Dia a terminat tratamentul la prima ședință. Acum era alta! Vioaie, veselă, cu obrajii îmbujorați. Parcă se întâmplase o minune, nu doar se aplicase un tratament medicamentos. Medicul era în capul scărilor. Văzându-i, le-a ieșit în cale, a dat mâna cu Ovi și i-a dat o explicație asupra tratamentului.

– I-am făcut analiza sângelui și era o anemie destul de puternică, așa că i-am dat un flacon cu sânge și tratamentul necesar. Ne vedem luna viitoare la data scrisă pe biletul de externare. Drum bun copii.

Capitolul douăzeci și trei

Viața este o luptă

„Ce repede s-a făcut târziu în viață!"[19]

Drumul spre casă era destul de lung, dar a fost parcurs cu o altă stare de spirit. Dia reînviase! Era veselă, obrajii erau ca doi bujori, iar Ovi o privea ca pe o nălucă. Nu-i venea să creadă că era Dia lui, cea care până mai ieri era un om terminat, un om a cărui viață se vedea cu ochiul liber că se scurgea cu fiecare clipă. Acum arăta bine și era plină de viață! În exuberanța cu care vorbea, de fapt povestea ce a aflat despre această boală a ei, care era comună mult mai multor oameni. Spunea înflăcărată despre doamnele pe care le cunoscuse în salonul spitalului, că erau toate cu același diagnostic, dar în faze diferite de evoluție, cum cancerul migrase spre diferite organe ale corpului. Mai aflase că acest tratament este pentru a susține corpul la linia de plutire, că nu va vindeca niciodată cancerul, dar va lungi cât va fi posibil viața purtătorului, adică a bolnavului.

Ovi a rămas uimit. El, care făcuse cele mai mari eforturi să-i ascundă diagnosticul, acum ea îi povestea înfierbântată ce a aflat de la o doctoriță, care era și ea pacientă la fel ca toate celelalte bolnave internate. Ovi o privea fugitiv, fiind atent la condusul mașinii. Era surprins de calmul ei, de împăcarea ei cu boala și cu sine. Îi spunea:

– Ovi, cancerul este o boală care există în fiecare om. În unii, ca mine, prinde teren slab în plămâni, în alții la ficat, la pancreas sau cine mai știe pe unde. Înțelegi tu, eu nu sunt vinovată că am așa ceva. Eu nu am greșit undeva în hrană, în modul de viață, ci corpul meu a răspuns la un stimul care a afectat plămânii, așa cum putea să afecteze pancreasul. Deci nu am greșit cu nimic eu, ci cursul vieții mele a făcut o greșeală. Nenorocirea nu este alta, decât că nimeni nu știe unde este greșeala care a stimulat celulele canceroase. Aceasta este încă pentru știință o mare necunoscută. Vor trece multe decenii până se va descoperi adevărul. Și eu și toți care ne luptăm cu această boală vom muri, dar cineva, cândva, va găsi cauza. Eu așa sper și am înțeles de la doctorița care-mi vorbea, că avea aceeași speranță...

Mașina rula pe șoseaua ce ducea către casă, dar până să ajungă la Vlădeni, au trecut mai întâi prin Craiova, unde au poposit pentru două ore, la o cafea și un pic de odihnă, la verișoara Adriana din Craiova. Când a înțeles că este vorba de un diagnostic atât de grav, adică nici mai mult nici mai puțin decât cancer, și-a dat seama că are cunoștință de existența doctoriței Ionașcu, care locuia în Craiova și despre care s-a scris în revista Formula AS, că a lucrat toată viața în a găsi un leac cancerului, prin experimentări de laborator. Leacul vindecător nu l-a găsit, dar a găsit o formulă de ser injectabil, preparat din produse naturale, plante medicinale, cu ajutorul căruia ameliora anumite feluri de cancer, altele le trata obținând vindecarea parțială, sau chiar totală, pentru fazele incipiente. Această informație fiind foarte prețioasă Diei și lui Ovi, au dorit să o cunoască pe această doamnă doctor și să o consulte pentru cazul de față. Zis și făcut, Adriana a apelat-o telefonic și a obținut ora la care putea fi vizitată. Când a venit ora, Adriana le-a dat indicațiile despre cum să ajungă acasă la doctoriță. Cum s-au întâlnit, doamna doctor a cerut analizele de sânge. Dia avea un dosar cu toate rândurile de analize făcute atât la Maternitate, cât și la Spitalul Fundeni. Le-a privit cu atenție, dar a rămas în mână cu analizele sângelui de la Maternitatea din Drobeta Turnu Severin. A privit-o direct în ochi pe Dia și a spus:

– Analizele acestea spun că ați avut în evoluția dumneavoastră o hepatită.

– Da, așa este, când eram elevă la liceu. A fost hepatită de tip C.

– Doctorul care v-a îngrijit pe timpul sarcinii, trebuia să vadă această informație și să nu acționeze în nici un fel asupra organismului.

– Nu puteam să țin sarcina...

– Așa este, dar acel doctor v-a făcut un tratament în acest sens, scăzând imunitatea corpului dumneavoastră și crescând imunitatea fătului. Acesta a fost călăul dumneavoastră. Eu nu pot să vă ajut cu nimic. Corpul este atacat la plămâni, fiind un loc prielnic pentru tipul de cancer ce s-a instalat. Din ce văd pe radiografii, este foarte avansat. Îmi pare rău, nu puteți decât să respectați tratamentul de la Fundeni, care vă va ține la linia de plutire o vreme.

Dia și Ovi au plecat de acolo, înțelegând că situația de sănătate a Diei este fără ieșire. Au înțeles că era clar drumul ce-l aveau de parcurs.

Dia era o ființă cu un psihic puternic. Ea a corelat informațiile pe care le aflase de la doctorița din salonul de Spital, cu informațiile de la doctorița Ionașcu, trăgând concluzia: *„de murit tot mor, dar dacă mă țin de tratament, mai lungesc viața cât se va putea de mult. Deci trăiesc cât pot de mult, ori puțin, dar aș vrea să cresc fetița câțiva ani, atât cât să înțeleagă ce mi se întâmplă mie și ei. Ea rămâne fără mami."*

Așa se întâmplă cu toți care trec prin astfel de experiențe, înainte de a părăsi scena vieții. Ce este viața? O scenă pe care jucăm fiecare vechile și arhicunoscutele roluri: copii, părinți, bunici. Cele mai dureroase sunt scenele în care este vorba de copii sau de tineri, de oameni care mai aveau mult de spus lumii prin existenta lor, a căror viață se sfârșește din pricina unei boli incurabile.

Dia și Ovi, doi oameni perfect lucizi, înțelegând situația fără nici o scăpare în care se aflau, au hotărât să trateze totul ca fiind ceva care vine în mod inevitabil, iar pentru ei singura rezolvare era să-și trăiască fiecare zi cu bucuria că există și acea zi, iar ce va fi mâine, rămâne de văzut atunci și nu mai devreme. A fost cea mai înțeleaptă atitudine...

Cum au ajuns acasă, au fost înconjurați de familie cu îngrijorare. Nimeni nu știa exact despre ce este vorba, care este diagnosticul precis și sigur, așa că cei doi tineri au țesut o poveste în care se părea că ar fi ceva la plămâni, dar urmează un tratament bun la București, sub supravegherea unor medici competenți, care vor reuși să o vindece pe Dia. Cum bolile la plămâni fuseseră demult eradicate prin tratamente cu antibiotice și nu numai, familia a crezut și a început să spere într-o vindecare. Micuța Ancuța pornise să facă primii pași. Era suficient să fie chemată *„vino la mami!"* ca ea să pornească sprijinită de marginea patului, cu pași mici dar energici și odată ajunsă în brațele mamei, aplauda și râdea fericită, dezvelind cei doi dințișori de jos, care îi apăruseră.

– Bravo, fetiță!

Chipul Diei se umplea de bucurie, trăia cu toată intensitatea acea bucurie, înlăturând gândul că mâine, poate nu va mai avea aceeași putere să o țină în brațele ei, să o mângâie, să o răsfețe pe această ființă micuță, fiica ei. Fetița alerga cu pași încă nesiguri, dar fericită că-i vedea pe tati și pe mami.

Zilele treceau într-un oarecare firesc. Dia se ducea la școală, unde își desfășura activitatea de profesoară, iar Ovi la Institut unde continua cercetările începute. Cum venea sfârșitul de lună, plecau la București să-și continue tratamentul oncologic. De acolo Dia venea mai plină de viață, pentru că flaconul cu sânge pe care îl primea își arăta eficacitatea. Jocul acesta a durat aproape un an de zile, timp în care Dia simțea că-i slăbesc puterile pe zi ce trece. Spre finele anului școlar, a simțit că nu mai poate merge la școală și a intrat în concediu medical. Acasă era menajată de Maria, care ducea toate treburile gospodăriei cu fermitate și cu dorința de a o menaja pe Dia, pentru că așa credea ea, Dia este slăbită și până se reface corpul, are nevoie de mai multă odihnă. Odihna Diei era o stare letargică, care într-o zi a devenit o durere în tot corpul. Nimeni nu-și dădea seama de ce o dor ba picioarele, ba brațele, ba tot corpul din cap până-n picioare. Ovi a luat legătura telefonică cu medicul de la București, fixând o consultație urgentă. Ajunși în București, medicul a înțeles că intrase în ultima fază a bolii și după ce i-a aplicat același tratament cu citostatice, i-a prescris morfină. Ovi a mers la farmacie, a achiziționat acele pilule, spunându-i Diei că sunt niște antinevralgice mai puternice. Dia era foarte inteligentă și a înțeles că este vorba despre morfină, dar acum între ea și Ovi se instalase o stare de menajare reciprocă. Ovi se vedea pus în situația să o mintă pentru a nu-i grăbi sfârșitul, iar Dia se lăsa mințită, pentru a nu-l întrista pe Ovi, mai mult decât era vizibil. Erau doi actori care jucau în filme diferite.

Familia deja începuse să bănuiască ceva, dar nu spuneau nimic părinților Diei. Cel mult spuneau că are o lipsă de calciu, pentru care are nevoie de tratament și odihnă.

Drumurile la București le înjumătățea cu o oprire de o oră la Craiova, la verișoară. Aici coborau din mașină și urcau cu liftul până la etajul șapte al blocului. Peste câteva săptămâni nu a mai reușit să coboare din mașină, dar venea verișoara cu ibricul cu cafea și ceșcuțele în care punea licoarea minunată. Pentru Dia, era o plăcere să savureze această cafea. Zicea ea: *„Mă întărește și mă încarcă de energie pozitivă!"*

Apoi, ajunsă la București, nu mai putea să meargă pe propriile picioare până în interiorul Spitalului, ci trebuia să vină un brancardier cu un cărucior. Așa ajungea la tratament. Dorința de viață, de a trai măcar încă o zi și încă o zi, o impulsiona să nu lase garda jos și să spună: *„ajunge, lăsați-mă să mor în pace!"*

Această dorință era pornită din instinctul de mamă în primul rând. Voia să-și crească fetița măcar câțiva ani, nu mai mult, nu toată viața, ci o bucățică de încă un an îi cerea lui Dumnezeu cu înfierbântare.

Ancuța împlinise doi anișori. Dormea noaptea cu bunica Maria, iar dimineața, cum se trezea, fugea la mami în cameră. Se urca în patul ei, se cuibărea la sânul ei, o mângâia cu mânuțele și o alinta:

– Mami, mami a mea!

Dia îi spunea poezii, povești, îi cânta cântecul caprei: *„trei iezi, cucuieți"* și ea râdea și bătea din palmele micuțe și pufoase. Apoi venea bunica și o lua pentru masa de dimineață, îi punea barbetă și ea mânca o linguriță pentru mami, una pentru tati, alta pentru bunica și încă una pentru bunelul.

Dia obosea și adormea fericită. Ancuța ieșea din cameră cu bunica, doar până se trezea mami. Și viața mergea și așa. Dar într-o zi a fost chemată Salvarea. Diei îi era atât de rău, că țipa de dureri. Ovi s-a speriat văzând că nu mai au efect pilulele de morfină și a cerut ajutorul Spitalului din Severin. Odată sosită Salvarea cu medicul de gardă, a constatat că trebuia un alt calmant care se folosea doar în Spital. Au îmbarcat-o pe targă și au urcat-o în mașină. Membrii familiei au îndepărtat-o pe fetiță, izolând-o în altă cameră, dar ea s-a strecurat printre picioarele lor și a privit plecarea mamei ei. Bunelul a luat-o în brațe, liniștind-o cu cuvinte calde. Dar ea striga:

– Mami, mami!

Mașina Salvării a pornit la drum, iar Ovi a urcat la volanul mașinii sale, însoțind-o pe Dia până la Spital. Aici s-au aplicat procedurile cunoscute, așa fel că durerile au încetat. Ovi era lângă ea, în Salonul Spitalului, când Dia s-a trezit din somnul letargic, i-a luat mâna lui Ovi și i-a șoptit:

– Să aduci mamă bună Ancuței! Să nu o bată, să nu o chinuie... Eu plec... Ai grijă de tine să o crești pe Ancuța...

Un somn lung i-a cuprins toată ființa. Încă mai respira... Aparatele care o monitorizau bipăiau. Încă mai vibra viața în corpul ei. Târziu, în noapte, a plecat...

A doua zi, Dia s-a întors acasă. Dormea în sicriul ei.

Tot satul, toți elevii ei, toate rudele, toți prietenii au venit să-i dea ultimul salut. Ancuța era în grija unei vecine care locuia la câteva case depărtare. Astfel, copila nu a asistat la sfâșietoarele momente trăite de familie. Drumul spre Cimitirul satului nu era lung, dar fiind primăvară, ploile muiaseră glodul drumurilor. Se mergea greu cu pasul în urma cortegiului, iar tractorul care trăgea după el remorca în care se afla sicriul, s-a împotmolit în noroi și bara de tractare s-a rupt. În mijlocul satului, a rămas blocat tot cortegiul și sicriul în remorcă. Era ca în basmele cu zmeii răi și Făt Frumos răpus de durere. Ovi, în toată supărarea lui, a trebuit să cheme un mecanic, să se bage în nămol cu el și să lege cumva remorca la tractor. Timp de mai bine de o jumătate de oră a durat această luptă cu forțele nevăzute. Toată lumea spunea că era forța Diei de a se împotrivi morții. Dar moartea a biruit-o și din adâncuri, părea că-i striga:

„De greul negrei veșnicii,
Părinte, mă dezleagă...
Reia-mi al nemuririi nimb
Și focul din privire,
Și pentru toate dă-mi în schimb
O oră de iubire!"[20]

Poporul român are obiceiurile lui tradiționale, fie la naștere, fie la cununie, fie la moarte. Acestea sunt respectate, indiferent cât este omul de bucuros ori supărat. Astfel, după ce Dia a fost încredințată pământului, acasă familia a organizat o pomenire a ei. La această masă au fost invitați toți cei care au condus-o pe ultimul drum. Și cum toți ai casei erau ocupați ba să servească la masă, ba să înfăptuiască cine mai știe ce tradiții, a apărut și vecina care se îngrijise de Ancuța, purtând fetița în brațe. Ancuța, din înălțimea brațelor femeii, căuta cu privirea pe cineva și negăsind pe acel cineva s-a pornit într-un țipăt sfâșietor:

– Mami, unde este mami?!

A fost luată în brațe de Maria, de Ovi, de Constantin și greu, greu s-a liniștit. Ancuța avea doi ani și câteva luni când a cunoscut lipsa mamei. Lupta cu viața, unii o învățăm la o vârstă când putem gândi independent de cei din jurul nostru, alții, asemenea Ancuței, sunt târâți în vâltoarea valurilor vieții, chiar din fragedă copilărie. Dar ce este viața? Înțeleptul Tagore spunea:

„Un lung tren ne pare viața.
Ne trezim în el mergând,
Fără să ne dăm noi seama,
Unde ne-am suit și când.
Fericirile sunt halte,
Unde stăm câte-un minut,

Până bine ne dăm seama,
Sună, pleacă, a trecut.
Iar durerile sunt stații!
Lungi, de nu se mai sfârșesc
Și în ciuda noastră parcă,
Tot mai multe se ivesc.
Arzători de nerăbdare,
Înainte tot privim,
Să ajungem mai degrabă
La vreo țintă ce-o dorim.
Ne trec zilele, trec anii,
Clipe scumpe și dureri,
Noi trăim hrăniți de visuri,
Și-nsetați după plăceri!
Mulți copii voioși se urcă,
Câți în drum n-am întâlnit,
Iar câte-un bătrân coboară,
Trist și frânt, sau istovit.
Vine-odată însă vremea,
Să ne coborâm și noi.
Ce n-am da atunci o clipă
Să ne-ntoarcem înapoi?
Dar pe când, privind în urmă,
Plângem timpul ce-a trecut,
Sună goarna Veșniciei:
Am trăit și n-am știut!"

Epilog

Timpul a trecut așa cum știe el să treacă. Rănile au rămas, durerile au apăsat pe suflet și au durut... adânc, adânc.

În Cimitirul de la Vlădeni se înălță semeață crucea Diei, pe care este prinsă în fiecare sfârșit de an școlar o coroniță de premiantă. Elevii ei nu au uitat-o.

Lunile veneau și plecau iar Ovi înțelegea că trebuie să găsească o rezolvare pentru creșterea și educarea Ancuței. Maria era copleșită de multe necazuri. Constantin se scurgea cu fiecare zi. Era suferind de inimă de o viață, dar acum, după plecarea Diei, avea coșmaruri, mustrări de conștiință, pentru că el insistase pe lângă Dia să facă tratament pentru menținerea sarcinii. El nu știa de hepatita care îi lăsase urme în corp. Și nici nu era obligatorie această cunoștință, pentru că doctorul ginecolog trebuia să citească bine analizele ei și să aplice tratamentul corespunzător. Cu toate că-și dădea bine seama de acest fapt, Constantin nu-și ierta lui insistența și dorința să aibă și Ovi un urmaș. În fiecare zi, parcă îmbătrânea, privind cu ochii. Dar nu era aceasta problema lui, ci durerile din piept, tensiunea crescută la valori mari și slăbiciunea corpului. Maria privea neputincioasă. Disperată, a apelat la băieții ei și i-a rugat să meargă la doctor cu tatăl lor. Băieții și-au unit forțele și l-au dus la un medic cardiolog din Timișoara. Aici a fost supus unei operații pe cord. În câteva luni a plecat și el în lumea de dincolo. În Cimitir s-a mai înălțat o cruce...

Ovi, în toată tristețea lui, chiar disperare, a cunoscut o tânără, în jurul vârstei de treizeci ani, care avea și ea povestea ei de viață neîmplinită. S-au apropiat sufletește, între ei s-a creat o legătură, și-au împărtășit durerile și bucuriile. În final, s-au căsătorit și familia nou întemeiată a făcut tot ce era necesar pentru îngrijirea Ancuței. Nici nu ar fi putut cineva să-și imagineze cum va reuși această tânără să intre în rolul de mamă, fiind aruncată în vâltoarea vieții. Fără să fi fost mamă vreodată, a preluat atribuțiunile unei mame perfecte. Ancuța a mers la grădiniță de mână cu mami, a pășit în clasa întâia cu ghiozdănelul cu toate rechizitele necesare, cumpărate cu mami de la magazin. Grădinița și școala le-a frecventat în orașul Drobeta Turnu Severin, nu la Vlădeni. Mami avea apartamentul ei și acolo ele locuiau, pregăteau lecțiile, se jucau și viața era frumoasă. Ovi a rămas cu serviciul la Vlădeni, dar venea cât putea de des la fete. Apoi sfârșitul de săptămână precum și vacanțele le făceau cu toții alături de bunica Maria. În sfârșit, Ovi își găsise liniștea. Fusese foarte îngrijorat, gândindu-se că nu-i va fi ușor nici Maiei să se acomodeze cu fetița, nici fetiței s-o accepte ca mamă. Dar Dumnezeu a privit și a dat ajutorul necesar acestor oameni bătuți de soartă, dar în esență oameni buni.

Maia știa ce hăinuțe îi trebuie Ancuței, ce se cere la școală, cărți, caiete, rechizite, toate erau cumpărate la timpul necesar. Maia știa ce trebuie, Maia cumpăra, Maia mergea la ședințele cu părinții și se lupta pentru *„fiica mea"*, așa cum spunea ea la toată lumea. Toată lumea știa că este fiica ei și nu permitea cuiva s-o agreseze, ori s-o jignească. Dar copiii sunt răutăcioși când sunt mai mici, în clasele primare. Așa s-a întâmplat ca Ancuța să vină într-o zi de la școală supărată, că i-a pus piedica un băiețel, coleg de clasă cu ea. Atât i-a trebuit Maiei. S-a dus la școală, l-a găsit pe inculpat, l-a luat de guler, l-a scuturat un pic și i-a spus apăsat:

– Mă, tu vezi ce mare sunt eu? (Maia era o femeie voinică, înaltă cam un metru și șaptezeci de centimetri și cu o greutate undeva la optzeci de kilograme.)

Băiețelul bătăuș, când a văzut cât de voinică este mama Ancuței, s-a retras strategic după un pom și de acolo a strigat:

– Da ce, ce o să-mi faci?

– Mă, dacă te iau într-o mână, te ridic ca în macara! Dacă te mai apropii de fata mea, afli tu ce chelfăneală îți trag!

Bătăușul s-a retras cu sfială, dar și ceilalți băieți, care făceau pe șefii prin curtea scolii, au zbughit-o la sănătoasă. Maia striga în urma lor:

– Asta este fata mea! Dacă vă atingeți de ea, aflați voi de la mine ce meritați.

Și de atunci, Ancuța nu a mai fost supărată de nimeni. La ședința cu părinții, Maia se ducea, că Ovi era cu cercetarea câmpului, cu experimente, nu avea timpul necesar să vină până la Severin pentru o ședință de treizeci minute. În schimb, Maia îl ținea la curent cu toate amănuntele.

Așa au trecut anii și Ancuța, elevă în clasele mai mari, a șaptea, a opta, a căpătat dragoste pentru matematică. Colabora la o revistă școlară, de unde culegea probleme pe care le rezolva singură, ori compunea ea probleme pe care le propunea revistei spre rezolvare.

Când se împotmolea, se încurca ori o depășeau cerințele acelei probleme, apela la unchiul Mircea, care era inginer, dar și un bun profesor de matematică, și locuia la câteva blocuri depărtare de blocul unde locuia ea cu Maia. Așa se face că într-o seară de iarnă, la o oră destul de înaintată, aproape de ora zece noaptea, Ancuța se arăta îngrijorată că nu găsește rezolvarea la o problemă din Gazeta Matematică.

– Mami, nu pot să rezolv o problemă.

– Las-o pentru mâine dimineață.

– Nu pot! Nu dorm la noapte gândindu-mă la ea.

– Ei, până mâine nu o fi foc...

– Vreau să mă consult cu unchiul Mircea.

– Ancuța, dă-mi caietul cu problema și mă duc eu la unchiul Mircea, s-o rezolve.

– Vreau să merg și eu, să-mi explice unde greșesc.

– La ora asta nu te las să ieși din casă. Între blocuri este întuneric și umblă tot felul de lume.

– Păi mergem amândouă.

– Nu se poate. Dacă se leagă de mine careva, îl bat de-i sună apa în cap. Dar cu tine este mai complicat și nu vreau să riscăm. Clar?

– Bine mami. Cum spui tu este cel mai bine.

Se lăsase noaptea. Noapte de iarnă. Între blocuri nu funcționa iluminatul public. Era un întuneric de nu se vedea nici la un metru în față. Maia, cu caietul Ancuței ascuns sub bluza treningului, a trecut ca o nălucă printre blocuri și a ajuns la blocul în care locuia Mircea. Acesta, când a văzut-o la ușă, s-a îngrijorat gândindu-se că o fi fiind ceva grav de a ieșit ea din casă la ora aceea.

– Ce-i cu tine la ora asta? Ați pățit ceva?

– N-am pățit nimic, dar Ancuța nu doarme la noapte dacă nu rezolvă problema asta.

– Ia sa vedem despre ce este vorba.

Unchiul Mircea i-a găsit imediat rezolvarea, a scris pe caiet și, ca orice profesor bun, nu i-a rezolvat el problema, ci doar i-a dat secretul.

Și uite așa, cu ajutorul dat de unchi, și-a găsit liniștea Ancuța.

Pasiunea pentru matematică era imprimată în mintea și sufletul Ancuței. Anii au trecut, liceul l-a absolvit cu note de nouă și zece, iar admiterea la facultatea de Științe Economice de la Craiova a fost un nou succes în viața ei. Asemenea mamei și tatălui ei, este dăruită științelor exacte. Drum bun în viață. Multă sănătate și viață lungă și frumoasă!

••••

Adriana Ciocănea,

26 martie 2024, Craiova

••••

---

[1] „De poți", autor necunoscut

[2] Rudolf Steiner (1861-1925)

[3] „Dacă pleci la drum lung" - Nichita Stănescu

[4] Autor popular.

[5] „De poți", autor popular necunoscut

[6] „Către" - Nichita Stănescu

[7] „Un dar extravagant" - Crisula Ștefănescu

[8] „Inelul de legământ" Crisula Ștefănescu

[9] „Primele iubiri" - Nicolae Labiş

[10] „Primele iubiri - Nicolae Labiş

[11] Întâlnire cu tractoriştii - Nicolae Labiş

[12] „Împărat şi proletar" - Mihai Eminescu

[13] Poet-Tagore

[14] „Când Amintirile" - Mihai Eminescu

[15] „Atât De Fragedă" - Mihai Eminescu

[16] „Tinereţe" - Nicolae Labiş

[17] „Ceas greu - Nicolae Labiş

[18] „Vre-o zgâtie de fată" - Mihai Eminescu, Vre-o zgâtie de fata

[19] „Povestiri Adevărate" - prof. Mimi Toma, Pleniţa

[20] „Luceafărul" - Mihai Eminescu

Don't miss out!

Visit the website below and you can sign up to receive emails whenever Adriana Ciocănea publishes a new book. There's no charge and no obligation.

https://books2read.com/r/B-A-DGNNB-OCAUD

BOOKS 2 READ

Connecting independent readers to independent writers.

Also by Adriana Ciocănea

Din Carpați până-n Urali și din Urali până-n Tatra
Evadarea
Flacara amintirilor
În oglinda timpului
Paralele
Povestea mea
Viață pentru viață

About the Author

Elena Cuza high school graduate from Craiova, CFR post-high school graduate, retired. I write books for the pleasure of sharing with people something from my life experience and my feelings.

I pass on the gift I received from God through the books I write.

www.ingramcontent.com/pod-product-compliance
Lightning Source LLC
LaVergne TN
LVHW010053170826
845678LV00012B/2131

* 9 7 8 6 0 6 0 9 2 1 8 4 4 *